DAS AUGUSTINER-CHORHERRENSTIFT

KLOSTERNEUBURG

GESCHICHTLICHE UND STATISTISCHE DATEN

von
Dr. Karl Holubar, Stiftsarchiv Klosterneuburg
(Herausgeber)

3. VERVOLLSTÄNDIGTE AUFLAGE

Verlag Stift Klosterneuburg 2014

Impressum
ISBN: 978-3-9021-7745-4

Gesamtherstellung: Verlag Stift Klosterneuburg, Stiftsplatz 1, 3400 Klosterneuburg

Druck: Fa. Jentzsch, Wien

VORWORT

Der Schematismus des Stiftes Klosterneuburg erfreut sich schon einer langen Tradition. Bereits im Jahr 1936 erschien zu Ehren des 800. Todestages des Gründers des Stiftes, des Babenbergers Leopold III., die erste Auflage. Diese enthielt nicht nur ein Verzeichnis aller damals lebenden Chorherren, sondern auch der verstorbenen seit dem Jahr 1911, außerdem einen chronikalischen Abriss der Stiftsgeschichte, gedacht als Handbuch für alle Mitarbeiter, die Betriebe und die Pfarren unseres Hauses. Bearbeitet von Dr. Berthold Černik can.reg., dem damaligen Archivar und Bibliothekar, fand er große Verbreitung und wurde von ihm 1958 in einer zweiten Auflage ergänzt. Ein auf die Personalia beschränktes Bändchen erschien 1986 und soll nun durch vorliegenden Band, wieder durch überarbeitete und ergänzte geschichtliche Notizen vervollständigt, fortgesetzt werden. Das heurige Jubiläumsjahr, in dem der 900. Jahrestag der Grundsteinlegung der Stiftskirche gefeiert wird, erscheint hierfür bestens geeignet.

Ich danke
HwstH Prälat Bernhard
HH DDr. Floridus Röhrig
HH Dr. Walter Simek
HH Mag. Anton Höslinger
HH Dr. Nicolaus Buhlmann
MMag. Wolfgang Christian Huber
und
Dr. Peter Schubert
für ihre Mithilfe.

Klosterneuburg, im Jänner 2014.

Der Herausgeber

INHALT

GEGENWÄRTIGER PERSONALSTAND

Bernhard IV. Hermann Backovsky

66. Propst des Stiftes

* 2. Jänner 1943 in Wien, Matura (Gymnasium) 1961 in Klosterneuburg, Einkleidung 1961, feierliche Profess 1965, Priesterweihe1967, Erzb. Geistl. Rat 1987, Erzb. Konsistorialrat 1999

1967-1980: Kaplan in Korneuburg
1980-1982: Kaplan in Floridsdorf (Wien 21)
1982-1995: Novizenmeister und Klerikerdirektor
1984-1995: Wahl zum Kapitelrat
1995-1995: Stiftsdechant
1995: Wahl zum 66. Propst des Stiftes
1996: Weihe zum Propst
2002: Generalabt
2005: Wiederwahl zum Propst
2007: Wiederwahl zum Generalabt
2010: Abtprimas
2013: Wiederwahl zum Generalabt

Auszeichnungen:
2011 Großes Silbernes Ehrenzeichen für Verdienste um die Republik Österreich
2011 Goldenes Komturkreuz für Verdienste um das Bundesland Niederösterreich
2007 Komturkreuz des Ordens für Kulturelle Verdienste der Republik Rumänien
2013 Komtur mit Stern des Päpstlichen Ritterordens vom Hl. Grab von Jerusalem

Markus Bernt Eidsvig

Bischof von Oslo

*12.9.1953 in Rjukan/Norwegen
Priesterweihe 1982; Eintritt 1991, Feierliche Profess 1995.

1992-96: Kaplan der Stiftspfarre
1996-2003: Pfarrer in St. Leopold
1996-2005: Novizenmeister, Kapitelrat und Kapitelsekretär
11. Juli 2005: Ernennung zum Bischof von Oslo durch Papst Benedikt XVI.
22. Oktober 2005: Bischofsweihe

Benno Gerhard Anderlitschka

Pfarrer in Kierling, Stiftsdechant, Erzb. Konsistorialrat

*20. April 1939 in Deutsch-Liebau (Mähren), Matura (Gymnasium) in Wien 12, 1957, Einkleidung 1959, feierliche Profess 1963, Priesterweihe 1965, Erzb. Konsistorialrat 1999.

1965-1972: Kaplan in Heiligenstadt (Wien 19)
1966-1967: Religionslehrer AHS Hofzeile, 1190 Wien
1972-1982: Kaplan in Meidling (Wien 12)
Seit 1982: Pfarrverweser in Kierling
1982-1996: Religionsprofessor an der Höheren Bundeslehr- und Versuchsanstalt für Wein- und Obstbau Klosterneuburg
Seit 1996: Stiftsdechant

Gerhard Werner Gödel

Senior des Kapitels, Erzb. Geistl. Rat., Erzb. Konsistorialrat

*27. Jänner 1930 in Wien 21, Matura (Realgymnasium) in Wien 21, 1948, Einkleidung 1948, feierliche Profess 1952, Priesterweihe 1954, Ernennung zum Erzb. Geistl. Rat 1983, Erzb. Konsistorialratat 1991

1954-1958: Kaplan in Maria-Lourdes (Wien 12)
1958-1968: Kaplan der Pfarre Donaufeld (Wien 21)
1968: prov. Pfarrverweser in Weidling
1969-2005: Pfarrverweser in Weidling
1970-2005 Seelsorger und Kirchenrektor im Wohn- und Pflegeheim der Caritas in Weidling
1979: Dechant des Dekanates Klosterneuburg (Wiederwahl 25. Okt. 1984)
1983:

Floridus Helmut Röhrig

Doktor der Philosophie und Theologie

*27. August 1927 in Wien, Matura 1945 in Wien, Luftwaffenhelfer 1943, Beamter des Wiener Magistrates (Kulturamt der Stadt Wien) 1945, Hörer der Technischen Hochschule Wien (Architektur) 1945 bis 1946, Hörer der Philosophischen Fakultät der Universität Wien 1946 bis 1948, Einkleidung 1948, feierliche Profess 1952, zum Doktor der Philosophie promoviert an der Universität Wien 1951, Priesterweihe 1954, zum Doktor der Theologie promoviert an der Universität Wien 1960.

1954-1955: Kaplan in Meidling (Wien 12)
1955-1956: Kaplan in Donaufeld (Wien 21)
1956: Bibliotheks-, Archivs- und Museumsadjunkt
1956: Dozent für kirchliche Kunstgeschichte
1959: Staatsprüfung am Institut für Österr. Geschichtsforschung
1959-2011: Kustos
1959-2012: Bibliothekar
1960: Professor der Kirchengeschichte
1962-2012: Stiftsarchivar
1965: Kirchenrektor am Altersheim der Caritas socialis in Klosterneuburg (Jetzt Pflegeheim der Stadt Wien)
1972: Wahl zum Kapitelrat
1972: Professor für Kirchengeschichte und kirchliche Kunstgeschichte an der Theol. Hochschule des Stiftes Heiligenkreuz
1974-2004: Landeskurat der NÖ. Pfadfinder

Auszeichnungen:
1972: Kulturpreis der Stadt Klosterneuburg
1978: Goldenes Ehrenzeichen für Verdienste um das Bundesland Niederösterreich,
1983: Ehrenring der Stadt Klosterneuburg,
1997: Österreichisches Ehrenkreuz für Wissenschaft und Kunst 1. Klasse

Konrad Anton Niel

*24. März 1928 in Wien (Pfarre St. Georg, Kagran), Matura (Realgymnasium) in Wien 21, 1948, Einkleidung 1948, feierliche Profess 1952, Priesterweihe 1954.

1954-1956: Kaplan in Heiligenstadt (Wien 19)
1956-1958: Kaplan in Hietzing (Wien 13)
1958-1967: Kaplan in Donaufeld (Wien 21)
1967-1974: Kaplan Stiftspfarre (Obere Stadt)
1974-1999: Pfarrer in Langenzersdorf

Hildebrand Friedrich Merkl

Dr. jur., Erzb. Geistl. Rat., Erzb. Konsistorialrat

* 6. Mai 1927 in Wien 19 (Pfarre Döbling), eingerückt als Luftwaffenhelfer Februar 1943 bis September 1944, RAD September bis Dezember 1944, Wehrmacht (Gebirgsjäger) seit Dezember 1944, verwundet bei Triest 1945, Gefangenschaft und Lazarett 1945 bis 1946, Entlassung 1946, Matura (Realgymnasium) in Klosterneuburg 1946, Studium an der juridischen Fakultät der Universität Wien 1946 bis 1950, zum Doktor der Rechte promoviert 1950, Gerichtspraxis als Rechtsanwalts- und Richteramtsanwärter beim Oberlandesgericht Wien 1950 bis 1953, Einkleidung 1953, feierliche Profess 1957, Priesterweihe 1959, Erzb. Geistl. Rat 1981, Konsistorialrat 1990

1959-1968: Kaplan in Floridsdorf (Wien 21)
1968-1972: Kaplan in Meidling (Wien 12)
1972-1976: Kaplan in Heiligenstadt (Wien 19)
1976 - 2001 Pfarrverweser in Heiligenstadt (Wien 19)
1978-1983: Dechant des Dekanates Wien Döbling

Walter Heinz Simek

Dr. theol., Kämmerer, Erzb. Geistl. Rat, Konsistorialrat, Wien, Bischöflicher Konsistorialrat, St.Pölten

*21. September 1935 in Klosterneuburg, Matura (Gymnasium) in Klosterneuburg 1953, Einkleidung 1954, einfache Profess 1955, feierliche Profess 1958, Priesterweihe 1960.

1960-1961: Kaplan in Maria Lourdes (Wien 12)
1961-1965: Kirchenrektor der Caritas socialis in Klosterneuburg
1961: Promotion zum Doktor der Theologie (Universität Wien)
1962-1965: Religionsprofessor an der Höheren Bundeslehr- und Versuchsanstalt für Wein- und Obstbau Klosterneuburg
1965-1980: Novizenmeister und Klerikerdirektor
1965-1987: Generalsekretär der Österr. Chorherren-Kongregation
1968-1974: Sekretär des Abt-Primas
1974-1991: Kaplan in Klosterneuburg (Obere Stadt)
1981-2005: Feuerwehrkurat in Klosterneuburg
1983-2009: Kirchenrektor und Seelsorger amKrankenhaus Klosterneuburg
1984,1990,1996,2002,2008,2014: Kapitelrat
1987-2002: Professor für Dogmatik und ökumenische Theologie an der Hochschule St.Pölten
1991-1993: Dekan
1991-2009: Pfarrer der Stiftspfarre
1994-2005: Professor an der Pädagogischen Akademie Krems
1998: Kämmerer

Auszeichnungen:
1985: Verdienstzeichen des NÖ Feuerwehrverbandes 3. Kl.
1987: Bronzene Verdienstmedaille des österr. Roten Kreuzes
2002: Ehrenring der Stadtgemeinde Klosterneuburg
2005: Ehrenzeichen für Verdienste um die NÖ Wirtschaft
2010: Verdienstzeichen 2.Kl. in Silber des des NÖ Landesfeuerwehrverbandes

Leopold Franz Streit

Dr. theol., Pfarrer in St. Martin, Erzb. Geistl. Rat, Erzb. Konsistorialrat

*7. Jänner 1937 in Wien 13, (Pfarre Ober St. Veit), Matura in Wien 1955, Einkleidung 1955, einfache Profess 1956, feierliche Profess 1959, Priesterweihe 1961.

1961-1965: Kaplan in Maria-Lourdes (Wien 12)
1965-1967: Kaplan der Stiftspfarre Klosterneuburg
1965-1967: Dekanatsjugendseelsorger für das Dekanat Klosterneuburg
1967-1980: Religionsprofessor am Gymnasium Klosterneuburg
seit 1967: Dozent für Pastoral und Religionspädagogik an der Phil.-Theol. Hauslehranstalt des Stiftes
1968-1975: Kirchenrektor in Weidlingbach
1969: Doktor der Theologie
1969: Professor für Religionspädagogik und Pastoral an der Phil.-Theol. Hauslehranstalt
1975: Pfarrverweser St. Martin, Klosterneuburg (Untere Stadt)
1987: Pfarrer in St. Martin
1999-2009: Stadtdechant des Dekanates Klosterneuburg
2001-2003: Provisor der Pfarre Kritzendorf
2002-2003: Substitut für die Pfarre Höflein

Auszeichnungen:
1984: Kulturpreis der Stadtgemeinde Klosterneuburg
2011: Sozialpreis der Stadtgemeinde Klosterneuburg

Adalbert Gerhard Koschiczek

Erzb. Geistl. Rat., Erzb. Konsistorialrat

*15. Juli 1938 in Wien 20, Matura (Gymnasium) in Klosterneuburg 1956, Einkleidung 1956, einfache Profess 1957, feierliche Profess 1960, Priesterweihe 1962.

1962-1968: Kaplan in Meidling (Wien 12)
1968-1980: Kaplan in Floridsdorf (Wien 21)
1972-1974: Referent für Kinderpastoral im Kath. Jugendwerk
1980-2010: Pfarrer in Grinzing
1997-2007: Dechant des Wiener Stadtdekanates (Wien 19)
2005-2006: Provisor der Pfarre Sievering
Auszeichnungen:
2009: Goldenes Verdienstzeichen des Landes Wien

Johannes Helmut Kittler

Mag. theol., Pfarrer in Hietzing

*31. März 1952 in Korneuburg, Matura (Gymnasium Klosterneuburg) 1970, Einkleidung am 1970, einfache Profess 1971, feierliche Profess 1974, Priesterweihe 1976.

1977: Sponsion zum Mag. theol.
1977-1984: Geistl. Assistent der Diözesansportgemeinschaft (ED Wien)
1977-1981: Kaplan in Klosterneuburg - St. Martin
1981-1988: Kaplan in Korneuburg
1985: Dekanatsjugendseelsorger
1988 Pfarrer von Maria Hietzing (Wien 13)

Andreas Gottlieb Redtenbacher

Dr. theol. habil., Lic. theol., Mag. theol., O. Universitätsprofessor für Liturgiewissenschaft, Direktor des Pius-Parsch-Instituts für Liturgiewissenschaft und Sakramententheologie, o. Mitglied der Europäischen Akademie der Wissenschaften und Künste, Seelsorger in St. Gertrud (Klosterneuburg), Erzb. Geistl. Rat, Erzb. Konsistorialrat

* 8. Mai 1953 in Wien, Matura 1971 am Albertus-Magnus Gymnasium (Wien 18), Einkleidung 1971, feierliche Profess 1975, Priesterweihe 1978.

1972-1977: Magister der Theologie (Wien)
1978-1979: Licentiat der Theologie (Gregoriana- Rom)
1979-1990: Religionsprofessor am BG Klosterneuburg
1980: Lehramt für Höhere Schulen und Akademien
1980-1995: Rektor des Mittelschülerzentrums, Dekanatsjugendseelsorger in Klosterneuburg
1981-1995 Universitätsassistent am Institut für Liturgiewissenschaft der Kath.-Theol.Fakultät (Wien)
1983-1990: Kaplan der Stiftspfarre
1983: Doktor der Theologie (Gregoriana - Rom)
Seit 1984 Vikariatsrat und Vorsitzender des Liturgieausschusses des Bischofsvikariates Wien-Stadt
1986-1999 Universitätslektor (Lehrbeauftragter) für Liturgiewissenschaft an der Univ.Wien
1990-2001 Pfarrer in Kritzendorf
1994-2004: Vorstandsmitglied des Vikariatsrats Wien-Stadt
1998-2013:Vorsitzender der Liturgiereferentenkonferenz der österr. (Erz-) Diözesen am ÖLI in Salzburg
1999-2001: Mitglied des Pastoralrates der Erzdiözese Wien
2001-2007: Habilitationsstudium in Trier
2004: Gründer, später Präsident der „Liturgiewissenschaftlichen Gesellschaft Klosterneuburg

2007: ErnenVorsitzenden des Diözesanbeirates für die Aus- und Weiterbildung der liturgischen Ämter und Dienste in der ED Wien.
2008: Habilitation im Fach Liturgiewissenschaft (Privatdozent)
2009: Professor für Liturgiewissenschaft und Sakramententheologie an der Phil.- Theol. Hochschule Klosterneuburg
2009: Lehrstuhlvertreter und Gastprofessor für Liturgiewissenschaft an der Theol. Fakultät der univ. Hochschule Vallendar
2011: Direktor des Pius- Parsch- Instituts für Liturgiewissenschaft und Sakramententheologie in Klosterneuburg
2012: Ordentliches Mitglied der Europäischen Akademie für die Wissenschaften und Künste
Mitglied der Liturgiekommission Österreichischen Bischofskonferenz
2012: Ordentlicher Professor für Liturgiewissenschaft an der theol. Fakultät der univ. Hochschule Vallendar

Berthold Franz Koy

Dr. theol., Mag. theol., Mag.rer.soc.oec. Pfarrer von Meidling

* 9. Juni 1950 in Wien (Pfarre Floridsdorf, Wien 21), Juvenat des Stiftes Klosterneuburg, Matura 1968 BG Klosterneuburg, Einkleidung 1968, einfache Profess 1969, Austritt 1970. Präsenzdienst beim Österr. Bundesheer, Studium der Theologie Universität Wien. Wiedereintritt 1973, einfache Profess 1973, Sponsion zum Magister der Theologie Universität Wien 1975, feierliche Profess 1976, Priesterweihe 1976.

1977- 1980: Kaplan in Heiligenstadt (Wien 19)
1977: Promotion zum Doktor der Theologie
1977- 1979: Religionslehrer am Bundesgymnasium Klosterneuburg
1978: Lehramtsprüfung
1979: Ausscheiden aus dem Schuldienst und Beginn des Studiums der Betriebswirtschaftslehre an der Wirtschaftsuniversität Wien
1980-1982: Kaplan in Hietzing (Wien 13)
1982: Kaplan in Maria Lourdes (Wien 12)
1991: Moderator in Meidling
1992: Ernennung zum Pfarrer von Meidling
1996-1998: Kämmerer

Franz Majca

Mag. theol., Pfarrer von Langenzersdorf

* 9. Oktober 1954 in Nowy Sacz, Polen, Matura 1977 in Nowy Sacz, Polen, Theologiestudium 1977 bis 1981 im Priesterseminar Tarnow, Polen, Einkleidung 1982, einfache Profess 1983, Priesterweihe 1985, Religionslehrer im Erziehungsheim der Stadt Wien, Religionslehrer Volks- und Hauptschule, Erzbischöflicher geistlicher Rat.

1985: Kaplan in Floridsdorf
1992: Pfarrer in Reinprechtspölla
1999: Pfarrer von Langenzersdorf
2006: Dechant des Dekanates Klosterneuburg
2008,2014: Kapitelrat

Stefan Wolfgang Koller

Mag. theol., Pfarrer von Korneuburg

* 25.6.1965 in Korneuburg, Eintritt 1983, Einfache Profess 1984, Austritt 1987, Wiedereintritt 1990, einfache Profess 1990, feierliche Profess 1991, Sponsion zum Mag. theol. 1992, Priesterweihe 1994, Lehramt für Religion an mittleren und höheren Schulen 1995, Lehramt für Informatik an AHS 2001, Gymnasialprofessor, Seelsorger im Krankenhaus, im Pflegeheim und in der Justizanstalt in Korneuburg, Feurwehrkurat.

1990- 1993: Religionslehrer in der VS Brucknergasse, Klosterneuburg
1994: Kaplan in Hietzing
2008: Moderator in Korneuburg
2010: Pfarrer in Korneuburg

Alois Arnstein Brodersen

Dr. med., Mag. theol. Pfarrer in Bergen/Norwegen

* 30.8.1955 in Skjerstad/Norwegen, 1974-80 Medizinstudium an der Universität Bergen, 1983-89 praktizierender Arzt, Eintritt 1989, ewige Profess 1993, Priesterweihe 1998, Magister der Theologie 1997.

1999-2003: Moderator in Nussdorf
1999-2003: Kirchenrektor der Kirche am Leopoldsberg
2003: Pfarrer in Bergen/Norwegen

Anton Wolfgang Höslinger

Mag. theol., Kapitelrat, Novizenmeister und Klerikerdirektor, Kapitelsekretär, Generalsekretär der Österreichischen Augustiner-Chorherren-Kongregation, Sekretär des Abt-Primas

* 5.1.1970 in Klosterneuburg, Eintritt 1989, ewige Profess 1993, Magister der Theologie 1997, Priesterweihe 1998.

1998-2003: Kaplan der Stiftspfarre Klosterneuburg
2003-2006: Provisor für die Pfarre Donaufeld (Wien 21)
2005: Novizenmeister und Klerikerdirektor
2005: Kapitelsekretär
2005, 2008, 2014: Kapitelrat

Simon Nguyen Ngoc Dung

Dechant Stellvertreter

* 4.1.1970 in Sao Mai/Vietnam, 1. Abschnitt Theologiestudium Uni Wien 1993-1996, 2. Abschnitt Theologiestudium in Oxford 1997-1999, Eintritt 1992, Priesterweihe 2000.

2000: Kaplan der Pfarre Donaufeld
2003: Moderator der Pfarre Donaufeld
2003: Moderator der Pfarre St.Leopold
2004-2008: Rektor der Kapelle im Caritasheim Weidling
2005-2009: Moderator der Pfarre Weidling
2013 Dechant Stellvertreter
2012: Kirchenrektor in Scheiblingstein

Reinhard Schandl

Dipl. Ing., Mag. theol., Pfarrer der Stiftspfarre, Stadtdechant (Klosterneuburg), Moderator in Kritzendorf und Höflein, Kirchenrektor im Landespensionisten und -pflegeheim Klosterneuburg (Agnesheim), Kapitelrat

* 2.2.1966 in Wien, 1984-1993 Studium des Vermessungswesens an der TU Wien, Eintritt 1992, Priesterweihe 1999.

1993-1998: Studium der katholischen Fachtheologie an der Universität Wien
1999-2006: Kaplan in St.Martin
2001: Kirchenrektor der Kapelle im Agnesheim
2003-2009: Moderator in Kritzendorf und Höflein
2009: Pfarrer der Stiftspfarre Klosterneuburg
2010: Dechant des Dekanates Klosterneuburg
2013: Moderator der Pfarren Kritzendorf und Höflein
2014: Kapitelrat

Matthias Hoang Vinh

Pfarrer in Tattendorf, Bac. theol., Lic. theol., Erzb. Geistl. Rat

* 28.9.1958 in Khanh Hoa/Vietnam, 1993-95 Theologiestudium in Rom, Eintritt 1995, Priesterweihe 1985.

1985: Kaplan in Bergen/Norwegen
1997-2000: Moderator in Tattendorf
2000: Pfarrer in Tattendorf
2005: Seelsorger für die Vietnamesische Katholische Gemeinde in Linz
2013: Aushilfsseelsorger der Vietnamesischen katholischen Gemeinde in Wien

Michael Manfred Hofians

Pfarrer in Heiligenstadt

* 25.8.1953 in Wien, Eintritt 1998, einfache Profess 1999, feierliche Profess 2002, Priesterweihe 2002.

2003: Kaplan in Donaufeld
2003: Kaplan der Stiftspfarre Klosterneuburg
2004-2006: Moderator in Neustift am Walde
2004: Pfarrer in Heiligenstadt

Pius Reinhard Feiler

Dipl.-Päd. Mag. Mag. theol., Zeremoniär, Gymnasialprofessor

* 5.3.1974 in Wien, Lehramtsprüfung 1996, Theologiestudium 1994-2003, Eintritt 1999, einfache Profess 2000, feierliche Profess 2003, Priesterweihe 2004, Studium an der Religionspädagogischen Akademie 1993-1996, Lehramtsprüfung für Hauptschulen 1996, Studium der Theologie und Religionspädagogik 1994-2003, Lehramtsprüfung für höhere Schulen 2003, 2003-2011 Univ.-Assistent an der Kath.-Theol. Fakultät der Universität Wien – Kirchenrecht.

2004: Zeremoniär
2004-2010: Kaplan in Grinzing
2005: Kurat der Kameradschaft Klosterneuburg
2009: Feuerwehrkurat der Stadtfeuerwehr Klosterneuburg
2010-2012: Provisor der Pfarre Floridsdorf

Lukas Stefan Lorf-Wollesen

BA, BD, MA, PGC

* 7.9.1968 in Hamburg/Deutschland, Eintritt 2000, einfache Profess 2001, feierliche Profess 2004, Studium am Heythrop College und King‘s College - University of London, sowie Maryvale Institute, Birmingham, Priesterweihe 2006.

2006: Kaplan in Bergen/Norwegen
Religionslehrer und Schulseelsorger an der St. Paul-Schule in Bergen

Hugo Jon Erik Slaattelid

BD

* 31.8.1971 in Oslo/Norwegen, 1990-1998 Studium der Staatswissenschaften und Geschichte in Oslo, Eintritt 2000, einfache Profess 2001, 2001-2004 Studium der Theologie in London, feierliche Profess 2004, Priesterweihe 2005.

2005: Aushilfskaplan Weidling, Kirchenrektor in Weidlingbach
2008: Kaplan in Weidling
2008: Rektor der Kapelle im Pensionisten- und Pflegeheim der Caritas „Haus Klosterneuburg"
2009: Moderator in Weidling

Clemens Timothy Suarez Galban

BA, STB, Gastmeister

* 18.8.1964 in Morristown/New Jersey/USA, Eintritt 2002, Priesterweihe 1997.

2003: Kaplan In Bergen/Norwegen
2004-2009: Kaplan der Stiftspfarre
2009-2013: Pfarrer in Kritzendorf und Moderator in Höflein an der Donau
2013 Gastmeister

Elias Matthew Carr

BA, MA, STB, Lic. theol., Pfarrer in St. Rocco's, Glen Cove

* 27.1.1968 in New York/USA, Eintritt 2002, Priesterweihe 1999.

2003-2004: Aushilfskaplan in Donaufeld
2004-2006: Kaplan in Bergen, Norwegen und MPhil Religionspädagogik zu Norsk Læreakademi, Bergen
2006: Theologiestudium an der Päpstlichen Universität Gregoriana in Rom
2007-2011: Rektor der Kapelle im Rehabilitationszentrum "Weisser Hof", Aushilfskaplan der Pfarre St. Martin, Kritzendorf und Höflein
2011: Niederlassung Glen Cove, Pfarrer in St. Rocco's, New York, USA
2012: Headmaster (Schuldirektor) in All Saints Regional Catholic School, Glen Cove

Josef Robert Norys

BS, Bac. theol.; STB

* 16.6.1966 in Kenitra/Marokko, 1984-1990 Ingenieurstudium University of Virginia, 2000-2002 Theologiestudium in Philadelphia, Eintritt 2002, 2003-2006 Theologiestudium in Rom, Priesterweihe 2007.

2007: Kaplan in Donaufeld
2011: Moderator in Donaufeld

Maximilian Timothy Heffron

* 22.6.1967 in Washington D.C./USA, Eintritt 2003, Priesterweihe 2011.

2011: Kaplan in Donaufeld

Bruno Richard Semple

* 3.4.1973 in Anchorage/Alaska/USA, Studium der Philosophie und Theologie in Washington und Oregon, Priesterweihe 2000, Eintritt 2003.

2005: Aushilfskaplan in Sievering
2006: Aushilfskaplan in Langenzersdorf
2007: Kaplan in Langenzersdorf
2008: Kaplan in Langenzersdorf-Dirndlwiese
2011: Aushilfskaplan in Sievering
2011: Niederlassung Glen Cove, New York, USA
Kaplan in St. Patrick's, Glen Cove

Daniel Stephen Nash

BA, STB, STL

* 16.7.1963 in New York/USA, Eintritt 2004, Priesterweihe 1997.

2005: Aushilfskaplan in Neustift
2006: Aushilfskaplan in Donaufeld
2007-2011: Moderator in Donaufeld
2011: Niederlassung Glen Cove, New York, USA
Pfarrer in St. Patrick‘s, Glen Cove

Alipius Claus Müller

* 26.8.1968 in Düsseldorf/Deutschland, Eintritt 2004, Priesterweihe 2011.

2011: Kaplan in Floridsdorf
2012: Moderator in Floridsdorf

Albert Tomasz Maczka

Mag. theol.

* 29.3.1967 in Kielce/Polen, Priesterweihe 1992, 1994-1999 Studium der Philosophie in Lublin/Polen, Eintritt 2005, ewige Profess 2009 .

2006-2007: Aushilfskaplan in St.Martin, Kritzendorf und Höf-
lein
2006-2007: Rektor der Kapelle am Weißen Hof
2007-2010: Kaplan in Bergen
2010: Generalvikar der territorialen Prälatur Trondheim und Dompfarrer der Domkirche St. Olav zu Trondheim.
2012: Mitglied des norwegischen katholischen Bischofsrates

Meinrad Thomas Bolz

* 25.3.1980 in Villingen-Schwenningen/Deutschland, Eintritt 2005, einfache Profess 2009, ewige Profess 2012.

Kirchenmusik- und Theologiestudent in Wien

Gabriel Damian Rach

BSMis, STB, FB

* 23.6.1975 in Chilton (Wisconsin, USA), Eintritt 2006, einfache Profess 2007, 2007-2009 Studium in Rom, Priesterweihe 2012.

Kaplan in Glen Cove, New York, USA

Sebastian Christoph Schmölz

Mag.theol.

* 6.6.1984 in Wien, Theologiestudium in St. Pölten und Wien, Eintritt 2006, ewige Profess 2010, Diakonweihe 2013, Priesterweihe September 2013.

2013: Diakon der Stiftspfarre Klosterneuburg
2013: Kaplan in Langenzersdorf und Pfarrexpositur Dirndelwiese

Benedict Michael Riede

Mag.theol.

*2. Juli 1982 in Gotha (Deutschland), Eintritt 2006, ewige Profess 2010, Priesterweihe 2011.

2011- 2013: Kaplan in Bergen/Norwegen
beurlaubt seit 2013

Florian Martin Tloust

* 18.9.1978 in Wien, Eintritt 2007, einfache Profess 2008, ewige Profess 2011.

2008: Theologiestudent in Heiligenkreuz

Aegidius Tomasz Woźnikowski

* 1.1.1970 in Mikolow (Polen), Eintritt 2007, einfache Profess 2008, ewige Profess 2011.

2008: Theologiestudent in Heiligenkreuz

Nicolaus Urs Buhlmann

Dr. phil. M.A. Dipl.-theol., Bibliothekar, Archivar und Kustos der stiftlichen Sammlungen

* 18.01.1961 in Duisburg (Deutschland), 1985 Studium der Rechtwissenschaften in Tübingen und Bonn, 1987 Studium an der London School of Economics and Political Science, Eintritt 1995, Promotion 1999 in Düsseldorf, 1999 Theologiestudium in Augsburg, Priesterweihe 2004 in Aachen, Wiedereintritt 2008, einfache Profess 2009, ewige Profess 2012.

2004: Kaplan in Bistum Aachen
2010: Provisor in Floridsdorf
2010-2012: Mitarbeiter der Kurie in Rom
2012: Bibliothekar, Archivar und Kustos
2013-2014: interimistischer Gastmeister

Ignatius Nicolae Sutel

*18.05.1976 in Targoviste/Rumänien, Eintritt 2008, einfache Profess 2009, ewige Profess 2012.

2012: Theologiestudent in Heiligenkreuz

Basilius Markus Paul Stiller

Dipl.-theol., Lic. theol.

*10.03.1981 in Cosel (Polen), Eintritt 2009, 2010 einfache Profess, ewige Profess 2013, Diakonweihe 2014.

2010: Theologiestudent in Rom
2014: Diakon der Pfarre Korneuburg

Ambros Grahm Boyd

BA, MA

*14.04.1982 in Greensbrough (North Carolina, USA), Eintritt 2009, einfache Profess 2010, ewige Profess 2013, Diakonweihe 2014.

2010: Theologiestudent in Rom

KLERIKER

Tassilo Dominic Lorenz

Dipl.-theol.

*17.1.1983 Dettelbach (Deutschland), Eintritt 2010, einfache Profess 2011.

Leonhard Florian Braun

*27.11.1981 in Wuppertal (Deutschland), Eintritt 2011 Theologiestudent der LMU in München.

Martin Nguyen Ngoc Hoang

*31.10.1973 Nghe An (Vietnam), Eintritt 2012.

2013: Theologiestudent in Heiligenkreuz

Thaddäus Andreas Ploner

Mag. theol., Mag phil., fac. theol.

* 18.6.1978 in Innsbruck, Eintritt 2012.

Theologiestudent in Wien

NOVIZEN

Thomas Oliver Grundner

Dr. iur.

*29.3.1984 in Wien, Eintritt: 2013.

Konstantin Toni Josef Kowollik

M.A., Lic. theol.

*22.04.1983 in Bad Muskau/Deutschland, Eintritt: 2013.

DIE VERSTORBENEN DES STIFTES SEIT 1986

9. Februar 1987

Erzbischöflicher Konsistorialrat Prof.

Dipl. Ing. Alipius Agathon Wollenik

Geboren am 17. August 1901 in Wien, 1919 Matura am Gymnasium Wien XIX.. Studium an der Technischen Hochschule, wo er mit dem Dipl.-Ing. 1929 abschließt. Ministerialsekretär im Handelsministerium, Einkleidung 27. August 1938, Feierliche Profess 1942, Priesterweihe 1943, Militärdienst 1941, 1943-45 zugleich Aushilfspriester in der Pfarre Floridsdorf. Es folgt ein Jahr als Kaplan an der Stiftspfarre, im Februar 1946 beginnt er seine Lehrtätigkeit an der Theol. Studienanstalt des Stiftes. 1950 erhält er die Venia legendi für das Lehramt des Alten Bundes. Von 1954 bis 1973 war er Pfarrer in Maria-Lourdes (Wien XIII.). 1959 wurde er zum Erzbischöflichen Geistlichen Rat ernannt, 1971 ehrte ihn der Bischof durch die Verleihung des Titels eines Erzbischöflicher Konsistorialrates. 1973 kehrte er ins Stift zurück; von 1975 bis 1982 betreute er als Seelsorger die Kranken im Klosterneuburger Spital.
17. Februar 1987 Beisetzung in der Gruft der Sebastianikapelle

25. März 1988

Erzbischöflicher Geistlichen Rat

Matthäus Wilhelm Lugmayr

Am 17. November 1926 in Blumau geboren, wuchs er in unserer Pfarre Tattendorf auf, begann die Mittelschulstudien am Gymnasium in Baden und vollendete sie, nach Unterbrechung durch die Einberufung als Luftwaffenhelfer, 1946 in Wiener Neustadt. Am 24. November 1946 trat er ins Stift Klosterneuburg ein und

verband sich unserer Gemeinschaft endgültig in der Feierlichen Profess zu Augustini 1950. Zu Peter und Paul 1952 konnte er die Priesterweihe empfangen. Im September 1952 kam er als Kaplan in die Pfarre Hietzing. Der Bischof betraute ihn mit den Agenden eines Dekanatsjugendseelsorgers; er wirkte in dieser Zeit auch als Religionsprofessor am Mädchenrealgymnasium. 1956 berief ihn sein Oberer als Kaplan nach Korneuburg, auch hier wirkte er in Schule und Jugendseelsorge vorbildlich. Die MKV Verbindung Marco Danubia berief ihn als Verbindungsseelsorger. 1963 konnte er wieder als Pfarrer nach Hietzing zurückkehren, wo er bis zu seinem Tod im Amt war.
5. April 1988 Beisetzung in der Gruft der Sebastianikapelle.

26. Juni 1989

Viktor Robert Knirsch

Am 13. Februar 1931 in Wien geboren maturierte er 1949 in Wien 12, trat nach seiner Matura in das erzbischöfliche Priesterseminar in Wien ein, begann seine Studien an der Universität Wien, wurde am 27. August 1955 in das Stift Klosterneuburg aufgenommen, wo er dann zunächst als Religionslehrer im Wiener Städtischen Erziehungsheim in Klosterneuburg von 1956 bis 1957 tätig war. Von 1957 bis 1960 studierte er am Päpstlichen Bibelinstitut in Rom. In der feierlichen Profess verband er sich am 18. August 1959 dem Stift Klosterneuburg. Bereits am 14. September 1958 war er im Stift Klosterneuburg zum Priester geweiht worden.
Ab August 1960 war er als Kaplan in Wien-Meidling beschäftigt, wo er sich besonders um die Pfadfinder der Pfarre bemüht hat. Eine kurze Zeit war er als Kaplan der Stiftspfarre Klosterneuburg und gleichzeitig als excurrendo-Provisor von St. Leopold tätig. Vom 1. September 1962 bis zum 30. April 1971 war unser Mitbruder dann als Kaplan in Maria-Hietzing. Von Februar bis

August 1963 war er auch als Provisor in spiritualibus für die Pfarre Hietzing. In der Zeit von 1965 bis 1968 betreute er den Nachwuchs der Schwesternschaft der Caritas socialis als Bibel- und Liturgielehrer. Seit Mai 1971 war er Pfarrer im Kahlenbergerdorf, wo er bis zu seinem Tod blieb. Ein Schuljahr lang war er Religionsprofessor am Bundesgymnasium in Klosterneuburg.
30. Juni 1989 Beisetzung am Kahlenbergerdorfer Friedhof im Pfarrgrab

26. Oktober 1991

Georg Guex

Geboren am 8. Dezember 1921 in Martigny (Schweiz) trat er 1940 in die Chorherrenpropstei am Großen St. Bernhard ein. 1944 konnte er die feierliche Profess ablegen und wurde 1947 zum Priester geweiht. Seit Mai 1961 weilte er im Stift Klosterneuburg. Von 1962 bis 1970 gehörte er der Windesheimer Chorherrenkongregation an. Seit 15. Juni 1970 war er Kanoniker unseres Stiftes. Seit 1964 war er Gastmeister, seit 1969 arbeitete er im Kirchenamt mit und übernahm 1972 die Leitung dieses Amtes. Immer wieder half er in der Seelsorge mit; in Langenzersdorf, Kierling und in Kritzendorf (dreimal) war er als Provisor nach dem Tod bzw. Ausscheiden des jeweiligen Pfarrers tätig.
28. Oktober 1991 Beisetzung in der Gruft der Sebastianikapelle.

1. Februar 1992

Erzbischöflicher Konsistorialrat

Ortwin Norbert Ableidinger

Geboren am 24. April 1911 in Kirchberg a. Walde, war er Sängerknabe im Stift Zwettl und kam bereits 1925 ins Stift Klosterneuburg und legte Matura 1931 ab. Einkleidung Oktober 1931, Noviziat und Studium im Stift. 1935 verband er sich in der Feierlichen Profess unserem Haus und wurde am 4. Juli 1937 zum Priester geweiht. Von 1937-1939 war er Kaplan in Donaufeld, im August 1939 wurde er als Kriegspfarrer zur Wehrmacht einberufen, war dann von September 1939 bis Juni 1940 Standortpfarrer in Krakau und anschließend in Warschau. Als die Ordensmänner aus der Militärseelsorge entfernt wurden, kehrte er im Februar 1941 nach Donaufeld zurück, wo er bis August 1951 vor allem als Jugendseelsorger hervorragend wirkte. Die Zeit beschränkter Wirkmöglichkeit im Krieg benützte der musikalisch Hochbegabte zum Studium für Kirchenmusik an der „Reichshochschule für Musik“ in Wien, welches er mit entsprechenden Prüfungen abschließen konnte. 1951-1968 war er Pfarrer in Weidling. Nach einem kurzen Zwischenspiel in Floridsdorf war er seit 1969 bis zu seinem Tod Pfarrer in Tattendorf.
Der Erzbischof würdigte seine erfolgreiche Seelsorgetätigkeit mit der Ernennung zum Geistlichen Rat und zuletzt zum Konsistorialrat.
18. Februar 1992 Beisetzung in der Gruft der Sebastianikapelle.

3. Juni 1992

Erzbischöflicher Geistlicher Rat

Dr. Bruno Gerhard Schüch

In Pinkaute (Mähren) am 16. April 1928 geboren, 1944 zum Kriegsdienst eingezogen, geriet er in Gefangenschaft. Er maturierte 1950 in Salzburg. Im selben Jahr trat er in das Stift ein, verband sich 1954 in der Feierlichen Profess unserer Gemeinschaft und wurde 1956 zum Priester geweiht. Er war als Kaplan in Meidling, Nußdorf und St. Martin-Klosterneuburg tätig. 1967 wurde er an der Universität Wien zum Dr. theol. promoviert. Er legte auch die Lehramtsprüfung für Religionsunterricht an Höheren Schulen ab und wurde 1968 mit der Professur für Religionswissenschaft an der damals noch aktiven stiftlichen Theologischen Lehranstalt betreut. Seit Juli 1971 war er Pfarrer in Neustift am Walde.
10. Juli 1992 Beisetzung im Pfarrergrab auf dem Stammersdorfer Zentralfriedhof.

8. Juni 1993

Erzbischöflicher Konsistorialrat und Regierungsrat

Eugen Ludwig Terkowics

Gebürtig aus Meidling, wurde er am 10. November 1940 zum Priester geweiht, nachdem er am 28. August 1939 die feierliche Profess im Stift Klosterneuburg abgelegt hatte. Er war nur die kurze Zeit von Dezember 1940 bis Juni 1941 als Kaplan in Wien-Leopoldau tätig und kam bereits im Juni 1941 wieder in seine Heimatgemeinde Meidling zurück. 1960 wurde er Pfarrer in Meidling, und war Fachinspektor für Religionsunterricht

an Pflichtschulen in Wien, welches Amt er vom Juli 1961 bis 1976 innehatte. 1953 bis 1975 war er Präses der Kolpingfamilie Meidling gewesen, von 1964 bis 1970 Diözesenpräses der Kolpingfamilien der Erzdiözese Wien. Seit 1965 war er auch Bundespräses des Reichsbundes. Im Oktober 1984 bat er dann seinen Oberen, sich von den Pfarrgeschäften zurückziehen zu dürfen, aber er wirkte auch weiterhin noch im Seelsorgsbereich der Pfarre Meidling mit.
1970 erfolgte seine Ernennung zum Erzbischöflicher Geistlichen Rat. 1973 zum Erzbischöflicher Konsistorialrat, 1967 erhielt er das Goldene Verdienstzeichen der Republik Österreich, 1968 den Titel Regierungsrat vom Bundespräsidenten verliehen. Am 18. Juni 1993 auf dem Meidlinger Friedhof in der Pfarrgruft beigesetzt.

1. Juni 1995

Erzbischöflicher Geistlicher Rat

Winfried Rudolf Lemp

1920 geboren, maturierte er 1939 am Bundesgymnasium seiner Heimatstadt Klosterneuburg und trat anschließend in das Stift ein. Er war Kaplan in Nußdorf, Floridsdorf, Korneuburg und Donaufeld, dort betreute er auch das Krankenhaus neben den Kaplandiensten. Von 1988 bis 1991 widmete er sich nur dem Spital, 1991 kehrte er ins Stift zurück. 1987 dankte ihm der Bischof durch die Ernennung zum Geistlichen Rat.
Was 6. Februar 1995 Beisetzung in der Gruft der Sebastianikapelle.

24. April 1995

Michael Heinrich Schmid

Geboren am 9. Mai 1922 in Wien, wuchs er in unserer Stiftspfarre Grinzing auf. Nach der Matura im Jahre 1940 wurde er im Stift eingekleidet und noch als Novize zum Reichsarbeitsdienst und anschließend zur Luftwaffe einberufen und kehrte 1946 aus amerikanischer Gefangenschaft heim. Am 28. August 1948 legte er die feierliche Profess ab und wurde am 10. Juli 1949 zum Priester geweiht.

Als Kaplan wirkte er sehr erfolgreich in den Pfarren Floridsdorf und St. Martin-Klosterneuburg, nebenbei auch in leitender Funktion in der Jungscharseelsorge der Erzdiözese Wien. 1952 wurde er zum Sozius des Novizenmeisters bestellt und lehrte zugleich an der theologischen Hochschule des Stiftes. 1954 wurde er zum Novizenmeister und Klerikerdirektor ernannt, nebenbei war er Generalsekretär der Österreichischen Chorherrenkongregation. Am 2. Januar 1965 wählten ihn die Mitbrüder zum ersten Mal zum Stiftsdechant (fünfmal sprachen sie ihm durch Wiederwahl ihr Vertrauen aus), er übte dieses Amt bis kurz vor seinem Tod aus. Außerdem betreute seit 1975 als Kirchenrektor die kleine Gemeinde von Weidlingbach.
26. April 1995, Beisetzung in der Gruft der Sebastianikapelle

30. April 1995

Ubald Rudolf Krapfenbauer

Am 8. Oktober 1910 in Wien geboren und legte er 1929 die Matura ab. Am 27. August 1431 wurde er im Stift Klosterneuburg eingekleidet, legte 1935 die feierliche Professab und wurde am 30. Juni 1935 zum Priester geweiht. Sein erster Posten als

Kaplan war die Pfarre Floridsdorf (Wien XXI.), anschließend wirkte er in der selben Funktion in den Pfarren Donaufeld (Wien XXI.) und Meidling (Wien XII.). 1939 wurde er als Sanitäter zur Wehrmacht eingezogen. 1946 kehrte er aus englischer Kriegsgefangenschaft heim und wurde Pfarrer in St. Leopold-Klosterneuburg. Von 1949 bis 1955 wirkte er als Einsegnungspriester auf dem Wiener Zentralfriedhof. Im Jahre 1955 übernahm er die Pfarre Stoitzendorf, bis er 1971 in den Ruhestand trat. Diesen verbrachte er zunächst in der Pfarre Donaufeld, wo er in der Seelsorge mithalf, bis er in das Stift übersiedelte.
9. Mai 1995 Beisetzung in der Gruft der Sebastianikapelle.

8. November 1995

Erzbischöflicher Konsistorialrat

Petrus Fourerius Walter Tschinkel

Am 15. März 1906 in Wien XII. (Pfarre Meidling) geboren, maturierte er 1927 am Meidlinger Gymnasium und studierte anschließend an der Wiener Universität mehrere geisteswissenschaftliche Disziplinen. Nach mehrjähriger Tätigkeit als Privatlehrer leistete er von 1940 bis 1945 Kriegsdienst. Als Spätberufener wurde er am 12. Januar 1946 in unserem Stift eingekleidet, legte am 28. August 1949 die feierliche Profess ab und empfing am 19. Mai 1951 die Priesterweihe. Bereits als Kleriker wurde ihm 1949 der Religionsunterricht an der Höheren Bundeslehr- und Versuchsanstalt für Wein- und Obstbau in Klosterneuburg und kurz darauf auch am Klosterneuburger Bundesgymnasium übertragen. Erst 1983 schied er aus dem Schuldienst. In der Seelsorge der Stiftspfarre war er nur ein Jahr als Kaplan tätig. Seine Hauptaufgabe wurde die Liturgische Gemeinde von St. Gertrud in Klosterneuburg.
17. November 1995 Beisetzung in der Gruft der Sebastianikapelle

16. August 1997

65. Propst des Stiftes

Gehbard Ferdinand Koberger

Geboren am 24, Dezember 1909 in Wien-Döbling . Nach seiner Matura am Gymnasium Wien XIX trat er am 27. August 1929 in das Stift Klosternenburg ein und erhielt den Ordensnamen Gebhard. Am 28. August 1933 legte er die feierliche Profess ab und empfing am 30, Juni 1935 die Priesterweihe. Bis November 1937 wirkte Gebhard Koberger als Kaplan in der Pfarre Floridsdorf (Wien XXI). Darauf wurde er vom Oberen zum Sozius des Novizenmeisters bestellt. Von April bis November 1938 war er Novizenmeister im Stift Klosterneuburg. Als Sekretär des Propstes wirkte er von November 1938 bis Oktober 1939. Von 1939 bis zur Aufhebung des Stiftes im April 1941 durch die Nationalsozialisten übte er die Aufgabe des Kanzleidirektors, des Leiters der Wirtschaftsverwaltung aus. In der Zeit der Vertreibung der Chorherren aus dem Stift war er Kaplan in Heiligenstadt und sorgte sich als Novizenmeister und Klerikerdirektor von Juni 1941 bis April 1945 um den Nachwuchs des Stiftes. Nach dem Ende der Kriegswirren, von April bis September 1945 begann er als Kanzleidirektor die Verhandlungen mit den österreichischen Staatsstellen wegen der Rückgabe des beschlagnahmten stiftlichen Eigentums und von September 1945 bis Oktober 1953 stand er als Sekretär dem in seinen letzten Jahren schwerkranken Propst Alipius Linda beim Wiederaufbau der mitbrüderlichen Kommunität zur Seite. Gebhard Koberger betreute in all diesen Jahren von Jänner 1938 bis Oktober 1953 die Gemeinschaft der Caritas Socialis in Klosterneuburg seelsorglich. Nochmals im August 1951 zum Novizenmeister bestellt, wurde er nach dem Tod von Propst Alipius Linda am 20. Oktober 1953 zum 65. Propst des Stiftes Klosterneuburg gewählt und am 8. November dieses Jahres von Theodor Kardinal

Innitzer zum Abt benediziert. Am 17. Dezember 1953 erfolgte die Ernennung zum Wirklichen Erzbischöflicher Konsistorialrat und am 20. April 1954 zum ersten Mal zum Generalabt der Österreichischen Augustiner Chorherrenkongregation. In dieser Funktion verblieb er nach fünfmaliger Wiederwahl bis zum 8. Oktober 1987.
Nach der Wiedererlangung der Freiheit für Österreich erwarb er sich bedeutende Verdienste um die Superiorenkonferenz der männlichen Ordensgemeinschaften in unserem Land als ihr Vorsitzender von 1956 bis 1974. Als Generalabt der Österreichischen Chorherrenkongregation war er Konzilsvater am Zweiten Vatikanischen Konzil von 1962 bis 1965. Von 9. Dezember 1968 bis 3. Juli 1974 stand er der weltweiten Augustiner Chorherren-Konföderation als Abt-Primas vor.
Jahrzehnte hindurch war Propst Koberger das Wirken des Ritterordens vom Heiligen Grab zu Jerusalem ein wirkliches Anliegen, so besonders in seinen Funktionen als Prior der Komturei Wien und als Großprior der Österreichischen Grabesritter bis zum Jahre 1990.
Er wurde ausgezeichnet mit dem Großen Silbernen Ehrenzeichen mit dem Stern für Verdienste um die Republik Österreich und dem Silbernen Komturkreuz mit dem Stern für Verdienste um das Land Niederösterreich, außerdem erhielt er Orden verschiedener anderer Staaten.
2. September 1997 Beisetzung in der Gruft der Sebastianikapelle.

7. Februar 1998

Erzbischöfl. Konsistorialrat

Theobald Josef Tschetertnik

Geboren am 13. August 1914 in Wien XX. in der Pfarre Zwischenbrücken, maturierte er im Jahr 1934 in Wien. Am 27. August 1934 wurde er im Stift Klosterneuburg eingekleidet, 1938 legte er die feierliche Profess ab, am 31. März 1940 wurde er bei zum Priester geweiht. Von 1940 bis 1951 war er Kaplan der Stiftspfarre. 1951 wurde er Pfarrer von St. Leopold. Von 1961 bis zu seinem Ruhestand 1991 war er Pfarrer der Stiftspfarre. Von 1962 bis 1979 leitete er darüber hinaus als Dechant das Dekanat Klosterneuburg. Im Konvent war er 12 Jahre gewähltes Mitglied des Kapitelrates und von 1962 bis 1990 der Zeremoniär des Propstes. 1966 dankte ihm der Erzbischof durch die Ernennung zum Erzbischöflicher Konsistorialrat.
24. Februar 1998 Beisetzung in der Gruft der Sebastianikapelle.

22. Juli 1998

Paulus Paul Steinkellner

Am 21. Oktober 1912 in Herzogenburg geboren, maturierte er am 9. Juli 1931 im „Franzisco-Josefinum“ in Mödling und trat am 24. August 1932 im Stift Herzogenburg ein, wo er am 25. August 1933 die feierliche Profess ablegte und am 29. Juni 1937 zum Priester geweiht wurde.
Von 1937 bis 1945 war er im Stift Herzogenburg als Wirtschaftsdirektor tätig. Von 1945 bis 1951 war er als Pfarrverweser in Grafenwörth. Dieses Amt hat er auch in den Jahren 1951-1956 in Statzendorf ausgeübt. Von Ende 1957 bis August 1963 wirkte er als Einsegnungspriester am Wiener Zentralfriedhof; in dieser

Zeit wohnte er in der Pfarre Namen Jesu, Wien 12, wo er nebenbei auch priesterlich aushalf. Ab 20. August 1963 wohnte er in der Pfarre Meidling (Wien 12) und war dort bis 31. Oktober 1983 als Kaplan tätig. Im November 1983 trat er in den Ruhestand. Am 17. Dezember 1970 wurde er Kanoniker des Stiftes Klosterneuburg. Von 1. November 1983 bis zu seinem Tod wirkte er bei den Kreuzschwestern in der Murlingergasse 71, 1120 Wien.
30. Juli 1998 Beisetzung in der Gruft der Sebastianikapelle.

28. Oktober 1999

Erzbischöflicher Konsistorialrat

Eusebius André Raeven

Geboren am 21. September 1923 in Rucphen en Vorenseinde in den Niederlanden, absolvierte er das „Canisius Kolleg“ in Nimwegen. Am 27. August 1951 wurde er im Stift Klosterneuburg eingekleidet, am 28. August 1955 legte er die feierliche Profess ab, am 28. April 1957 wurde er zum Priester geweiht und feierte am 1. Mai 1957 Primiz.
Von August bis Dezember 1957 war er Kaplan in Jedlesee (Wien XXI.), von Dezember 1957 bis September 1959 in Klosterneuburg St. Martin. Dann wurde er wieder im 21. Wiener Gemeindebezirk tätig: Von September 1959 bis August 1968 wirkte er als Kaplan in Leopoldau und von September 1968 bis August 1969 in Floridsdorf.
Von 1969 bis 1997 war er Pfarrer von Floridsdorf.
1997 dankte ihm der Erzbischof von Wien durch die Ernennung zum Erzbischöflicher Konsistorialrat.
9. November 1999 Beisetzung in der Gruft der Sebastianikapelle.

24. Oktober 2002

Erzbischöflicher Konsistorialrat

Ferdinand Backovsky

Geboren am 21. Juni 1939 in Wien geboren, maturierte er 1957 am Gymnasium in Klosterneuburg. Nach einigen Jahren als Angestellter der Stadtgemeinde Klosterneuburg wurde er am 20. September 1961 im Stift Klosterneuburg eingekleidet, am 20. September 1965 legte er die Feierliche Profess ab, am 27. März 1967 wurde er gemeinsam mit seinem Bruder Bernhard zum Priester geweiht und feierte am 16. April 1967 Primiz.
Der Seelsorge in den Pfarren des Stifts Klosterneuburg gehörte sein ganzes Wirken: Von September 1967 bis Juli 1970 war er Kaplan in Donaufeld (Wien XXI.), von August 1970 bis Juni 1973 in Meidling (Wien XII.) und von Juli 1973 bis August 1982 in Maria Lourdes (Wien XII.). Dann wurde er wieder im 21. Wiener Gemeindebezirk tätig: Von September 1982 bis Oktober 1983 wirkte er als Kaplan in Floridsdorf.
Am 1. November 1983 wurde er zum Pfarrer von Donaufeld ernannt. 1987 übernahm er als Dechant die Verantwortung über das Wiener Stadtdekanat 21 im Bezirk Floridsdorf. 1997 dankte ihm der Erzbischof von Wien durch die Ernennung zum Erzbischöflicher Konsistorialrat für sein pastorales Wirken.
5. November 2002 Beisetzung in der Gruft der Sebastianikapelle.

27. Mai 2004

Erzbischöflicher Konsistorialrat

Benedikt Karl Reinisch

Geboren am 3. Februar 1929 in Klosterneuburg, maturierte er 1947 am Gymnasium in Klosterneuburg. Am 27. August 1947 wurde er im Stift Klosterneuburg eingekleidet, am 28. August 1951 legte er die feierliche Profess ab, am 29. Juni 1953 wurde er zum Priester geweiht und feierte am 5. Juli 1953 Primiz am Hochaltar der Klosterneuburger Stiftskirche, worauf er zeit seines Lebens immer sehr stolz war.
Als Absolvent der Wiener Musikakademie wurde er im Juni 1954 zum Regens chori des Stiftes Klosterneuburg ernannt. Diese Aufgabe hatte er bis Oktober 1990 inne. Von Juni 1954 bis Juni 1985 leitete er als Präfekt die Sängerknaben des Stiftes Klosterneuburg.
Als Seelsorger in den Pfarren des Stiftes Klosterneuburg war Mitbruder Benedikt tätig: von August 1953 bis Juli 1954 als Kaplan in der Pfarre Meidling (Wien XII.), von September 1963 bis September 1982 als Kaplan der Stiftspfarre Klosterneuburg und von Oktober 1982 bis September 2003 als Pfarrer in Höflein an der Donau.
Der Erzbischof von Wien dankte ihm im Juni 1999 durch die Ernennung zum Erzbischöflicher Geistlichen Rat und im Jänner 2004 zum Erzbischöflicher Konsistorialrat für sein pastorales Wirken.
8. Juni 2004 Beisetzung am Höfleiner Ortsfriedhof.

11. Oktober 2004

Professor

Dr. Gregor Robert Doxat-Fistravec

Geboren am 17. März 1930 in Wolfpassing (Niederösterreich), maturierte er 1948 am Gymnasium in Wien XVI., trat im selben Jahr in das Noviziat des Wiener Schottenstiftes ein, das er nach einem Jahr verließ. Ab 1949 studierte er Geschichte an der Universität Wien und wurde 1955 zum Doktor der Philosophie promoviert. Von 1956 bis 1959 absolvierte er den Ausbildungskurs am Institut für Österreichische Geschichtsforschung an der Universität Wien. 1956 bis 1960 war er Schüler an der Akademie der Bildenden Künste in Wien und wurde ein bekannter Vertreter des Wiener Phantastischen Realismus. Er war Mitglied des Wiener Künstlerhauses. 1961 erhielt er den Kleinen Staatspreis für Graphik, 1974 das Österreichische Ehrenkreuz für Wissenschaft und Kunst, 1978 den Theodor-Körner-Preis für Graphik. 1981 verlieh ihm der Bundespräsident den Berufstitel Professor. Am 27. August 1983 wurde er im Stift Klosterneuburg eingekleidet und erhielt den Ordensnamen Gregor. Am 28. August 1987 legte er die Ewigen Ordensgelübde ab. Sein Gesundheitszustand verhinderte den Abschluss der theologischen Studien an der Hochschule des Stiftes Heiligenkreuz, und er begnügte sich mit der Stellung eines Chorfraters.
19. Oktober 2004 Beisetzung in der Gruft der Sebastianikapelle.

5. März 2005

Erzbischöflicher Konsistorialrat

Laurenz Josef Zaiser

Geboren am 10. Juni 1926 in Klosterneuburg geboren. 1943 zum Militär eingerückt geriet er in amerikanische Kriegsgefangenschaft, aus der er 1946 zurückkehren konnte. Am 27. August 1951 wurde er im Stift Klosterneuburg eingekleidet, am 28. August 1955 legte er die feierliche Profess ab, am 28. April 1957 wurde er zum Priester geweiht, und am 5. Mai 1957 feierte er Primiz.

Von August 1957 bis August 1963 war er Kaplan in Floridsdorf (Wien XXI.), von September 1963 bis August 1967 in Korneuburg. Dann wirkte er als Kaplan in Maria Lourdes (Wien XII.) von September 1967 bis Juni 1973.

Im Juni 1973 wurde er zum Pfarrer von Maria Lourdes ernannt. Der Erzbischof von Wien dankte Laurenz Zaiser durch die Ernennung zum Erzbischöflicher Geistlichen Rat und im Mai 1998 zum Erzbischöflicher Konsistorialrat für sein pastorales Wirken.

15. März 2005 Beisetzung in der Gruft der Sebastianikapelle.

23. Mai 2005

Erzbischöflicher Konsistorialrat, Oberstudienrat, Professor

Hermann Josef Schwab

Geboren am 28. Februar 1917 in Wien, maturierte er in Kalksburg 1936.

Am 27. August 1937 wurde er im Stift Klosterneuburg eingekleidet. Am 1. November 1939 wurde er als Sanitäter zum Militärdienst einberufen und geriet am 20. Jänner 1943 in Gefan-

genschaft. Am 25. Juni 1946 kam er nach Österreich zurück und konnte am 27. Oktober desselben Jahres die Feierliche Profess in Klosterneuburg ablegen. Zum Priester wurde er am 13. April 1947 geweiht, und am 20. April 1947 feierte er Primiz.
Von September 1947 bis März 1956 war er Kaplan in Korneuburg, daneben von April 1949 bis Dezember 1952 Dekanatsjugendseelsorger im Dekanat Korneuburg. Von März 1956 bis August 1962 war er Kaplan in Maria Hietzing (Wien XIII.) und Religionsprofessor am Mädchengymnasium Wien XIII.
Am 1. September 1962 wurde Herr Hermann zum Pfarrer in Klosterneuburg – St. Leopold ernannt, ein Amt das er bis 1996 inne hatte. Er unterrichtete am Gymnasium in Klosterneuburg von September 1962 bis August 1977 und wurde in den Kapitelrat des Stiftes Klosterneuburg von 1972 bis 1984 gewählt. Der Erzbischof von Wien dankte Hermann Schwab durch die Ernennung zum Erzbischöflichen Geistlichen Rat 1973 und 1994 zum Erzbischöflichen Konsistorialrat für sein pastorales Wirken.
8. Juni 2005 Beisetzung in der Gruft der Sebastianikapelle.

11. Juli 2005

Erzbischöflicher Konsistorialrat

Raymund Franz Rengo

Geboren am 5. August 1925 in Graz, musste er 1943 zum Militär einrücken. Am 27. August 1951 wurde er im Stift Klosterneuburg eingekleidet, am 28. August 1955 legte er die Feierliche Profess ab, am 28. April 1957 wurde er zum Priester geweiht, und am 1. Mai 1957 feierte er Primiz.
Von August 1957 bis August 1959 war er Kaplan in Leopoldau (Wien XXI.), von September 1959 bis August 1962 in Meidling (Wien XII.). Von September 1962 bis August 1963 wirkte er als Kaplan in der Stiftspfarre Klosterneuburg. Im September 1963

wurde Herr Raymund zum Kaplan in Floridsdorf (Wien XXI.) ernannt, im September 1968 zum Kaplan in Donaufeld (Wien XXI.). Daneben war er von 1966 bis 1970 Dekanatsjugendseelsorger. Von 1972 - 1999 war er Pfarrer von Nußdorf (Wien XIX) Der Erzbischof von Wien dankte Raymund Rengo durch die Ernennung zum Erzbischöflicher Geistlichen Rat 1983 und zum Erzbischöflicher Konsistorialrat 1995 für sein pastorales Wirken.
Beisetzung in der Gruft der Sebastianikapelle.

23. September 2005

Koloman Leopold Harasta

Geboren am 10. Juni 1914 in Wien-Floridsdorf , besuchte er das Gymnasium in Wien-Floridsdorf, wo er 1933 maturierte. Am 8. September 1934 wurde er im Stift Klosterneuburg eingekleidet, am 28. August 1938 legte er die Feierliche Profess ab, am 31. März 1940 wurde er zum Priester geweiht, und am 7. April 1940 feierte er Primiz.
Von April 1940 bis Oktober 1941 war er Kaplan in Meidling (Wien XII.), von Oktober 1941 bis August 1946 in der Stiftspfarre (Klosterneuburg – Obere Stadt). Von 1941 bis 1947 wirkte er als Dekanatsjugendseelsorger im Dekanat Klosterneuburg. Von März 1943 bis Juni 1946 war er der Kirche St. Leopold (Klosterneuburg, Sachsengasse). Nach dem Zweiten Weltkrieg arbeitete er von September 1945 bis August 1946 als Religionslehrer an der Höheren Bundeslehr- und Versuchsanstalt für Wein- und Obstbau in Klosterneuburg und von Juni 1945 bis August 1948 am Bundesgymnasium Klosterneuburg. Im September 1947 wurde er zum Dozenten für christliche Philosophie an der Hauslehranstalt des Stiftes Klosterneuburg bestellt. Seit Oktober 1964 wirkte er auch als Aushilfspriester in der Pfarre Hietzing (Wien XIII.).

Herr Koloman war einer der drei Mitbrüder, die nach der Aufhebung des Stiftes Klosterneuburg und der Vertreibung der Chorherren durch die Nationalsozialisten im Jahre 1941 im Stift bleiben konnten.
5. Oktober 2005 Beisetzung in der Gruft der Sebastianikapelle.

7. Dezember 2006

Erzbischöflicher Konsistorialrat

Eberhard Rudolf Plessl

Geboren am 20. Dezember 1917 in Wien, legte er 1936 die Matura am Gymnasium in Klosterneuburg ab. Am 27. August 1937 wurde er im Stift Klosterneuburg eingekleidet. Am 1. November 1939 musste er als Sanitäter zum Militärdienst einrücken. Die ewige Profess konnte Mitbruder Eberhard am 6. Jänner 1942 ablegen. Von Mai 1944 bis November 1945 war er in russischer Kriegsgefangenschaft, die ihn sehr prägen sollte. Die Priesterweihe empfing Eberhard am 8. September 1946, Primiz feierte er am 15. September 1946.
Von Jänner 1947 bis September 1948 war er Kaplan in Meidling (Wien XII.), von September 1948 bis Februar 1951 Kaplan in Hietzing (Wien XIII.). Im Februar 1951 wurde Eberhard Kaplan in Floridsdorf (Wien XXI.) und im August 1959 Kaplan der Stiftspfarre Klosterneuburg. Am 10. September 1959 wurde er zum Pfarrer von Korneuburg ernannt, wo er als Hirte seiner Pfarrgemeinde bis September 1982 wirkte. 1966 wurde Eberhard zum Kapitelrat des Stiftes Klosterneuburg gewählt, ein Amt, das er bis 1984 innehatte. Von 1. September 1966 bis 30. September 1982 war er Dechant des Dekanates Korneuburg und von Juni bis August 1974 Excurrendo-Provisor von Langenzersdorf.
Am 1. Oktober 1982 folgte er Engelbert Pardatscher als Kämmerer des Stiftes Klosterneuburg nach. Dieses Offizium beklei-

dete Eberhard bis Dezember 1995. In dieser Zeit wirkte er auch als Kirchenrektor des Altersheimes „Agnesheim“ in Klosterneuburg.
Der Erzbischof von Wien dankte Eberhard Plessl durch die Ernennung zum Erzbischöflicher Geistlichen Rat am 15. Dezember 1967 und am 1. September 1971 zum Erzbischöflicher Konsistorialrat für sein pastorales Wirken.
19. Dezember 2006 Beisetzung in der Gruft der Sebastianikapelle

27. September 2007

Bischöflicher Geistlicher Rat

Martin Jozef van Dam

Geboren am 14. September 1918 in Delft, in den Niederlanden. In den Missionshäusern „Nieuw Herlaer“ und „O. L. Vrouw van Lourdes“ machte er seine Gymnasialstudien. Während des Zweiten Weltkrieges kam er nach Wien, wo er über die Pfarre Floridsdorf Kontakt zum Stift Klosterneuburg knüpfte. Am 28. Oktober 1945 wurde er im Stift Klosterneuburg eingekleidet, am 28. August 1949 legte er die Feierliche Profess ab. Die Priesterweihe empfing Herr Martin am 29. April 1951, Primiz feierte er am 1. Mai 1951.
Der Seelsorge in den Pfarren gehörte das priesterliche Leben unseres Mitbruders. Von August 1951 bis August 1952 war er Kaplan in Heiligenstadt (Wien XIX.), von August 1952 bis August 1954 Kaplan in St. Martin (Klosterneuburg – Untere Stadt), von August 1954 bis Oktober 1955 Kaplan in Korneuburg, anschließend bis August 1958 Kaplan in Pitten, einer dem Augustiner Chorherrenstift Reichersberg inkorporierten Pfarre im südlichen Niederösterreich. Von September 1958 bis Juli 1964 war Martin Kaplan in Jedlesee (Wien XXI.), von August 1964 bis

Juli 1965 Kaplan in Heiligenstadt (Wien XIX.). Am 1. August 1965 wurde er zum Pfarrer von Leopoldau (Wien XXI.) ernannt, am 15. August 1967 zum Pfarrer von Reinprechtspölla, wo er bis 1991 wirkte. Daneben war er auch viele Jahre Provisor der Pfarren Kühnring und Burgschleinitz. Zu den Pfarren im Waldviertel, besonders Reinprechtspölla, pflegte Martin auch nach seiner Pensionierung einen regen und liebevollen Kontakt. Der Bischof von St. Pölten dankte Martin van Dam durch die Ernennung zum Bischöflichen Geistlichen Rat für sein pastorales Wirken. 1991 kehrte er in das Stift Klosterneuburg zurück, wo er von 1991 bis 2005 das Amt des Gastmeisters bekleidete und 1996 bis 2005 Kirchenrektor von Weidlingbach war.
11. Oktober 2007 Beisetzung in der Gruft der Sebastianikapelle.

19. Jänner 2009

Ökonomierat

Leo Kurt Musina

Geboren am 10. November 1917 in Wien und legte er 1936 die Matura am Gymnasium in Klosterneuburg ab. Am 27. August 1937 wurde er im Stift Klosterneuburg eingekleidet. Am 26. August 1939 musste er zum Militärdienst einrücken. Die Ewige Profess konnte Mitbruder Leo am 13. Juli 1941 ablegen. Am 9. November desselben Jahres weihte ihn Theodor Kardinal Innitzer in Wien III. zum Priester. Im bereits von der Gestapo aufgehobenen Stift Klosterneuburg feierte er am 15. November 1941 im Rahmen des Leopoldifestes Primiz. Von 2. Mai bis 9. Juni 1945 war Leo Musina in amerikanischer Kriegsgefangenschaft.

Nach den Kriegswirren war Herr Leo von Dezember 1945 bis August 1954 Kaplan in Floridsdorf (Wien XXI.). Von September 1954 bis Mai 1962 war er Religionslehrer am Gymnasium in

Klosterneuburg und von August 1955 bis Juni 1962 Dekanatsjugendseelsorger im Dekanat Klosterneuburg. Im Mai 1962 wurde er zum Zentral¬direktor des Stiftes Klosterneuburg ernannt, im Jänner 1965 zum Kapitelsekretär und im Jänner 1966 zum Kapitelrat. Diese drei Aufgaben erfüllte er bis November 1995 mit großer Umsicht und Leidenschaft. Viele Jahre half er in der Seelsorge der Pfarren Langenzersdorf, Klosterneuburg – St. Leopold und Weidling mit Begeisterung aus.
Er war Inhaber des Goldenen Ehrenzeichens für Verdienste um die Republik Österreich und des Kommandeurkreuzes des königlich Schwedischen Nordsternordens.
27. Jänner 2009 Beisetzung in der Gruft der Sebastianikapelle

1. April 2011

Professor Dr. theol., Dr. h.c.

Norbert Wolfgang Höslinger

Geboren am 25. Dezember 1930 in Wien, 1948 legt er die Matura am Gymnasium in Klosterneuburg ab. Am 27. August desselben Jahres wurde er im Stift Klosterneuburg eingekleidet. Die Ewige Profess konnte Mitbruder Norbert am 28. August 1952 ablegen. Am 23. Mai 1954 wurde er in der Stiftskirche Klosterneuburg zum Priester geweiht, wo er am 30. Mai 1954 auch Primiz feierte.
In seinen Kaplansjahren in Floridsdorf (von August 1954 bis September 1959) und in der Stiftspfarre Klosterneuburg (von September 1959 bis Juli 1965) verstand er es, vor allem die Jugend anzusprechen und für den Glauben zu begeistern. Als Pfarrer der Gemeinde St. Martin in Klosterneuburg (August 1968 bis August 1975) versuchte er in der Seelsorge mit eifrigem Engagement die Beschlüsse des Zweiten Vatikanischen Konzils umzusetzen und seinen Geist in den Gläubigen zu wecken.

Das Lebenswerk Norbert Höslingers wurde das Vermächtnis seines großen Lehrers und Vorbildes Pius Parsch in Bibel und Liturgie. So übernahm er im Juni 1957 die Leitung des „Volksliturgischen Apostolats", das seit 1969 „Pius Parsch-Institut" heißt, und die Schriftleitung der Zeitschrift „Bibel und Liturgie". 1957 wurde er auch Leiter des „Klosterneuburger Bibelapostolates", 1966 Direktor des „Österreichischen Katholischen Bibelwerks". Norbert übernahm von 2001 bis 2004 die Pfarre Heiligenstadt (Wien XIX.), in der er schon viele Jahre zuvor Aushilfe gemacht hatte.
15. April 2011 Beisetzung in der Pfarrergruft der Pfarre Klosterneuburg – St. Martin am Unteren Stadtfriedhof

19. Juli 2011

Erzbischöflicher Geistlichen Rat

Bertrand Georg Puchwein

Geboren am 9. Oktober 1924 in Wien. Während seiner Gymnasialzeit war er Sängerknabe im Stift. Nach der Matura 1942 musste er zuerst bis April 1943 den Reichsarbeitsdienst leisten und bis 1945 zur Wehrmacht einrücken. Nach einigen Monaten in amerikanischer Kriegsgefangenschaft konnte er am 28. Oktober 1945 im Stift Klosterneuburg eingekleidet werden. Die Feierliche Profess legte Mitbruder Bertrand am 28. August 1949 ab, die Priesterweihe erhielt er am 29. April 1951, Primiz feierte er am 3. Mai 1951.
Sein priesterliches Wirken galt den Pfarren unseres Stiftes: Von August 1951 bis August 1954 war er Kaplan in Donaufeld (Wien, Floridsdorf), von August 1954 bis April 1962 Kaplan in der Stiftspfarre Klosterneuburg. In beiden Pfarren galt sein pastorales Augenmerk besonders der Jugend; seine klare Stimme, begleitet mit dem Spiel auf der Gitarre, wird vielen in stetiger

Erinnerung bleiben. Am 1. Mai 1962 wurde er zum Pfarrer von Sievering bestellt, ein Amt, das er bis 2005 bekleidete
26. Juli 2011 Beisetzung in der Gruft der Sebastianikapelle.

17. Oktober 2012

Dr. theol.

Wolfgang Otto Jöchlinger

Geboren am 14. Februar 1933 in Wien-Leopoldau (Wien XXI.), maturierte er 1952 in Wien IX. und wurde im selben Jahr am 27. August im Stift Klosterneuburg eingekleidet. Wolfgang legte die Feierliche Profess am 28. August 1956 ab, die Priesterweihe empfing er am 4. Mai 1958, Primiz feierte er am 11. Mai 1958. Von September 1958 bis Juli 1960 war er Kaplan in Maria-Lourdes (Wien XII.). Von August 1960 bis Juli 1973 bekleidete er das Amt des Leiters des Stifts-Juvenates in Klosterneuburg, Leopoldstraße. Zum Doktor der Theologie promovierte unser Mitbruder am 1. Juli 1966, im September 1966 wurde er zum Professor für Patrologie an der philosophisch-theologischen Hauslehranstalt des Stiftes Klosterneuburg ernannt. Von Juli 1973 bis August 1980 war er Kaplan in Maria Hietzing (Wien XIII.) und Religionslehrer am Gymnasium Wien XIII. Von September 1980 bis September 1982 wirkte er als Pfarrer in Höflein an der Donau und als Religionslehrer an der Höheren Bundeslehr- und Versuchsanstalt für Wein- und Obstbau in Klosterneuburg. Am 1. Oktober 1982 wurde Wolfgang zum Pfarrer von Korneuburg bestellt, eine Aufgabe, die er bis Ende 2007 erfüllte.
30. Oktober 2012 Beisetzung in der Gruft der Sebastianikapelle.

BERMERKENSWERTE DATEN
DER STIFTSGESCHICHTE

1108 Erste Nachricht vom Bestehen eines Marienaltares in den Mauern des alten römischen Limeslagers (das wahrscheinlich Arrianis hieß): Bischof Herrmann von Augsburg übergibt dem Altar sechs Familien aus seiner familia als Zensualen in Anwesenheit des Markgrafen und seines Gefolges. Welches Bauwerk mit dieser damals existierenden Kirche gleichzusetzen ist, bleibt offen, es ist aber anzunehmen, dass es bereits eine Pfarrkirche und eine befestigte Siedlung gab, deren Reste im heutigen Altstift noch erhalten sind, errichtet von den Angehörigen der bayerischen Grafengeschlechter Kling oder Vohburg, auch Besitz der Herren von Perg ist möglich. Die Anfänge des Kollegiats-Stifts sind unklar, seine Mitglieder stammten aus lokalen Grundherrenfamilien, möglicherweise auch aus Kanonikern, die in Melk nach 1089 den Benediktinern weichen mussten. Die Gründe für die Verlagerung des Interesses Leopolds von Melk, wo er im ersten Jahrzehnt des 12. Jahrhunderts noch umfangreiche Bautätigkeit entfaltete, bleibt im Dunkeln, möglicherweise hatte die Markgräfin Agnes daran Anteil, oder es machte das Aussterben der örtlichen Grundherrenfamilien den Weg frei. Da Leopold Vogt von Melk und auch der hier nun errichteten Stiftung zu Neuburg war, verwendete er die nächste Zeit dazu, deren Besitzverhältnisse zu ordnen und weiter Schenkungen gemeinsam mit seiner Frau zu tätigen.

1114 Am 12. Juni, dem Fest der heiligen Märtyrer Basilides, Nabor, Cyrinus und Nazarius lässt Markgraf Leopold der Fromme vom ersten Propst des Stifts Klosterneuburg, Otto, den Grundstein zur, definitiven Kollegiatkirche der Canonici saeculares von Klosterneuburg legen, Dem Wunsch aller bei dieser Feier Anwesenden, der Gründer möge den ersten Stein für die Basilika in die Erde versenken, begegnet der Markgraf mit der Erklärung, nur ein Gottgeweihter sei dazu berufen.

1126 Markgraf Leopold macht seinen Sohn Otto, der damals höchstens 14 Jahre alt war, zum Propst von Klosterneuburg

1132 In diesem Jahr tritt Otto, der fünftgeborene Sohn des hl. Leopold, der um das Jahr 1126 von seinem Vater zum Propst des Stifts Klosterneuburg ernannt wurde und seit ca. 1127 in Paris Philosophie und Theologie studierte, im Zisterzienserkloster Morimond (Frankreich, Champagne) als Mönch ein. Hierdurch entsteht der Plan im Amtsbereich des Markgrafen eine Niederlassung der Zisterzienser zu erricheten, was durch die Gründung vom Heiligenkreuz verwirklicht wird.

1133 verabschiedet Markgraf Leopold nach einer Beratung mit dem Erzbischof Konrad von Salzburg, dem Bischof Reginmar von Passau, dem Bischof Roman von Gurk und anderen geistlichen Personen die weltlichen Kanoniker des Stifts Klosterneuburg, die seinen Intentionen und Wünschen nicht ganz entsprachen, und beruft an ihre Stelle nach dem Wunsch der Bischöfe Chorherren nach der Regel des hl. Augustinus. Als Vorsteher gewinnt er den tüchtigen und frommen Propst des Stifts Chiemsee, Hartmann.

1135 Die bischöfliche Position wird durch die Ergebnisse des Wormser Konkordats gestärkt, dadurch muß Markgraf Leopold III. dem Passauer Bischofs Reginmar die die Zehnten der babenbergischen Eigenpfarren Neuburg, Niederhollabrunn, Gars, Altpölla, Eggendorf im Thale, Großrußbach, Mistelbach, Falkenstein, Oberleis, Meisling, Weitersfeld, Pulkau und Alland übergeben.

1135 Zu Beginn dieses Jahres bringt Leopold sein Eigenstift Klosterneuburg durch den edlen Herrn Ritter Wolfram von Pubenkirchen dem Apostolischen Stuhle dar, worauf

Papst Innozenz II. das Stift unter seinen Schutz nimmt und Markgraf Leopold mit dem Ehrentitel „beati Petri filius“ auszeichnet (Pisa, 30. März 1135).

1136 Am 29. September, dem St. Michaelstag, wird die Stiftskirche zu Klosterneuburg in Gegenwart ihres Erbauers, des Markgrafen Leopold III., vieler Adeliger und einer großen Volksmenge vom Salzburger Erzbischof Konrad unter Assistenz der Bischöfe Reginmar von Passau und Roman von Gurk zu Ehren der heiligen Gottesmutter Maria konsekriert.

1136 Der im Archiv des Stifts Klosterneuburg aufbewahrte sogenannte Stiftsbrief des Markgrafen Leopold III. vom 29. September 1136 ist eine diplomatische Fälschung, also eine nicht echte Urkunde, deren Rechtsinhalt (in diesem Falle: Bestätigung des päpstlichen Schutzes, Beurkundung der Freiheit des Stifts in seiner Verwaltung, freie Propstwahl, Unantastbarkeit des Eigentums) einwandfrei ist. Diese Fälschung entstand bald nach der Berufung des Propstes Hartmann auf den Bischofsstuhl von Brixen (1140), um Rechte des Stifts abzusichern.

1136 Markgraf Leopold III. lässt in St. Nikola in Passau die große, dreibändige, prächtig ausgestattete Bibel für das Stift herstellen, deren erster Band noch heute in der Bibliothek vorhanden ist. Die Bezahlung erfolgt durch Mautfreiheiten auf der Donau und Grundbesitz.

1136 Am 15. November stirbt Markgraf Leopold der Fromme, der Gründer des Stifts Klosterneuburg wahrscheinlich eines natürlichen Todes, ein früher oft vermuteter Tod auf der Jagd ist eher unwahrscheinlich.

1137 Am 9. November stirbt der Sohn des hl. Leopold Adalbert, der Schutzvogt des Stifts Klosterneuburg, und wird, im stiftlichen Kapitelsaal neben seinem Vater bestattet.

1137 Am 30. November versichert Papst Innozenz II. durch eine feierliche Bulle das Stift Klosterneuburg des päpstlichen Schutzes. Er spricht dem Orden der Chorherren nach der Regel des hl. Augustinus den dauernden Besitz des Stifts zu, bestätigt die gegenwärtigen und zukünftigen Güter des Hauses, namentlich die Zehnten der Pfarre Klosterneuburg (St. Martin), die das Stift vom Passauer Bischof Reginmar im Tauschwege erworben hat, er garantiert ferner dem Stift die freie Propstwahl und gestattet ihm, sobald sich der Diözesanbischof vom rechtmäßigen Papst losgesagt hat, jeden beliebigen „katholischen" Oberhirten um die Erteilung der Weihe für seine Mitglieder zu ersuchen. Der Schutzvogt des Stifts muß nach dem Willen des Papstes aus der Familie oder dem Geschlechte, seines Gründers stammen. Sollte er sein Amt zum Nachteil des Stifts verwalten, hat es das Recht, ihm die Vogtei zu entziehen und eine andere, geeignete Person mit dieser zu betrauen.

1139 In diesem Jahr rekognosziert Reginbert, Bischof von Passau, die Privilegien des Stifts, die ihm der Propst Hartmann nach seinem Amtsantritt vorlegt.

1139 schenkt König Konrad III., ein Sohn der Markgräfin Agnes aus ihrer ersten Ehe mit Herzog Friedrich I. von Schwaben, auf Fürsprache, seiner Mutter und seiner Halbbrüder Otto, Bischofs von Freising, und Leopold IV., Herzogs von Bayern, zu seinem und seiner Gemahlin Gertrud Seelenheil dem Stift Klosterneuburg die Kirche auf dem Berge bei Krems (zu Altenburg in Stein), die mit einer königlichen Hufe Gehölz dotiert ist.

1140 wird der Propst des Stifts Klosterneuburg, Hartmann, zum Bischof von Brixen (Südtirol) gewählt.

1142 gründet Bischof Hartmann mit Hilfe des Ministerialen des HochStifts Brixen Reginbert von Säben und seiner Gemahlin Christina bei Brixen das Augustiner Chorherrenstift Neustift (Novacella in Italien). In dieses beruft er (1143) fünf Mitglieder des Stifts Klosterneuburg, die Priester sind, und einige Laienbrüder desselben. Der Klosterneuburger Chorherr und Dekan Heinrich wird Propst des neuen Stifts.

1143 Am 24. September stirbt die Gründerin des Stifts Klosterneuburg, Markgräfin Agnes, die Gemahlin des hl. Leopold, die sich im Jahre 1106 mit Leopold verehelichte und ihm nach den Klosterneuburger Annalen 18 Kinder geschenkt hatte. Sie wird im Kapitelsaal des Stifts an der Seite ihres Gemahls beerdigt.

1146 In einem feierlichen Privileg des Papstes Eugen III. vom 27. Dezember 1146 (Viterbo) für das Stift Klosterneuburg werden von seinen damaligen Besitzungen und Gerechtsamen u. a. namentlich angeführt: der Boden und die Einwohner von Neuburg (Niwenburg) zu beiden Ufern der Donau (die späteren Orte Klosterneuburg und Korneuburg) samt dem Zehnten, den pfarrlichen Rechten und den Gotteshäusern mit ihren Pertinenzen, ferner die Dörfer Atzenbruck, Ebersdorf, Moosbierbaum, Haselbach, Rückersdorf, Götzendorf, Stripfing, Leopoldau (Alpitowe), Meidling, Tattendorf. Dieses und alles übrige Eigentum des Stifts stellt der Papst unter seinen Schutz. Neben anderem verleiht er dem Stift auch noch das Begräbnisrecht.

1147 Am 24. Februar bestätigt König Konrad III. dem Stift Klosterneuburg alle seine Besitzungen und Freiheiten, verleiht ihm auf dem Boden seiner Grundherrschaft das Recht auf die Marchmutte (Haferabgabe an die Marställe des Kaisers) und auf die Robotleistung, die der Herrscher bis zu dieser Zeit von den stiftlichen Untertanen fordern konnte. Schließlich stellt er das Stift unter königlichen Schutz.

1156 Am 17. September erhebt Kaiser Friedrich I. auf dem Reichstag zu Regensburg Österreich zum Herzogtum und verleiht seinen Herrschern besondere Rechte und Freiheiten (Erblichkeit auch in weiblicher Linie, ius affectandi = Recht bei fehlender Nachkommenschaft das Herzogtum jedem Beliebigen zuzuwenden, volle Gerichtsbarkeit u. a.). In der Reihe der Zeugen dieses berühmten Privilegium minus erscheinen auch die Bischöfe Otto von Freising und Hartmann von Brixen. Herzog Rudolf der Stiftr hat um 1358/59 diese Urkunde Friedrich I. in seiner Kanzlei nachzeichnen und mit einer ganzen Reihe von Bestimmungen erweitern lassen, so dass Österreich vom Kaiser fast ganz unabhängig erscheint. Diese Fälschung heißt Privilegium maius. Das echte Privilegium minus und eine fast wörtliche Abschrift in einer Bestätigung Kaiser Friedrich II. zu Verona von 1245 sind damals begreiflicherweise vernichtet worden. So existieren nur mehr Abschriften dieser beiden Urkunden. Die älteste Überlieferung des Textes der Originalurkunde Friedrich I. befindet sich in der Handschrift 929 der Stiftsbibliothek von Klosterneuburg.

1158 Die Annalen des Stifts Klosterneuburg berichten von einem Brand des Stifts.

1162. Herzog Heinrich II. Jasomirgott bestätigt die Privilegien des Stifts Klosterneuburg, überlässt die Ernennung sowie die eventuelle Absetzung des stiftlichen Untervogtes dem Propst und verfügt, dass nie mehr jemand die Stellung eines Untervogtes des Stifts Klosterneuburg vom Landesherrn zu Erbrecht oder Lehensrecht erhalten könne.

1167 Im März holen sich gegen 30 Kleriker des Stifts Klosterneuburg, darunter auch Wernher, der später Propst des Stifts und schließlich Bischof von Gurk war, in Friesach beim Erzbischof von Salzburg, Konrad II., einem Sohn des hl. Leopold, die Weihen, da, wie die Stiftsannalen berichten, der zuständige Ordinarius, der Bischof von Passau, nicht katholisch ist. Erzbischof Konrad II. hat sich damals in das stark befestigte Friesach zurückgezogen. Feindseligkeiten, die eine Reihe mächtiger weltlicher Herren gegen ihn eröffnet hat, weil er den kaiserlichen Gegenpapst Paschal III. um keinen Preis anerkennen wollte, nötigten ihn, sich dorthin in Sicherheit zu bringen.

1167 In diesem Jahr wird der ehemalige Klosterneuburger Chorherr Heinrich, der 1143 mit anderen Chorherren des Stifts Klosterneuburg das Chorherrenstift Neustift bei Brixen besiedelt hatte, von Papst Alexander III. an die Spitze des von Graf Arnold II. von Morith und Greifenstein und dessen Gemahlin Mathilde von Valay neu gegründeten Augustiner ChorherrenStifts Gries (früher Au genannt) bei Bozen gestellt. (1807 von der bayrischen Regierung aufgehoben, 1841 von den Mönchen des in diesem Jahre säkularisierten Benediktinerklosters Muri in der Schweiz, Aargau, übernommen.)

1168-1186 Unter Propst Wernher beschließen die Mitglieder des Stiftskapitels, zum Seelenheil des Markgrafen Leopold, seiner Gemahlin Agnes und ihrer Söhne am Todestag des Gründers, dem 15. November, den Armen eine Schenkung zugute kommen zu lassen. (Der Vorsteher des Siechamtes sollte 500 Brote, 2 Schweine, 15 Eimer Wein, 1 Pfund Pfennige oder ein Gewand im selben Wert bereitstellen, von dem Konto der Einkünfte, die für den Unterhalt der Mitglieder des Stifts bestimmt waren, sollten 500 Brote, 1 Schwein, 1 Ochse sowie 1 Pfund Pfennige oder ein Gewand desselben Wertes genommen werden, schließlich sollten noch der Kämmerer und der Kustos je 60 Pfennige oder ein Gewand vom gleichen Wert hinzufügen.)

1170 lassen sich von neuem dreißig Kleriker des Stifts Klosterneuburg die Weihen, die sie benötigen, von einem Salzburger Erzbischof, nämlich von Adalbert III., einem Neffen des Herzogs Heinrich II., zu Fischau erteilen. Fischau war damals noch ein Pfarrdorf der obersteirischen Mark, in dem das Erzbistum Salzburg verschiedene grundherrliche Rechte besaß.

1172 Gelegentlich seiner Pilgerfahrt ins Heilige Land besucht Herzog Heinrich der Löwe auch das Stift Klosterneuburg, wo ein Teil der sterblichen Überreste (Herz, Eingeweide) seiner Mutter Gertrud beigesetzt ist. Gertrud war in zweiter Ehe mit Herzog Heinrich Jasomirgott vermählt und starb am 18. April 1143. Ihre eigentliche Begräbnisstätte ist Königslutter in Braunschweig, wo sie neben ihrem ersten Gemahl Heinrich dem Stolzen und ihren Eltern ruht. Herzog Heinrich der Löwe reist auf seiner Pilgerfahrt mit großer Begleitung: Bischof Konrad von Lübeck, Abt Heinrich von Braunschweig, Abt Berthold von Lüneburg, der Abodritenfürst Priblislaw, die Grafen Gunzelin von Schwerin und Sifrid von Blankenburg, Pfalzgraf Friedrich von Wittelsbach und viele andere Edle und Ministerialen kommen mit ihm. Herzog Heinrich Jasomirgott, der Stiefvater Heinrich des Löwen, reist ihnen entgegen und bereitet ihnen in Klosterneuburg einen glänzenden Empfang. In Klosterneuburg begeht der Herzog das Gedächtnis seiner Mutter, wird dann von Heinrich Jasomirgott nach Wien geleitet und setzt dann von hier mit dem Schiff seine Reise fort.

1178 Herzog Leopold V. gewährt dem Stift Klosterneuburg die Mautfreiheit auf der Donau bis nach Bayern.

1181 vollendet der Goldschmied und Emailleur Nikolaus von Verdun das berühmte Emailwerk des sogenannten Verduner Altars. Der Inschrift zufolge war das Werk ursprünglich die Verkleidung einer Kanzelbrüstung (Ambo), die in der Stiftskirche über dem Kreuzaltar auf Säulen ruhte, so dass die Kanzel zugleich den Baldachin (Ziborium) des Altars bildete. Diese Form des „Altars mit Amboziborium“ war im 12. Jahrhundert nicht selten. Auftraggeber und wohl auch geistiger Vater des Werkes war der Propst Wernher. Die Tafeln bilden in ihrem Zusammenhang ein ungemein geistvolles und originelles typologisches Programm, eine Geschichtstheologie im Bilde. Es beruht teilweise auf den Schriften des Honorius von Augustodunum und wurde zweifellos im Stift ersonnen, wahrscheinlich vom Propst Wernher. Beim großen Stiftsbrand vom 13. September 1330 (siehe unten) konnte das Emailwerk aus den Flammen gerettet werden und wurde 1331 unter Propst Stephan von Sierndorf als Flügelaltar aufgestellt. Dabei wurden die Emailtafeln vermehrt (vor allem kamen die beiden vertikalen typologischen Reihen 8 und 10 zu je drei Bildtafeln hinzu) und die Rückseiten des nunmehrigen Altare mit vier Gemälden geschmückt, die als die älteste datierbaren Tafelbilder Osterreichs anzusprechen sind. Der Sinn des Verduner Altars ist folgender: die heilsgeschichtlichen Ereignisse werden in, Entsprechung zueinander gebracht, es wird gezeigt, wie die Geschichte auf die Erlösung des Menschengeschlechtes hingeordnet ist. Drei Epochen unterscheidet das Werk: zunächst die Zeit der Uroffenbarung, in der Gott sich nur einzelnen Personen, den Patriarchen, offenbarte. Das ist die oberste Zone des Tafelwerkes, hier „ante legem“ (vor dem Gesetz) bezeichnet. Sodann das Zeitalter der allgemeinen Offenbarung Gottes durch das Gesetz, aber noch auf das Volk Israel beschränkt, dargestellt durch die unterste Zone, bezeichnet „sub lege“ (unter dem Gesetz). Diesen beiden alttestamentlichen Vorbildern entspricht die Erfüllung im messianischen Zeitalter, das mit Jesus Christus für das ganze Menschengeschlecht angebrochen ist und bis heute dauert. Sie wird in der mittleren Zone dargestellt und heißt „sub gratia" (unter der Gnade). Die beiden letzten vertikalen Bildreihen des Altars (16 und 17) gehören nicht mehr zur Typologie, sondern zeigen auf sechs Bildern die Vollendung der Heilsgeschichte in den Letzten Dingen (Wiederkunft des Herrn, Auferstehung der Toten, Gericht, Himmel und Hölle). Die Technik des Werkes ist hauptsächlich Grubenschmelz auf Kupfergrund, doch hat Meister Nikolaus auf den Ornamenttafeln auch Zellenschmelz verwendet. An theologischer Tiefe wie auch an künstlerischer Vollendung läßt sich dem Verduner Altar kaum Gleichwertiges an die Seite stellen: er ist der absolute Höhepunkt der mittelalterlichen Schmelzkunst.

1180 Zu dieser Zeit entstand im Stift das „Chronicon pii marchionis", eine kurze Lebensbeschreibung des Markgrafen Leopold, das die Grundlage aller späteren Berichte über sein Leben ist. Auch die Grundsteinlegung der Stiftskirche 1114 wird hier erwähnt.

1231 Am 13. März bestätigt Herzog Friedrich II. der Streitbare die Mautfreiheit der stiftlichen Schiffe bis Enns die sein Vater Leopold VI. dem Stift Klosterneuburg verliehen hatte, und erteilt dem Stift das Recht, in der Stadt Enns alljährlich 15 Fuder Wein auszuschenken.

1231 schenkt Herzog Heinrich von Mödling dem Stift das Dorf Kollnbrunn (Chogilnprun, Chogelprunne – Kollnbrunn, Gerichtsbezirk Matzen) und erhält dafür von diesem 200 Pfund Wiener Münze.

1240 Am 27. März bestätigt Herzog Friedrich II. von Österreich die Dotation der St. Johannes Baptist-Kapelle im

Herzogshof zu Klosterneuburg durch seinen Vater Leopold VI. (Marmorsteinerne, auch Schöne Kapelle, Capella speciosa genannt, von Leopold VI. erbaut, 1222 vom Passauer Bischof Gebhard geweiht) mit 91/2 Hufen und dem Bergrecht zu Rohrbach (Oberrohrbach) und einem Wald bei diesem Dorf. Die Einkünfte dieser Güter sollen zur Erhaltung des Priesters dienen, der in der Kapelle den Gottesdienst besorgt.

1248 Am 5. Juli erwirbt das Stift von Liutold Graf von Hardegg um 115 Pfund Wiener Pfennige das Dorf Höflein a.d. Donau und das Patronat über die Dorfkirche zur hl. Margareta.

1253 In diesem Jahr übergibt Ortolf von Traiskirchen, Komtur des Deutschen Ordens in Österreich und Steiermark, die Kirche und einen Meierhof zu Hietzing dem Stift Klosterneuburg auf dem Tauschweg. Diese stiftlichen Güter wurden in der Folge durch weitere Begabungen, so 1263 durch die Oblation eines gewissen Rudlo, genannt der Hietzinger, ebenso 1272 durch die Schenkung Wernhers des Speisemeisters u. a. vermehrt. Die Dienstleute des Stifts, welche in Hietzing wohnten, unterstanden in seelsorglicher Beziehung dem Pfarrer zu Penzing. Erst im 14. Jahrhundert stellte die Kanonie eigene Benefiziaten an der Kirche der seligsten Jungfrau zu Hietzing an.

1256 Am 26. Dezember verlegt Přemysl Ottokar II. von Böhmen, der im Jahr 1251 von Österreich Besitz nahm und am 6. Dezember dieses Jahres in Klosterneuburg weilte, auf Bitten des Propstes Konrad und seiner Kapitularen den Wochenmarkt zu Klosterneuburg vom Sonntag auf den Montag.

1258 Aus diesem Jahr stammt das älteste Urbar des Stifts Klosterneuburg, ein Verzeichnis des Besitzes, der Rechte und Einkünfte des Stifts in den vom Stift entfernteren Gebieten Niederösterreichs. Es ist jedoch nicht mehr im Original, sondern in einer Abschrift aus den ersten Dezennien des 16. Jahrhunderts überliefert. Propst Georg Hausmanstetter (1509-1541), der sich persönlich bemühte, die alten Urbarien zu revidieren, ließ diese Handschrift anfertigen, da die alte wahrscheinlich durch den häufigen Gebrauch stark abgenützt war. Das stiftliche Urbar von 1258 führt 25 Verwaltungsbezirke (officia) der stiftlichen Grundherrlichkeit an: Pirboum (Moosbierbaum), Eutental (Eitenthal), Missowe (Maissau), Stoiczendorf (Stoitzendorf), Willehalmesdorf (Wilhelmsdorf bei Poysdorf), Heroltsdorf (Hörersdorf), Erpurch (Erdberg bei Poysdorf), Harroz (Klein-Harras), Grischinsteten (Niederkreuzstetten), Pirchenwart (Pirawarth), Tymental (Tiemtal, Thiemthalneusiedel, verschwunden, einst in der Nähe von Großschweinbarth), Gezendorff (Götzendorf im Gerichtsbezirk Matzen), Alrichesdorf (Adelrichestorf, Alreichsdorf = Ollersdorf bei Angern), Struphingen (Stripfing), Stallarn (verschwunden, einst im Marchfeld bei Leopoldau), Rangelmesse (Ringleinsee, zugrunde gegangen, einstmals im Bereiche der Pfarre Kagran gelegen), Alpitowe (Eipoltau, Eipeltau, Leopoldau), Enzinsdorf (Langenzersdorf), Rukkersdort (Rückersdorf), Haselpach (Haselbach bei Stockerau), Holaerbrunne (Niederhollabrunn), Tetendorf (Tattendorf), Hadwarstorf (eingegangen, vormals bei Tattendorf gelegen), Nuzdorf (Nußdorf, Wien XIX.), Atachrinne (Ottakring, Wien XVI.).

1261 Am 28. Juni gründet der Propst des Stifts Klosterneuburg, Nikolaus I., auf Anraten und mit Zustimmung der Kapitularen seines Hauses ein Kloster für 13 Chorfrauen vom Orden des hl. Augustinus bei St. Jakob zu Klosterneuburg. Er übergibt die Grundfläche, die das Stift besaß, in das

Eigentum des neuen Klosters und schreibt den Nonnen strenge Klausur vor. Das neue Chorfrauenstift vermag sich hauptsächlich aus wirtschaftlichen Gründen nicht lange zu behaupten. Nach dem Jahre 1432 steht das Kloster leer. Der Propst des Stifts Klosterneuburg Simon II. Heindl trägt es im Jahre 1451 dem hl. Johannes von Capestrano (Johannes Kapistran), der damals auch in Klosterneuburg predigt, für seinen Orden an und bald wird es von Franziskanern besiedelt, die in Klosterneuburg bis zur Aufhebung unter Kaiser Josef II. wirken. Am 2. August 1784 verlassen sie das Konventsgebäude, das in der Folgezeit wiederholt umgestaltet wird. 1792 kommt eine Zuckerraffinerie hinein; 1828 kaufen das Haus die Wiener Mechitaristen, deren Konvent bis 1872 in Klosterneuburg bleibt, schließlich wird es am 21. Jänner 1873 Eigentum der Stadt Wien, die dort heute ein Erziehungsheim betreibt.

1276 Am 31. Mai anerkennt König Ottokar II., der schon früher dem Stift Klosterneuburg die Gerichtsbarkeit über alle seine Untertanen zugesprochen und am 19. Juli 1269 das alte stiftliche Privilegium der Mautfreiheit auf der Donau bis zur Enns bestätigt hat, alle dem Stift von den Landesfürsten bisher verliehenen Freiheiten.

1288 Die Gemahlin des Herzogs Albrecht I. von Österreich, Elisabeth, Stiftt mit der Summe von 80 Pfund Wiener Pfennige, die in liegenden Gütern anzulegen ist, im Kapitelsaal des Stifts auf dem Altar, den sie zu Ehren des heiligsten Altarsakramentes erbauen ließ, eine tägliche heilige Messe zu ihrem, ihres Gemahls und ihrer Nachkommen Seelenheil und an jedem Donnerstag ein feierliches Fronleichnamsamt zu Ehren des letzten Abendmahls Jesu. Bischof Bernhard von Passau und Bischof Leopold von Seckau bestätigen am 21. März 1288 diese Stiftung und verleihen den Gläubigen, die an der Fronleichnamsmesse teilnehmen, einen Ablaß von 20 Tagen.

1288 Am 13. Juli gestattet die Vertretung der Stadt Wien (Richter Konrad im Haarmarkt, Bürgermeister Konrad Pullo und der Rat der Geschworenen) dem Stift Klosterneuburg wegen bewiesener Treue und vielfältiger Dienstleistungen, für immerwährende Zeiten alljährlich 40 Fuder Wein in das Innere der Stadt Wien oder in ihre Vorstädte einzuführen, dort einzulagern und nach Belieben in Gebinden oder im Ausschank zu verkaufen.

1291 Der Propst des Stifts Klosterneuburg Pabo wendet die Geldsumme von 100 Pfund Wiener Pfennige, mit der Ritter Ulrich von Kritzendorf in der von ihm an die Kirche zum hl. Martin zu Klosterneuburg angebauten Bartholomäuskapelle eine tägliche Messe geStiftt hat, dem Bau des Kreuzganges im Stift zu. (Revers des Propstes vom 25. Jänner 1291.)

1298 Am 5. Februar erhebt Herzog Albrecht I. Klosterneuburg (Newnburch Chlosterhalb) wegen seiner Treue gegen ihn zur Stadt und verleiht ihr eine Anzahl von Freiheiten, wie sie seine „beste stet" haben. Er trennt ihr Gebiet vom Territorium, das dem Gerichte von Korneuburg (Newnburch enhalb Tunaw) unterstellt ist, gewährt ihr u. a. einen eigenen Stadtrichter, der die höhere Gerichtsbarkeit und auch den Blutbann auszuüben hat, die Einsetzung eines aus zwölf der tüchigsten Bürger bestehenden Rates und einen Markt an jedem Montag. Das Stift Klosterneuburg erblickt im Stadtrecht von Klosterneuburg, wahrscheinlich hauptsächlich wegen der Freiheiten, die es den Bürgern bezüglich des Überfahrtsrechtes (Urfahrrechtes) bei Klosterneuburg zugesteht, eine Beeinträchtigung seiner alten Rechte.

1301 Durch die schon lange dauernde ständige Verschuldung des Stifts lockerte sich die Disziplin immer mehr. Bischof Bernhard von Passau wird auf die schlechte Situation des Hauses aufmerksam und entsendet 1301 als bischöfliche Visitatoren Abt Christian von Engelszell, Propst Eckhart von St. Pölten, Propst Einwik von St. Florian und Pfarrer Gerlach von Traiskirchen. Diese verfügen am 26. Mai 1301 die Absetzung des Propstes Hadmar. Hadmar der Esel war sicher nicht allein schuld, schon unter den vorhergehenden Pröpsten hatten sich die Zustände von Klosterneuburg immer mehr verschlechtert, die katastrophale wirtschaftliche Lage brachte ein Sinken der Ordensdisziplin mit sich. Es war ein langsames Tiefersinken, so dass man die Schuld Hadmars nicht allzu groß schätzen darf. Er versuchte nach seiner Absetzung - die übrigens auch von manchen Chorherren nicht anerkannt wurde - mit Hilfe seiner Brüder das Stift in einem Handstreich wieder unter seine Gewalt zu bringen; sein Versuch scheiterte jedoch. Am 13. Oktober 1303 mußte schließlich Nikolaus der Esel versprechen, dem Stift in Zukunft Ruhe zu geben. Die Visitatoren von 1301 stellten eigene, sehr strenge Statuten auf, deren Befolgung mitunter kaum möglich war, weshalb sie 1312 wieder aufgehoben wurden.

1330 verfasst der Stiftsbibliothekar Chorherr Magister Martin ein systematisches Verzeichnis der Handschriften des Stifts Klosterneuburg. Ältere ähnliche Verzeichnisse stammen aus dem 12. und 13. Jahrhundert. Die ältesten Signaturen der Handschriftenbände sind zumeist vom Ende des 13. Jahrhunderts aus der Hand des Chorherrn Albertus Saxo aus Hunoldsburg, der auch zugleich Seelsorger im benachbarten Chorfrauenstift war. (Signatur: „Liber beatae Mariae virginis in Neuburga Claustrali, Albertus Saxo, custos librorum et dominarum“ oder ähnlich.)

1330 Großer Stiftsbrand, der an der Kirche und dem Klostergebäude Verheerungen anrichtet. Bisher wurde auf Grund der sogenannten Kleinen Klosterneuburger Chronik, deren Überlieferung allerdings nicht über das 16. Jahrhundert zurückreicht, angenommen, dass sich diese Katastrophe im Jahre 1322 ereignete. Die Chronik berichtet: „Anno Domini 1322 ... In demselben jar an des heilligen creutztag in dem herbst da pran daz closster alls ab und waz vor der prunst ee alles mit ziegeln deckht. Und die statt pran auch mer dann halbe auß, und daz feur erhebt sich in der statt und kham in daz closter, und verfieln guetter glockhen zwelff. Die groß taffl hat man khaumb erredt mit wein. Es lag vil traidt in der pfister. Da gab man alweg ain trag umb die ander an die ziln. Zu derselben zeit was brobst Steffan. Der verschickht seine münich all in ander closter und ließ nuer ain dechandt hie und vier gesenckhherrn. Die stuben auf der obern khamer waz ir refennt untz in daz drit jar ... Anno Domini 1324 volbracht man daz glockhauß und kauft glockhen und hieß giessen ain stuermb glockhen und Unser Frauen glockhen, die noch heut ist. Also volbracht er daz gotshauß mit 9 glockhen. Er schueff, daz man die schön daffl füret geen Wien unter die goldtschmit. Die verneuerten sy wider mit goldt und machtn daz schön zybarn darauf und Unser Frauen pilt mittn in der eeren darein. Aber die hauer clafften in dem pirg, er hiet die taffl den juden versetzt und hiet damit gepauet, sam sie noch vil claffen.“ Die Datierung dieses furchtbaren Ereignisses ist in den Überlieferungen der Kleinen Klosterneuburger Chronik sicher verderbt, wie aus dem Originalbericht für das Unglück in der Handschrift Nr. 963 der Stiftsbibliothek in Klosterneuburg hervorgeht. Leutold, Scholare des Stifts Klosterneuburg, der Schreiber dieses Manuskriptes, meldet auf dem unteren Rande des Blattes 41: Jm Jahre des Herrn 1330 begann ich, dieses Psalterium zu schreiben, und als ich zur Stelle kam, Deus venerunt (Anfang des Psalmes 78), wurde das Stift vom Feuer, das von der Stadt her kam, ergriffen und zur Gänze eingeäschert. Dies geschah während der Regierung des ehrwürdigen Propstes Stephan, der im folgenden Jahr das Chorherrenstift wieder herstellte. Ich, Leutold, war damals sein Scholare." (Aus dem Lateinischen übertragen.) Mit dieser Nachricht stimmmt auch die Notiz der großen österreichischen Annalen überein: „1330 ... Item eodem anno in primis vesperis Exaltacionis sancte crucis (14. September) ecclesia Neumburgensis grave et intollerabile damnum est perpessa, co quod ambo monasteria tam dominorum quam dominarum non proprio igne, sed per incendium aliunde, videlicet in civitate, exortum, in cinerem et favillam sunt redacta, temporibus domini Stephani, qui anno subsequenti claustrum desolatum laudabiliter reformavit."

1335 Am 25. November stirbt der Propst des Stifts Klosterneuburg Stephan von Sierndorf. Er führte eine sehr eigenmächtige Regierung und zog vor allem Verwandte zu Stiftsgeschäften heran. So kam es zu Streitigkeiten mit dem Kapitel. Bischof Albert von Passau ließ die Kanonie 1322 und 1323 visitieren. Bei der letztgenannten Visitation wurde Propst Stephan abgesetzt. Papst Johannes XXII. griff jedoch aus Avignon zugunsten des Propstes Stephan ein. Die etwas voreilige Absetzung wurde annulliert und 1324 kam es zur völligen Rehabilitierung des Propstes. Das Stift verdankt der Regierungszeit Stephans erlesene Kunstschätze. Unter ihm wurden der westliche und der nördliche Flügel des Kreuzganges gebaut, mit typologisch angeordneten Glasgemälden von hervorstechender Qualität, denen nicht nur in der Abfolge, sondern auch in den Darstellungen selbst die Klosterneuburger Bildtafeln des Nikolaus von Verdun zum Vorbild dienten, geschmückt. Als Meister dieser Glasgemälde kommen der Glasmaler Eberhard, der in Klosterneuburg die farbigen Fenster der landesfürstlichen Johanneskapelle zu betreuen hatte, und sein Sohn Alhard, der am 4. Jänner 1331 von seinem hochbetagten Vater das Glasamt der Kapelle übernahm, in Betracht. Ein großer Teil der Glasgemälde, die Propst Stephan von Sierndorf anfertigen ließ, ist im Laufe der Zeit zugrunde gegangen. Mit den Resten, die sich erhalten haben, sind hauptsächlich die Fenster der Leopoldskapelle geschmückt. Aus der Zeit des Propstes Stephan stammen auch die Temperagemälde auf der Rückseite des Verduner Altares, eine auf der Innenseite niellierte und auf der Außenseite getriebene und ziselierte Patene aus vergoldetem Silber aus dem Jahre 1324, auf deren oberen Seite Christus, sitzend. mit dem Buche des Lebens in der Linken, und den knienden Donator segnend, auf der unteren Seite die Krönung Mariens dargestellt sind, schließlich ein Ziborium aus vergoldetem Silber mit silbernen Reliefs auf dem Fuß (Symbole der Evangelisten) und Ornamenten und bildlichen Darstellungen in Grubenschmelz (auf dem Deckel: Maria Verkündigung, Geburt Jesu, Anbetung der Magier, Darstellung Jesu im Tempel, Rückkehr aus dem Tempel, Tod Mariens, Krönung Mariens; auf der Außenseite der Kuppa: Christus auf dem Ölberg, Judaskuss, Christus vor Pilatus, Geißelung Jesu, Dornenkrönung, Kreuztragung, Jesus am Kreuze, Abnahme Jesu vom Kreuz, und unter jedem einzelnen Bild eine Prophetenfigur; auf der Unterseite des Deckels: Auferstehung Christi).

1339 Am 7. Jänner übergeben die Herzöge von Osterreich, Albrecht II. der Lahme und Otto der Fröhliche, dem Stift für die Abtretung der Corpus Christi-Kapelle in Korneuburg, bei der sie im Jahre 1338 ein Augustiner Eremitenkloster gegründet haben, die Kapelle des hl. Johannes des Täufers in dem bereits verfallenen und verödeten Herzogshof zu Klosterneuburg mit dem Patronatsrecht über sie, das bisher dem Landesfürsten eignete, und mit allem Besitz der Kapelle (siehe oben 1240). Das Stift übernimmt dafür die Verpflichtung, in dieser Kapelle täglich mindestens ein heiliges Messopfer durch einen seiner Chorherren feiern zu lassen. (Bestätigung durch den Passauer Bischof Albert am 1. Dezember 1339.)

1358 Ende dieses Jahres richtet Herzog Rudolf von Österreich an Papst Innozenz VI. die Bitte, er möge die durch die Fürsprache des Markgrafen Leopold des Frommen, des Gründers des Stifts Klosterneuburg, erwirkten wunderbaren Gebetserhörungen untersuchen lassen und ihn kraft seiner höchsten Autorität feierlich als Heiligen erklären. Papst Innozenz überträgt die Prüfung dieser Wunder dem Erzbischof von Prag Ernest von Pardubitz, dem Bischof von Olmütz Očko von Vlašim und dem Abt des Zisterzienserklosters Heiligenkreuz Koloman I. Infolge der Ungunst der Verhältnisse finden diese vorbereitenden Arbeiten für die Kanonisation des Markgrafen Leopold III. bald ein Ende.

1359 Am 18. Jänner erlaubt Papst Innozenz VI. dem Propst Ortolf und seinen Nachfolgern den Gebrauch der Infel. Am 20. Februar 1382 erlaubt Kardinallegat Pileus den Pröpsten den Gebrauch der Sandalien. Seit diesem Jahr besitzen also die Pröpste der Kanonie Klosterneuburg das Recht, sich sämtlicher Pontifikalinsignien nach den Vorschriften der liturgischen Bücher zu bedienen.

1371 Den Abschluss des am 23. August 1371 fertig gestellten pergamentenen Manuskriptes Nr. 626 der Stiftsbibliothek in Klosterneuburg bildet eine kurze (fol. 201 v bis 205 v) Lebensgeschichte des hl. Leopold, in der zum ersten Mal von der sagenhaften Gründung des Stifts Klosterneuburg die Rede ist (Schleiersage). Propst Koloman von Laa ließ dieses Buch, das durchwegs wichtige Abschnitte für die

Mitglieder des Stifts enthält (Martyrologium, Regel des hl. Augustinus, Auslegung dieser Regel von Hugo von St. Viktor, Nekrologium, Konstitutionen), von einem Schreiber namens Albert kalligraphieren.

1381 wird auf Kosten des Klosterneuburger Bürgers Michael von Tucz in der Mitte des Friedhofs, der an die Stiftskirche angrenzt, eine schöne sechseckige Lichtsäule (ca. 10m hoch) aus Stein aufgebaut, die mit kunstvollen Reliefs - die schlafenden Jünger auf dem Ölberg, Jesus betet auf dem Ölberg, Geißelung des Herrn, Kreuzigung Christi, Auferstehung des Herrn, Jesus und der Apostel Thomas - unter zierlichen Baldachinen geschmückt ist. Die Inschrift, die um die Säule läuft, lautet: „Anno domini MCCCLXXXI perfectum est hoc opus in die s. Nycasi mox post pestilenciam, quando et II Pape fuerunt." (In der Zeit des Schisma, als sich Klemens VIII. wider den rechtmäßigen Papst Urban Vl. behauptete.) 1385 Stiftt Michael der Tucz ein ewiges Licht in dieser Totenleuchte.

1386 Am 23. April kauft das Stift um 320 Pfund Wiener Pfennige das Dorf Reinprechtsdorf von Andreas und Denkwart von Züntgraben.

1394 Um diese Zeit lassen die Brüder Berthold von Wehingen (Wähingen), Bischof von Freising und Kanzler der Herzöge Wilhelm I. und Leopold IV., und Reinhard von Wehingen, Oberster Türhüter im Lande unter der Enns, an den südlichen und westlichen Flügel des Kreuzganges eine prächtige Kapelle (Wehinger- oder Freisingerkapelle genannt) bauen, deren Wände durch Dreiviertelsäulen gegliedert sind, die, bevor sie Konsolen für unter Baldachinen stehende Figuren bilden, ausbiegen, und deren Kreuzrippengewölbe mit schönen Schlußsteinen geschmückt sind. Da Reinhard von Wehingen 1394 stirbt, setzt sein

Sohn Leopold in Verein mit seinem Oheim Berthold den Bau der Kapelle fort. 1401 (8. September) Stiftn sie auf den zwei Altären - Maria- und Peter- und Paul-Altar -, mit denen sie die Kapelle ausstatten ließen, heilige Messen. Eine wahrscheinlich von einem Tumbagrab stammende Marmorplatte, auf der Reinhard (gestorben 3. Mai 1394) in starkem Relief dargestellt ist, und ein marmornes Tumbagrab, dessen Deckel die schön und kräftig ausgearbeitete Figur des Bischofs Berthold (gestorben 7. September 1410) zeigt, halten in der Kapelle das Gedächtnis der Stiftr fest. Die ursprünglichen zahlreichen Baldachinstandbilder der Kapelle sind mit Ausnahme von zwei nicht mehr vorhanden.

1394-1399 Unter Propst Petrus I. dem Lenhofer wird der Bau des südlichen Turmes des Westfassade der Stiftskirche in Angriff genommen. Die Nachfolger Petrus I., Bartholomäus von Bierbaum und Albert Steck, setzen den Turmbau fort, Propst Balthasar Polzman stattet ihn in den Jahren 1584-1588 nach einem von Bildhauer Bernhard Franntz ausgeführten Modell mit einer Galerie und einem kupfergedeckten Zwiebeldach aus.

1395 Am 14. Juni verkauft das Benediktinerkloster Formbach in Bayern dem Stift Klosterneuburg gegen 700 Pfund Wiener Pfennige und 50 gute Gulden alle seine Güter, die innerhalb des Korneuburger Gerichtsbezirkes sein Eigen sind, das Dorf Niederrohrbach (= Unterrohrbach), Gülten zu Flandorf und zu Hagenbrunn, Einkünfte von Äckern und Weingärten im Spillerner- und Niederrohrbacherfeld, Getreide- und Weinzehnte zu Narzendorf und Enzersfeld.

1397 Am 29. März verleiht Papst Bonifaz IX. den Pröpsten des Stifts die kanonische Strafgewalt über ihre Untergebenen. Die Ordensoberen werden damit ermächtigt, als

Richter aufzutreten und nach den Vorschriften des kirchlichen Strafrechts und Strafprozesses Zensuren und andere Kirchenstrafen über ihre Untergebenen zu verhängen. Hier kommen besonders Exkommunikation, Suspension, persönliches Interdikt, Entzug des aktiven und passiven Wahlrechtes u. a. in Betracht.

1418 In diesem Jahr ordnet Propst Georg I. Muestinger als Vorgesetzter des ChorfrauenStifts zur hl. Maria (später zur hl. Maria Magdalena) in Klosterneuburg (früheste Nachricht von der Existenz dieses Stifts aus der Zeit um 1160) an, daß die Nonnen dieses Klosters Chorröcke und Sarrozia tragen. Vorher waren die Chorfrauen mit schwarzen Leinengewändern und darüber mit braunen Röcken bekleidet.

1420-1421 weilt der Chorherr des Stifts Klosterneuburg Johannes von Perchtoldsdorf, Doktor des kanonischen Rechtes, zu Studienzwecken in Padua und erhält vom Stift während seines Aufenthaltes nach und nach 534 fl. zum Ankauf von Handschriften. Er kauft hauptsächlich Manuskripte rechtlichen Inhalts (Decretum Gratiani, Decretales Gregorii IX., die einzelnen Teile des Corpus iuris civilis, verschiedene Glossen und Kommentare zu diesen Gesetzessammlungen und Rechtsbüchern usw.). Johannes von Perchtoldsdorf wirbt in Padua auch den Kleriker der Diözese Breslau Klemens Woyczigsdorff de Legnicz als Schreiber für das Stift Klosterneuburg an. Dieser stellt in der Folgezeit hauptsächlich Abschriften von Werken des berühmten Rechtslehrers Franz von Zabarella (gestorben 6. November 1417) her, (s. die Manuskripte der Stiftsbibliothek 113-117).

1421 Schon in den frühesten Zeiten wurde wohl auf dem Friedhof, der an die Stiftskirche anschloss, eine Kapelle errichtet. Als sich die Kreuzzeche, eine geistliche Bruderschaft, gebildet hatte, nahm sie sich dieser Kapelle, auch Karner genannt, an. Im Laufe der Zeit war dieser Karner aber baufällig geworden, und so traten die Brüder der Kreuzzeche an Propst Georg I. heran und baten um die Erlaubnis zum Abbruch des alten Karners, um an seine Stelle eine neue Kapelle aufzuführen. Propst Georg wies der Zeche einen bequemeren Platz an, auf ihm entstand 1421 die Sebastianskapelle. In ihr wurde nach alten Stiftungen täglich eine Messe, am Montag aber ein Totenamt mit Predigt, Prozession und Miserere gehalten. Als im Jahre 1624 durch Propst Andreas Mosmiller und den kaiserlichen Rat Melchior Reich die Sebastianibruderschaft errichtet wurde, übernahm sie die Friedhofskapelle und besorgte alles Nötige aus den Einkünften der Zeche. In der Sebastianikapelle waren dann seit der Herstellung des barocken Chorgestühls der Stiftskirche die alten, spätgotischen mit Wappen und Figuren geschmückten Chorstühle der Basilika untergebracht. Nach der Exsekrierung der Kapelle kamen sie nach Laxenburg und wurden bei der Saalausstattung verarbeitet. Die Kapelle zum hl. Sebastian wurde unter Kaiser Josef II. geschlossen, 1787 entweiht, 1799 bis zu den Fensterbänken abgetragen. Unter der Kapelle war eine alte Krypta, die zu Ehren der hl. Helena 1508 geweiht worden war. Als unter Josef II. die Beisetzung der Leichen in der Stiftskirche und im Kreuzgang verboten wurde, richtete Propst Ambros Lorenz diesen Raum als Stiftsgruft ein, als solche diente er bis 1840.

1421-1423 Unter Propst Georg I. Muestinger war das Stift Klosterneuburg auch eine Stätte astronomischer und kartographischer Arbeiten. Der Propst selbst schrieb verschiedene astronomische Arbeiten (s. unten 1435). Vor allem aber arbeiteten sein berühmter Lehrer Johannes von Gmunden und Frater Fridericus Amann aus der Benediktinerabtei St. Emmeran in Regensburg im Stift. Amann stellt mit Hilfe der anderen erwähnten Gelehrten in den Jahren 1421-1423 die bis zu dieser Zeit beste Karte von Zentraleuropa her. Die „Fridericusmappe“ ist auf Grund von zwölf Azimutstrahlen, die von einem südwestlich von Salzburg liegenden Pol ausgehen, konstruiert. Der mit Null bezeichnete Anfangsstrahl geht durch Klosterneuburg. Auch der Geburtsort des Propstes Georg 1. ist auf der Karte eingetragen. (Siehe Ernst Bernleithner: Die Klosterneuburger Fridericuskarte von etwa 1421 in Mitteilungen der Geographischen Gesellschaft Wien, Band 98.)

1422-1423 wird im Stift an der Herstellung eines handschriftlichen Riesenantiphonars gearbeitet (Manuskripte Nr. 65-68, Pergament). Beim Schreiben dieser Bände und bei ihrer Ausstattung mit farbenprächtigen Initialen und Miniaturen sind professionelle Schreiber und Illuminatoren beschäftigt, so der Notenschreiber Johannes und die beiden Maler Nikolaus und Michael. Die Hauptarbeiten des letzteren, der bis in die neueste Zeit irrtümlicherweise für einen Mönch namens Simon von Niederaltaich gehalten wurde, befinden sich in den Handschriften der Nationalbibliothek in Wien Nr. 2780 (Schwabenspiegelhandschrift), Nr. 326 (Legenda aurea für Kaiser Friedrich III.), Nr. 1767 (Stundengebete für Kaiser Friedrich III.) und Nr. 23 (Grammatik Donatus für König Ladislaus Posthumus) sowie in den Manuskripten der Stiftsbibliothek zu Klosterneuburg Nr. 613 (Missale) und Nr. 78 (Missale).

1423-1428 Während des Kampfes Herzog Albrechts V. gegen die Hussiten, die im März des Jahres 1426 sengend und raubend bis Stockerau vordringen und am 31. Mai 1428 von Jedlesee aus Nußdorf beschießen, wird die Stiftskasse so in Anspruch genommen, dass die Chorherren Geld aufnehmen müssen. 1423 legt der Herzog dem Stift eine Kriegssteuer von 1000 fl. auf, 1426 zahlt das Stift zum selben Zweck 3300 fl., 1428 hat das Stift als dritte Kriegsbeisteuer 1200 fl. zu erlegen. Da von den Hussiten viele dem Stift untertänige Ortschaften verwüstet werden, erleidet das Stift auch in seinen Einkünften einen großen Ausfall.

1428 An einer Urkunde von diesem Datum im Wiener Archiv der Benediktinerabtei Melk befindet sich ein Siegel des Klosterneuburger Propstes Georg I. Muestinger, auf dem sich die früheste Darstellung des stiftlichen Wappens zeigt, ein halbrunder Schild mit Sturzkrücke (Kreuz ohne den unteren Teil des Längsbalkens). über die Farben des Wappens unterrichtet uns das Manuskript Nr. 78 (Missale) der Stiftsbibliothek, das unter Propst Georg um 1438 im Stift geschrieben und illuminiert wurde. Im Rankenwerk der ersten Initiale dieser Handschrift bemerken wir das Stiftswappen, einen halbrunden Schild mit silberner (weißer) Sturzkrücke auf Rot. Da eine Verleihungsurkunde bezüglich dieses Wappens nicht vorhanden ist, sind wir in der Frage nach seiner Entstehung auf Vermutungen angewiesen. Wahrscheinlich steht es mit dem österreichischen Bindenschild im Zusammenhang.

1432-1435 Der Chorherr des Stifts Klosterneuburg Koloman Knapp von Hipples, der von den Pröpsten der ChorherrenStift der Salzburger Diözese zu ihrem Orator und Prokurator gewählt worden war (16. Dezember 1431) und der Chorherr Dr. Martin von Waldhausen, der Vertreter der ChorherrenStift der Passauer Diözese, sind als Sachverständige für die Reformation des Ordens der regulierten Chorherren im Basler Konzil.

1435 Am 22. Juni werden der Propst des Stifts Klosterneuburg Georg I. und der Pfarrer von Traiskirchen Magister Peter Reicher von Pirchenwart (Pirawarth) zu Visitatoren und

Reformatoren des regulierten ChorherrenStifts St. Dorothea in Wien ernannt.

1435 wird im Stift eine schöne Abschrift der lateinischen Übersetzung des von Claudius Ptolemäus, dem bedeutendsten Astronomen des Altertums, verfassten Werkes „Almagest", auf dem die Astronomie während des ganzen Mittelalters fußte, angefertigt. Dieses mit feinen astronomischen Zeichnungen ausgestattete Pergamentmanuskript (Nr. 682) verdankt das Stift seinem Propst Georg I. Muestinger, der sich gerne mit der Sternkunde beschäftigte, daher zahlreiche astronomische Handschriften erwarb oder herstellen ließ und die astronomische Literatur durch seine eigenen Arbeiten bereicherte: „Tabula elevationum solis ad Viennam, Noribergam, Pragam, Venetias et Ncwburgum accomodatae et a Georgio praeposito Newburgensi confectae" (Handschrift der Nationalbibliothek in Wien Nr. 5303, fol. 227 a) - „Tabula linearum pri horis inacqualibus" (Handschrift der Nationalbibliothek Nr. 5303, fol. 247 a) - Johannes Schindel de Gamundia, Tabulas stellarum fixarum, partim verificatae per Georgium praepositurn Newburgensem" (Handschrift der Nationalbibliothek Nr. 5412, fol. 155 b-160 b).

1438 errichten die Bewohner von Leopoldau, das damals zu Kagran gehörte, eine Filialkirche samt Friedhof. Diese erhielt am 6. Mai desselben Jahres von Bischof Leonhard von Passau für Notzeiten (Überschwemmungen, feindliche Invasionen) pfarrliche Rechte.

1449 Am 29. März schützt Papst Nikolaus V. die Besitzungen und Freiheiten des Stifts. Der Papst bestimmt als Richter und Konservatoren den Erzbischof von Salzburg und die Äbte des SchottenStifts in Wien und des Benediktiner-Stifts Melk, sie sollen dem Stift, das sich ja nicht bei jeder

Rechtsübertretung an den Papst wenden konnte, wirksame Hilfe angedeihen lassen und es vor jedem Rechtsbruch schützen. - Eine ähnliche Urkunde stellt Papst Kalixtus III. dem Stift am 3. November 1457 aus; er bestellt den Bischof von Passau und den Dekan von St. Stephan als delegierte Richter und Konservatoren.

1452 Um diese Zeit treten die Chorherren des Stifts Wolfgang Winthager, Magister der freien Künste (seit 1456 auch Doktor des kanonischen Rechtes, gestorben am 6. August 1467), und Johannes Swarcz, Magister der freien Künste (gestorben am 1. März 1453), offen als Vertreter des christlichen Humanismus auf. Winthager stellt eine Abschrift der Lustspiele des Terenz her, verfasst einen Kommentar zu diesen Dichtungen, eine Verteidigungsschrift zugunsten der antiken Klassiker und der humanistischen Bestrebungen und zuletzt spricht er sich aus für die Errichtung von Lehrkanzeln an der Wiener Universität, die humanistischen Fächern wie der Rhetorik, Poetik, dem Studium der antiken Dichter gewidmet sind (s. den handschriftlichen Kodex 743 a in der Stiftsbibliothek Klosterneuburg, geschrieben 1452-1453)

1453 Gesandtschaft des Königs Ladislaus Posthumus nach Rom zu Papst Nikolaus V. Propst Simon II. Heindl von Klosterneuburg, Magister Simon von Tarvis, Lektor zu Gran, Magister Petrus, Pfarrer zu Krems, Nikolaus der Truchseß und Marquard der Kersperger gehörten ihr an. Die Reise dauert vom 21. Juli bis zum 19. Oktober, in Rom war die Gesandtschaft vom 26. August bis zum 24. September 1453.

1453 Am 22. September erlaubt Papst Nikolaus V. den Chorherren des Stifts Klosterneuburg während des Sommers im Chor statt der Almuzien aus Pelz braune Tuchalmuzien (almucia de panno bruno et sine pellibus) zu tragen.

1455 Am 21. März schreibt der Propst des Stifts Klosterneuburg, Simon II., den Novizen den Gebrauch von seitlich geöffneten Sarrozien vor, damit sie sich von den Professen des Hauses unterscheiden. So wird im Stift die gegenwärtige Form des linnenen Ordenskleides über dem Talar angebahnt.

1463 Am 12. November Stiftt Erzherzog Albrecht VI. von Österreich kurz vor seinem Tod (2. Dezember 1463) für das Stift Klosterneuburg in Anbetracht des außerordentlichen Schadens, den es während des Zwistes mit seinem Bruder Kaiser Friedrich erlitten hatte, zu seinem und seiner Vorfahren, Seelenheil und zu Ehren der seligsten Jungfrau Maria für ewige Zeiten alljährlich 200 Fuder Salz, „in dreyling oder andern vas gestössen", aus dem Salzsudwerk in Hallstatt und ordnet an, daß das Stift alle Jahre dieses Quantum Salz von Gmunden bis Klosterneuburg losungfrey, mautfrey und an all ander irrung und hindernuss" führen lassen könne. Dafür hat das Stift Klosterneuburg den Oktavtag des Festes Maria Himmelfahrt mit Vesper, Mette und Hochamt ebenso feierlich zu begehen wie den Festtag selbst. Durch die vom Kaiser befohlene Vereinigung des ChorherrenStifts St. Dorothea in Wien mit dem Stift Klosterneuburg und die Übertragung des Vermögens und der Rechte (27. Februar 1802) dieses Stifts erhöht sich das Salzdeputat für das Stift Klosterneuburg auf 290 Fuder (= 333 alte Zentner, 50 Pfund). (Herzog Albrecht V. hatte nämlich am 29. August 1416 dem Stift St. Dorothea 90 Fuder Salz aus dem Hallstatter Sudwerk angewiesen.)

1466 In den stiftlichen Rechnungsbüchern ist in den Jahren 1466-1478 für den Chorherren Georg Stockhaymer (Stockamer) und von 1473-1479 für den Chorherrn Hieronymus Sitznperger viel Material zum Illuminieren von Büchern (Feingoldtafeln, Gummi usw.) verrechnet. Stockhaymer hat die Handschriften der Stiftsbibliothek 72, 606, 609, 616, 617, 960 (durchwegs Meßbücher, Nr. 72 bereits von 1452) mit trefflichen Malereien geschmückt. Von Sitznperger wurden die Manuskripte 612 (Missale aus dem Jahre 1479), 1195 (Brevier), 222 (Regel des hl. Augustinus und Erklärung von Hugo von St. Viktor aus dem Jahre 1508) geschrieben und illuminiert.

1468 Ende dieses Jahres wird besonders auf Bemühen des Kaisers Friedrich III. der Heiligsprechungsprozeß für den Markgrafen Leopold III. den Frommen, der über 100 Jahre lang unterbrochen war, wieder aufgenommen.

1477 Von außerordentlicher kunst- und kulturgeschichtlicher Bedeutung für die Geschichte des Stifts Klosterneuburg ist die Schilderung des Stifts und seiner Kirche von dem italienischen Humanisten und Geschichtsschreiber Antonio Bonfini, der am Hof des Königs von Ungarn, Matthias Corvinus, als Vorleser der Königin Beatrice tätig war, in seiner Geschichte Ungarns „Rerum Ungaricum dccades quatuor cum dimidia“, Basel 1568. Wo Bonfini in seiner Chronik über die Eroberung von Klosterneuburg durch den ungarischen König im Jahre 1477 schreibt, flicht er eine knappe auf Autopsie beruhende Beschreibung des Stifts Klosterneuburg und seiner Kollegiatkirche ein. Sie lautet in deutscher übersetzung: „Die Stadt Klosterneuburg ist durch die Basilika des hl. Leopold und sein Grab berühmt. Dort befindet sich ein Stift regulierter Mönche (so!), das wegen des Umfanges seiner Baulichkeiten sowie der hervorragenden Einrichtung der Speisesäle und Gemächer sehenswert ist. In ihm ist auch ein mit ungeheurem Kostenaufwand erbauter Gang, dessen farbige Glasscheiben Szenen aus der Biblischen Geschichte darstellen. Dort ist weiters eine an Büchern jeglicher Wissenschaft reiche Bibliothek, in der sich viele in italienischen Städten erbeutete Bände, die wegen ihres Alters sehr geschätzt sind, befinden. Beim Hochaltar ist eine Retabel aus Erz und rückwärts steht ein salomonischer Leuchter. Beide sind höchst kunstvoll ausgeführt. Das Tor des Heiligtumes ist ehern. Die Kirche ist aus Quadern erbaut.“ (Die mittelalterlichen Manuskripte kamen nicht durch Raub, sondern durch Kauf an die Stiftsbibliothek, s. oben 1420-1421.)

1480 Am 17. Dezember wird durch die Verlesung der Erhebungsbulle Papst Pauls II. „In supremac dignitatis specula“ vom 18. Jänner 1469 (datiert vom Jahre 1468 = nach dem calculus Florentinum 1469) das Wiener Bistum errichtet. Das Stift Klosterneuburg bleibt jedoch bis zum Jahre 1729 beim Passauer Bistum.

1483 Am 16. April kommen während des Kampfes des Königs von Ungarn Matthias´ Hunyady (Corvinus) gegen Kaiser Friedrich III. ungarische Truppen unter Führung des Tobias von Boskowitz und Cernahora bis hart vor die Tore der Stadt Klosterneuburg. Der Rat der Gemeinde will die Stadt verteidigen und beschließt, 100 Söldner aufzunehmen, das Stift sagt 50 Mann zu. Da von Seiten des Kaisers eine Hilfe ausbleibt, wird die Stadt am 25. April 1483 den Ungarn übergeben und von ihnen besetzt. Am 5. Mai 1483 bestätigt König Matthias die Freiheiten der Stadt Klosterneuburg. Da die Ungarn unter Maximilian I. trotz des Todes Matthias (6. April 1490 in Wien) Österreich nicht verlassen wollen, mußte Maximilian neben anderen Städten auch Klosterneuburg nach schwerer Belagerung, bei der die Stadt zum größten Teil zerstört wird, erobern (9. September 1490). Auf das Stift wurde bei diesem Bombardement Rücksicht genommen. Von einer größeren Beschädigung des Stiftsgebäudes verlautet nichts.

1485 Am Donnerstag, dem 6. Jänner, geht der Herzenswunsch der Chorherren von Klosterneuburg in Erfüllung. Ihr Stiftr, Markgraf Leopold III., wird nach Abschluss des langjährigen, mit außerordentlicher Gewissenhaftigkeit durchgeführten Kanonisationsprozesses von Papst Innozenz VIII. im Petersdom zu Rom feierlichst in das Verzeichnis der Heiligen aufgenommen und sein Fest auf den 15. November festgesetzt. Der Chorherr und Dechant des Stifts Klosterneuburg Thomas List war am 16. April 1482 mit Marquard, Ritter von Breisach (Breisacher, auch Brisacher) nach Rom gereist und ist Augenzeuge der Feierlichkeit zu St. Peter am Feste der Epiphanie 1485. Er kann nach seiner Rückkehr in das Stift, im April 1486, seinen Mitbrüdern das großartige Bild der Kanonisationsfeier des hl. Leopold, das auch der damalige päpstliche Zeremonienmeister Johannes Burchard in seinem Werk „Diarium sive rerum Urbanarum commentarii“ (1483-1506) festgehalten hat, zur Gänze entrollen.

1485 bewilligt Papst Innozenz VIII. die Abtrennung des Ortes Leopoldau von der Mutterpfarre Kagran und erhob ihn zu einer eigenen Pfarre unter dem Patronate des Stifts Klosterneuburg. Die Pfarre wurde vier Jahre später tatsächlich errichtet.

1489 Um dieses Jahr beginnt die Herstellung des großen dreiteiligen Temperagemäldes, das über Auftrag des Stifts zu Ehren des hl. Leopold geschaffen wird und unter dem Namen „Stammbaum der Babenberger“ bekannt ist. Auf dem Mittelstück dieses Tryptichons erhebt sich ein Baum, dessen Äste sich zu 27 runden Medaillons formen, in denen 27 männliche Glieder des Stammes der Babenberger mit Szenen, die teilweise auf sie Bezug haben, mit ihren

Wappen dargestellt sind. Auf den beiden Flügeltafeln gehen aus Kelchen voll entfalteter Blüten 46 Brustbilder von Frauen der Babenbergerfürsten und weiblichen Nachkommen hervor. Alle diese Darstellungen sind auf einem feinen Leinenstoff gemalt, mit dem die Holztafeln überzogen sind. Gegen Ende des 15. Jahrhunderts hat im Stift Klosterneuburg, wie die stiftlichen Rechnungsbücher melden, ein Maler „des marcgrafen genealogy gemalt“ (1490-1491). Etwas später (1491-1492) ist in den Verzeichnissen von einem Maler Hans Part, der mit 23 Pfund 4 Schilling entlohnt wird, und bald nachher von dem Gehilfen eines Malers, der 1 Pfund 4 Schilling erhält (1492-1493), die Rede. Um 1550 wird für Erzherzog Karl von Steiermark eine farbenreiche Miniaturdarstellung des Stammbaumes der Babenberger angefertigt (Handschrift Nr. 8700 der Österreichischen Nationalbibliothek in Wien), sie weist das Monogramm H. P. auf. Weitgehende Restaurierungen (auf seinem früheren Standort im Kreuzgang des Stifts erlitt er durch die ungünstigen klimatischen Verhältnisse und die starke Frequenz in diesem Gang großen Schaden) haben ihm viel von seiner ursprünglichen Eigenart geraubt. Im Jahre 1630 lässt das Stift das Werk durch den kaiserlichen Kammermaler Jeremias Günther aus Wien und 1754 durch den k. k. Hofakademiemaler Johann Karl Aurbach restaurieren. 1843 (April bis Mai) überträgt im Auftrag des Stifts ein gewisser Josef M. Rauch aus Wien, der sich als Gemäldeaufzieher bezeichnet, das Werk von Holz und Leinwand. 1847 ist der Wiener Historienmaler Josef Kastner mit der Restaurierung und nach ihm der Maler Josef Edler von Schönbrunner (gestorben 1905) beschäftigt. Alle diese Bemühungen führen nicht zum Ziele. Es kommt zu starken Übermalungen des ursprünglichen Kunstwerkes. Erst dem akademischen Maler und Chefrestaurator des Bundesdenkmalamtes, Prof. Emmerich Bergthold, der im Jahre 1951 mit der Renovierung des Stammbaumes der

Babenberger betraut wird, gelingt es, das mittlere Feld - soweit nur möglich - von späteren Übermalungen zu befreien und zur ursprünglichen Schönheit zurückzuführen. Die Aufstellung des restaurierten Kunstwerkes erfolgt 1957.

1490 verfasst der Chorherr des Stifts Klosterneuburg, Peter Eckel aus Haselbach, Magister der freien Künste (gestorben am 8. Jänner 1506) auf Bitten der Chorfrauen zu Maria Magdalena in Klosterneuburg deutsche Vorträge über die Leidensgeschichte Jesu (s. die Handschriften der Stiftsbibliothek 845 und 859). Das Manuskript Nr. 845 überliefert auch deutsche Predigten, die Eckel bei verschiedenen Anlässen gehalten hat. Aus der Zeit seiner Lehrtätigkeit an der Universität in Wien stammen einige mit der Hand schön ausgeführte und mit farbenprächtigen Initialen geschmückte Thesenblätter, die zur Publizierung des Stoffes der Disputationen, die unter seiner Leitung stattfanden, bestimmt waren.

1491 Um dieses Jahr lässt das Stift Klosterneuburg vom Humanisten Ladislaus Suntheim aus Ravensbach (geboren zirka 1440, gestorben in Wien 1513) für die Feier der Übertragung der Gebeine des hl. Leopold (s. unten 1506) eine Genealogie des Geschlechtes der Babenberger, aus dem der Heilige hervorging, verfassen und in prächtiger Form dem Volke zugänglich machen (unter dem Namen Suntheimer oder Klosterneuburger Tafeln bekannt, im Stiftsmuseum zu Klosterneuburg aufbewahrt). Sie ist auf acht Pergamentblättern in etwas kursiver schöner gotischer Minuskel einseitig geschrieben. Die einzelnen Blätter waren auf Holz gespannt (zum Zwecke der Einrahmung und Ausstellung) und zeichnen sich durch schönen Farb und Bilderschmuck aus. Ein üppiges Rankengewinde, das mit Tier- und Menschengestalten reich belebt ist, umfasst die auf Kolumnen verteilte Schrift jedes Blattes. Dazu kommen schöne Initialen und Miniaturen, im ganzen 8 große und 65 kleine. Das Werk, das einst wahrscheinlich die Grabkapelle des hl. Leopold schmückte, hat durch Feuchtigkeit und Licht teilweise viel von seiner Schönheit eingebüßt. Die Pergamentblätter wurden 20XX bis 2012 von den Holztafeln gelöst, da sich diese Montage als längerfristig gefährlich erwiesen und schon zu Rissen des Materials geführt hatte und nach neusten restauratorischen Erkenntnissen auf säurefreien Kartontafeln neu montiert.

1502 Am 9. März verkaufen Bernhard Dallinger und seine Gemahlin Barbara, Tochter des Hans von Walrad, dem Stift Klosterneuburg ihre Feste zu Stoitzendorf samt allem, was zu ihr gehört (60 Joch Äcker, 181/2 Viertel Weingärten, den Wald Sitzenau und einen Wald gegen Eggenburg, Wein- und Getreidezehent auf neun Lehen usw.).

1506 Am 15. Februar (Sonntag Sexagesima) wird im Stift die Erhebung (Translation) der Gebeine des hl. Leopold nach dem kirchlich vorgeschriebenen Zeremoniell durchgeführt. Die Chorherren haben lange mit begreiflicher Ungeduld auf diesen Tag warten müssen, da Maximilian I. die Translationsfeier persönlich mitbegehen wollte, und erst jetzt in Osterreich erscheinen konnte. Bei dieser Festlichkeit ist der Erzbischof von Salzburg Leonhard Offiziant. Ihm assistieren die Bischöfe Wiguleus Fröschl von Passau und Matthäus Lang von Gurk. 27 infulierte Prälaten und eine große Anzahl Geistlicher sind anwesend. Die Stiftskirche ist nicht imstande, das Volk zu fassen, das herbeigeströmt ist. Ein silberner, reich vergoldeter Schrein, zu dem der Herrscher anfänglich 90 Mark Silber und später auch die Übrigen 110 Mark beigesteuert hat, und der vom Wiener Goldschmied Johannes Herczog (Dux) angefertigt worden ist, nimmt die Reliquie des hl. Leopold auf. Auf der Vorderseite dieses noch gotisch gestalteten Reliquiars war in Treibarbeit der Heilige mit vollem erzherzoglichen Ornat dargestellt, wie er auf der rechten Seite liegt, sein Haupt mit der Rechten, die auf einem Polster ruht, stützt und mit der Linken den Griff eines langen Schwertes hält. Von einem Engel zu seinen Füßen wird er beräuchert. Dem kostbaren Schrein mit dem teuren Inhalt, der nun vom Klerus in glanzvoller Prozession getragen wird, folgt der Herrscher als Erzherzog gekleidet, mit einer Krone auf dem Haupt, mit gefalteten Händen so andächtig und würdig, dass alle, die ihn erblicken, in Freudentränen ausbrechen. Dem Landesfürsten schließen sich im Zuge der Herzog von Jülich und Cleve, der österreichische Adel und viele Vornehme aus anderen Ländern an. Das Gedächtnis der Erhebung der Gebeine des hl. Leopold wird seither bis zum Ende des 19. Jahrhunderts im Stift Klosterneuburg am 15. Februar als feierliches Fest mit einer Oktav begangen. Lange Zeit war dieser Tag in Klosterneuburg ein öffentlicher Feiertag. Damals wurde die Translation des hl. Leopold als Fest mit dem Rang eines duplex maius begangen.

1506 Am 4. Juli erteilt Papst Julius II. zu Rom in feierlicher Weise dem Stift Klosterneuburg eine umfassende Bestätigung seiner Privilegien. Zugleich bestellt er den Erzbischof von Salzburg und die Bischöfe von Passau und Raab zu Schutzrichtern über diese Privilegien und sonstigen Gerechtsamen des Stifts.

1513 lässt Propst Georg Hausmanstetter, der auch um die wirtschaftliche Hebung des Stifts rastlos bemüht ist, ein Gesamturbar (Stockurbar) des Stifts in zwei großen und starken Bänden ausführen (1175 und 1160 Blätter, Papier, mit kunstvollen blindgepressten Einbänden, mit drei farbigen Bildern auf Pergament: 1. das Stiftrpaar Markgraf Leopold und seine Gemahlin Agnes mit ihrer Gründung Klosterneuburg, vom Propst und den Chorherren des Stifts umgeben, 2. Kaiser Maximilian I., 3. die Schleierlegende, die Gründungssage des Stifts Klosterneuburg).

1517-1518 Am 5. Dezember 1517 reist der Propst des Stifts Klosterneuburg, Georg II. Hausmanstetter, nach Wels, wohin Kaiser Maximilian I. die Ausschüsse aller österreichischen Erbländer zu Verhandlungen berufen hat. Anfang Jänner 1518 begibt sich der Propst mit den Ausschüssen der Erblande von Wels nach Innsbruck, wo nach dem Willen des Kaisers die Verhandlungen des Ausschusslandtages fortgesetzt und abgeschlossen werden sollen. Dies geschieht am 24..Mai 1518. Propst Hausmanstetter trifft am 7. Juni wieder im Stift Klosterneuburg ein und bringt eine wertvolle Sammlung von Schriftstücken mit sich, die über die Verhandlungen und Beschlüsse des Ausschusslandtages der gesamten österreichischen Erbländer berichten (im Archiv des Stifts Klosterneuburg aufbewahrt).

1528 Um diese Zeit waren so gut wie alle österreichischen Klöster schon mehr oder weniger protestantisch, fast als einziges stand das Stift Klosterneuburg unter Propst Georg II. noch voll beim katholischen Glauben. 1528 ordnet der Kaiser eine Visitation aller Klöster an. Am 10. Juli 1528 kommen als Visitatoren der Weihbischof von Passau, Dr. Jakob, Pfarrer von Straßgang, Magister Ambros Salzer, der Herr von Polheim und ein zweiter steirischer Marschall. Sie finden die völlige Reinheit der katholischen Lehre im Stift Klosterneuburg. Der Grund für diese - damals außergewöhnlich - guten Verhältnisse im Stift ist in erster Linie in der Persönlichkeit des Propstes Georg zu suchen, der als ein einziger die Reformation vom Stift abhielt. Seine Nachfolger zerstörten leider sein Werk.

1529 Die Chorherren des Stifts flüchten sich 1529 mit den Reliquien des hl. Leopold und dem Kirchenschatz vor den nahenden Türken nach Passau. Auch die Chorfrauen von St. Magdalena bringen sich zu Passau in Sicherheit. Die Verteidigung der Stadt und des Stifts Klosterneuburg übernehmen Ritter Melchior von Lamberg, Regent der niederösterreichischen Lande, als Hauptmann und der stiftliche Hofmeister Hans Stolbrockh (Stollprogkh). Am 27. September erscheinen die Türken vor Klosterneuburg, bemächtigen sich der Unteren Stadt, plündern sie und stecken sie in Brand. Im Franziskanerkloster werden zwei Priester und ein Laienbruder ermordet. Von der Oberen Stadt und dem Stift wird jedoch ein ähnliches Geschick abgewendet, da die Besatzung sämtliche Angriffe der Türken, die an einem Tag auf allen Seiten der Stadt, selbst auf der Wasserseite, einsetzen, in beharrlichem Widerstand und tapferer Gegenwehr abwehrt. Nach der Abwendung der Türkengefahr wollen die Chorherren und Chorfrauen von Klosterneuburg wieder in ihre Häuser einziehen, sie werden jedoch von der Besatzung nicht eingelassen. Erst auf Befehl des Königs Ferdinand 1. (8. November 1529), an den sich der Stiftspropst Georg Hausmanstetter in dieser peinlichen Situation gewendet hat, öffnet Melchior von Lamberg den rückkehrenden Chorherren und Chorfrauen ihre Klöster. Das Stift muss jedoch über Anordnung des Königs vom 14. November offenbar zur Deckung der Kriegskosten 2000 rhein. fl. in Abschlag des zu zahlenden vierten Teiles des Wertes der liegenden Stiftsgüter entrichten, ferner dem Hauptmann der Klosterneuburger Besatzung Lamberg alle Ausgaben, die für die Verwaltung des Stifts während der Türkenzeit nötig waren, ersetzen und ihm für seine Mühe 6 Dreilinge (6mal 24 Eimer) guten Weines verehren, schließlich sind dem stiftlichen Hofmeister Stolbrockh 265 rhein. fl. zu zahlen.

1539 Rom, am 15. Mai, bestätigt Papst Paul III. „ex certa scientia“ die Freiheitsbriefe der Kanonie Neuburg (dazu kam dann noch ein Ergänzungsbreve vom 9. Jänner 1540).

1549 Am 31. Juli gibt König Ferdinand I. an Stelle des silbernen Sarges, in dem die Reliquie seit 1506 (s. oben 1506) eingeschlossen waren, und der wegen des Einfalles der Türken im Münzhaus zu Wien abgeliefert werden musste, beim Bürger und Goldschmied Martin (Mert) Baumgartner (Paumgartner) in Olmütz einen neuen kunstvollen Schrein aus Silber, der mit frei getriebenen Bildern des Heilandes (an der einen Schmalseite), der zwölf Apostel (auf den beiden Langseiten), der Gottesmutter mit dem hl. Leopold und seiner Gemahlin Agnes (auf der anderen Schmalseite), geziert sein soll, in Auftrag. Seine Pracht soll noch durch Emailarbeit, durch eingesetzte Edelsteine- und durch Vergoldung gesteigert werden. Das Stift Klosterneuburg steuert zur Anfertigung dieses Reliquiars Silbergeschirr, das nach dem Einschmelzen Silber im Gewichte von 70 Mark, 9 Lot, 3 Quintel, 3 Pfennig und im Werte von 817 Pfund 83/7 Pfennig ergibt, außerdem 2 Kreuze aus Gold, die am Schrein angebracht werden sollen, bei. Nach dem Tode Baumgartners übernimmt am 21. Juli 1552 Christian Mülner (Miller, Müller), Bürger und Goldschmied in Olmütz, die Fertigstellung des Reliquiars; er erklärt sich auch bereit, die Mängel am Werke Baumgartners, die die Abgesandten der niederösterreichischen Kammerräte, die nach dem Willen des Königs die Ausführung des Schreins zu überwachen hatten, die Wiener Bürger Gregor Parhach, königlicher Gegenschreiber des Ungelds zu Wien, und Martin Papierer, Goldschmied, bei ihrer Anwesenheit in Olmütz bemängelten, auszubessern. Anfang Dezember 1553 ist das Reliquiar des hl. Leopold fertig gestellt. Am 8. Dezember 1553 ordnet die niederösterreichische Kammer im Namen des Königs an, daß der neue Reliquienschrein zu ihm auf einem „Landlwagen" nach Brünn gebracht werde.

1551 Nach dem Tod des Propstes Wolfgang Hayden schwindet der Wiederstand gegen den Protestantismus, das Stift wird unter Petrus Hübner protestantisch und gerät in eine prekäre Wirtschaftliche Situation, Hübner wird nach seiner öffentlichen Eheschließung in der Stiftskirche exkommuniziert. Unter seinem Nachfolger Leopold Hintermayr bessert sich zwar die wirtschaftliche Situation, die Klosterdisziplin ist aber weiterhin verfallen.

1568 In der Zeit der Reformation geht auch das Chorfrauenstift ein. Am 20. März stirbt die letzte Chorfrau Apollonia Khatzler, Tochter des Wiener Bürgers Hans Khatzler, im 64. Lebensjahr. Sie verbrachte 50 Jahre in ihrem Ordenshaus. - 1772 wird die Kirche dieses Stifts entweiht, durch ein Gewölbe unterteilt, im unteren Raum werden mächtige Weinpressen aufgestellt, der obere Raum wird als Schüttboden, Getreidespeicher, eingerichtet. 1911 wird dieses Magazin zu einem katholischen Vereinshaus umgestaltet. Bei dieser Gelegenheit werden drei gotische Fenster, die vermauert waren und deren schönes Maßwerk mehr oder weniger gut erhalten ist, freigelegt und renoviert. Heute beherbergt es das Presshaus des Weinguts und das Pfarrheim.

1578 Durch die Postulation des Propstes Caspar Christiani beginnt die Gegenreformation im Stift, in den sechs Jahren seiner Regierung kann er des Stift rekatholisieren.

1578 Am 28. Juli erlaubt Bartholomäus Graf zu Portia und Brugnano, apostolischer Nuntius cum potestate legati a latere am Hof des Kaisers Rudolf II., den Chorherren zu

Klosterneuburg den Gebrauch des römischen Breviers und Missale. Vorher hatte die Kanonie seit je ihr eigentümliches Offizium und Missale.

1584 Unter Propst Balthasar Polzman läßt das Stift Klosterneuburg in der Münzstätte zu Wien die ersten Weihepfennige zu Ehren des hl. Leopold (Leopoldspfennige), kleine, hälblingartige Silberstücke von unregelmäßiger Gestalt, die auf der Vorderseite mit einer primitiven Darstellung des hl. Leopold und auf der Rückseite mit dem Wappen des Stiftspropstes ausgestattet sind, anfertigen. Sie sind ursprünglich für die Armenspende, die zu Propst Wernhers Zeiten (s. oben 1168-1186) zum Gedächtnis des frommen Markgrafen eingeführt wurde, bestimmt und sollen den Dürftigen das Bild des hl. Leopold, den sein Sohn Otto von Freising als Vater der Armen preist, vor Augen stellen. Bald führt die Absicht des Stifts, auch den Gästen, Fremden, Angestellten und Mitgliedern des Hauses, der kaiserlichen Familie und den Beamten der hohen Behörden in Wien anlässlich des Festes seines Gründers eine Erinnerungsgabe, die ihrem Range entspricht, zu überreichen, zu einer reichen Entwicklung des Leopoldspfennigs in bezug auf Gestalt, Stoff, Größe und bildliche Darstellung. 1588 prägt das Wiener Münzamt für das Stift neben silbernen Leopoldshellern bereits auch goldene Leopoldshälblinge. Zu Beginn des 17. Jahrhunderts hat die Leopoldsmedaille, die aus dem Münzhaus hervorgeht, schon die Größe und Form der Pfennigmünzen. Größere Stücke (gegossene) von ovaler Form werden vom Stift seit 1592 bei Pfenniggießern und Goldschmieden bestellt. Seit 1733 lässt das Stift alle Sorten des Leopoldspfennigs im Münzamt zu Wien prägen, z. B. im Jahre 1740 20 große und 8 mittlere, ovale, aus Gold (18karätig), 500 große und 600 mittlere, ovale, aus 8 lötigem Silber sowie 3000 kleine, runde, aus 7 lötigem Silber.

1589 wird der Chorherr des Stifts Klosterneuburg Sebastian Küeller, ein gebürtiger Görzer, der als Priester am 15. August 1578 im Stift Klosterneuburg eingekleidet worden ist, von den regulierten Chorherren des DomStifts Seckau auf den Rat des berühmten Fürstbischofs Martin Brenner als Propst nach Seckau gerufen. Unter seiner ausgezeichneten Leitung erhebt sich das Stift, das disziplinär und wirtschaftlich sehr herabgekommen war, Zu neuer Blüte. Er wirkt auch außerhalb seines Hauses segensreich, als Vertreter des Fürstbischofs bei manchen Geschäften, als Offizial des Bischofs von Laibach, als Vorsteher der Stände Steiermark, die ihm zu Ehren und aus Dankbarkeit für die dem Lande geleisteten Dienste sogar eine silberne Denkmünze prägen lassen. Küeller stirbt im Ruf der Heiligkeit am 29. Oktober 1619 zu Graz im Seckauer Hof und wird am 4. November von Fürstbischof Jakob Eberlein in der Domkirche zu Seckau bestattet.

1590-1591 Am 27. Jänner bestellt Propst Balthasar Polzman bei dem Bildschnitzer Hans Stahel (Stahl) in Wien vertraglich einen neuen Volksaltar, „ain geschnitzte altar taffl in der größ und höch, wie im der ort in der khirchen, als man bederseits in den chor eingeht, ist fürgezaigt worden, mit denen figuren, biltnusen und andrer zierdt, wie dieselben in der fürgestellten form, und modl begriffen, inwendig mit ganzen und auf beeden seiten innen und außen wol erhebten außgeschnitzten pildern als rainer und guetter gerechten arbaith in das gottshaus Closterneuburg mit aller notwendigkhait ohne ainichen des herrn prelatten uncosten zu antworten und aufzurichten“. Dafür sollte Stahel 500 fl. und 10 Urnen Wein erhalten. „Den Kasten zu solcher Tafel“ habe der Propst auf seine Kosten herstellen und beschlagen lassen. Bis Ostern 1591 müsse der Altar ausgeführt sein. Am 28. März 1590 schließt Propst Balthasar mit dem Bürger und Maler Ludwig Hartmann in Wien einen Vertrag bezüglich der „sauberen und fleißigen“ Fassung des Kastens und der dazu gehörigen geschnitzten Bilder mit „guten und wohlzugerichteten Farben“ und mit entsprechender Vergoldung ab. Dafür hat er die gleiche Entlohnung wie der Bildhauer zu erwarten; für Farben und anderes Nötige habe er jedoch selbst aufzukommen.

1591 Propst Balthasar Polzman verfasst eine Lebensbeschreibung des hl. Leopold: Compendium vitae, miraculorum S. Leopoldi, sexti marchionis Austriae, cognomento Pii etc., 1591 bei Leonhard Nassinger erschienen. Dieses Buch übersetzt der Hofkaplan der Erzherzogin Maria von Osterreich, Andreas Backes, ins Deutsche. (Ein kurzer Inhalt und Extract deß Lebens und der Wunderzeichen sampt den Horis oder Tagzeiten Leopoldi sechsten Marggraffen zu Osterreich mit Zunahmen deß Gottseligen, in Teutsche Sprach versetzt. 1593 in Graz bei Georg Widmanstetter gedruckt.)

1593 wird durch den Bischof Johann Caspar Neubeck nach dem Rat der Wiener Hochschule das Fest des hl. Leopold wieder zu einem gebotenen Feiertag erhoben (war bereits 1492 angeordnet gewesen, jedoch in Vergessenheit geraten). Der Passauer Offizial Melchior Klesl (1580-1600) führt es durch Dekret vom 10. November 1593 für den Anteil der Passauer Diözese in Osterreich ein.

1616 Am 15. November begeht der Landesherr von Österreich, Maximilian III., Hoch- und Deutschmeister, ein Bruder der Kaiser Rudolf II. und Matthias, das Fest des heiligen Schutzherrn Osterreichs Leopold in der Stiftskirche zu Klosterneuburg. Er ist hierher gekommen, um die Reliquien des heiligen Markgrafen zu verehren, diesem für alle seine Gebetshilfe, durch die, wie er überzeugt ist, auch die Erhebung Österreichs zum Erzherzogtum herbeigeführt wurde, den schuldigen Dank abzustatten. Durch besondere Weihegaben will Erzherzog Maximilian zu Klosterneuburg an der Ruhestätte des hl. Leopold seine Verehrung und Dankbarkeit ausdrücken; durch ein silbernes, teilweise vergoldetes Büstenreliquiar, das den Heiligen darstellt, und in dessen Kopf das Haupt Leopolds eingeschlossen werden soll, und durch den kostbaren Erzherzogshut, der von nun an als Bekrönung der Büste des Landespatrones dienen soll. Nach der Beendigung der Festpredigt des Jesuiten P. Dr. Johannes Hiller vor dem Pontifikalamt, wird Erzherzog Maximilian in feierlichem Zug von der Sakristei in die Mitte des Hauptschiffes zum Altar, der dem hl. Leopold geweiht ist, geleitet. Zwei von Maximilian ausgewählte Kammerherren, Graf Maximilian Trautson und Gundakar von Liechtenstein, tragen auf samtenen Kissen die Weihgeschenke des Erzherzogs. Der Kustos Johannes Vitalis Ginger überträgt die Kopfreliquie des hl. Leopold. Beim Altar stehen der Propst des Stifts Klosterneuburg Andreas Mosmiller und der Abt des BenediktinerStifts Göttweig Georg Falb, beide im Pontifikalornat. Erzherzog Maximilian übergibt dem Klosterneuburger Propst die Weihegaben und krönt das Büstenreliquiar, in das vorher Reliquien des hl. Leopold eingeschlossen wurden, mit dem Erzherzogshut. Hierauf lässt Maximilian III. vom Göttweiger Abt ein Schriftstück verlesen, worin er die Beweggründe seiner Schenkung und seinen Willen über die Verwendung des neuen österreichischen Diadems ausspricht. Danach ist es nur in zwei Fällen gestattet, den Erzherzogshut anderswohin zu bringen: wenn der neue Erzherzog von Osterreich seine Länder vom Kaiser in eigener Person als Lehen empfängt oder wenn er bei Antretung seiner Regierung von Seiten der Landstände die Erbhuldigung entgegennimmt. Jedesmal aber muß dieses Kleinod binnen 30 Tagen dem Klosterneuburger Stift unversehrt zurückgestellt werden. Alle, die vermessentlich oder gar verbrecherisch das Brustreliquiar des hl. Leopold und den Erzherzogshut hinwegnehmen, ziehen sich unmittelbar die Exkommunikation zu (über Wunsch Maximilians III. bestätigen Papst Paul V., Rom, 4. Februar 1617 und Kaiser Matthias, Prag, 9. April 1617, die Schenkung des Erzherzogshutes von Osterreich und die von Maximilian dekretierte Anordnung über seine Verwendung). Nach Verlautbarung der Bedingungen, die der Erzherzog an seine Schenkung geknüpft hat, dankt ihm Propst Mosmiller für alle Ehre und Huld, die er seinem Hause erwiesen hat, und reicht ihm die Büste mit dem Erzherzogshut zum Kuß. Maximilian küsst kniend ehrfurchtsvoll das Haupt des Brustbildes. In gleicher Weise verehren zahlreiche Anwesende die Reliquie des hl. Leopold. Nach der Vesper findet eine Prozession von dem Altar in der Kirche aus, auf dem das Brustbild des hl. Leopold, der silberne Sarg des Markgrafen und andere Reliquiare während des Festes exponiert waren, statt. In feierlichem Zug werden nun die Reliquien von den Chorherren zur Kapelle des heiligen Stiftrs getragen. Auch Erzherzog Maximilian III. nimmt an dieser Prozession teil. - Der Erzherzogshut ist eigentlich nicht bloß ein Hut, sondern eine mit einem Herzogshut verbundene Königskrone, deren glatter, innen mit Seide verbrämter Reif aus starkem Goldblech gefertigt ist und nach oben in acht gleichschenkelige Zacken endet. Der hervortretende Rand der Zacken ist mit kleinen Diamanten und oben mit je einem größeren besetzt. Auf jeder Zackenspitze ist abwechselnd je eine kleine kugelförmige und eine große - birnförmige Perle aufgesetzt. Die Mitte jedes Zackendreiecks enthält einen ungeschliffenen Rubin oder einen Smaragd, welche wieder von Diamanten umgeben sind. Innerhalb des Kronenreifs erhebt sich der steife zylindrische nach der Mode der Zeit geformte Hut (spanischer Hut) aus kirschrotem Samt, über den zwei goldene Bügel, die sich kreuzen, gelegt sind. Diese, von vierkantiger Form, sind oben und seitlich reich mit Rubinen und Perlen besetzt. über der Kreuzung der Bügel erblickt man in einer kreisförmigen schmalen Fassung einen Saphir von 23 mm Durchmesser. Darüber erhebt sich ein mit Perlen und Edelsteinen reich besetztes Kleeblattkreuz. Den Kronenreif umgibt am Unterrande eine Verbrämung aus Hermelin, die eigentlich als Krempe des Hutes zu denken ist. - Trotz des Ediktes, dieses Kleinod nie aus dem Stift zu entfernen, außer zu den Erbhuldigungen (das war zehnmal der Fall; das erste mal am 13. Juli 1620 bei der Erbhuldigung Ferdinands II., in der Folge dann bei Ferdinand III., Ferdinand IV., Leopold I., Josef I., Karl VI., Maria Theresia, Leopold II., Franz II. Das letzte Mal fand der Herzogshut gin 14. Juni 1835 bei der Erbhuldigung Ferdinands I. Verwendung), sahen sich die Chorherren doch wiederholt genötigt, den Erzherzogshut wegen drohender Kriegsgefahr aus dem Stift in Sicherheit zu bringen. Bereits im Jahre 1618 erschien eine Hofkommission im Stift und übertrug den Erzherzogshut auf Ansuchen des Propstes Andreas Mosmiller in die kaiserliche Schatzkammer nach Wien. Als die Schweden im Jahre 1645 bis Wien vorgedrungen waren, wurde das „Erzherzogshüettl" nach Seckau gebracht, wo es vier Jahre lang verblieb. Kurz vor der Belagerung Wiens durch die Türken (1683) flüchtete der Propst mit einem Teil seiner Chorherren ins Stift St. Nikola bei Passau, wobei sie neben anderen Kirchenschätzen auch den Erzherzogshut mit sich führten. Als die Franzosen 1741 in Niederösterreich einfielen, befahl die Kaiserin Maria Theresia, den Erzherzogshut in die Schatzkammer der königlichen Burg zu Preßburg zu bringen. 1797 kam er nach Prag. Im Jahre 1800 wanderte er mit den Hofschätzen nach Ungarn, 1805 kam er nach Schlesien und Galizien, 1809 wurde er abermals nach Ungarn geflüchtet und im Jahre 1813 musste er neuerdings an die Schatzkammer nach Wien abgegeben werden. Einmal wurde er auch aus einem politischen Motiv aus dem Stift fortgeführt. Kaiser Josef II. ließ ihn am 28. April 1784 in die Schatzkammer der Wiener Hofburg überführen (Josef II. ließ sich nach den Prinzipien seiner inneren Staatspolitik weder in Ungarn noch in Böhmen zum König krönen und nahm auch die Huldigung der niederösterreichischen Stände nicht entgegen). Sechs Jahre blieb damals das Kleinod dem Hause fern, erst am 7. April 1790 ließ es Leopold II. wieder in das Stift zurückbringen. (Die Freude über dieses Ereignis war so groß, dass eine ungezählte Menge Volkes den Zug nach Klosterneuburg begleitete und an diesem Tag im Stift allein über 350 Personen festlich bewirtet wurden. Wie groß die Dankbarkeit der Chorherren gegen Kaiser Leopold II. war, beweist auch der Umstand, dass sie bei den Exequien, die nach seinem Tode 1792 in der Stiftskirche gehalten wurden, den wirklichen Erzherzogshut auf die Tumba stellten.)

1618-1620 werden die in der nordwestlichen Ecke des alten Stiftsgebäudes zusammentreffenden Flügel des Hauses (zwischen dem mittelalterlichen Fürstentrakt und dem alten Refektorium) fast von Grund auf neu gebaut und in ihnen gegen den Fürstentrakt zu die Kaiserzimmer und gegen die Speisesäle die Prälatur eingerichtet. Bei diesem Bau ist Pietro Giovanni Spaz (Späz) als Bau- und Maurermeister tätig, Heinrich Droxner, Bürger in Wien, als Steinmetz und Andreas Reddy (Reddi, Retty, Retti) als Stukkateur (im großen Saal und auf dem Gang).

1624-1626 arbeitet der Wiener Hofgoldschmied Hans Melchior Sibmacher für das Stift einen Kelch samt Patene und zwei Meßkännchen mit Tasse (aus dem Jahre 1628) aus türkischem Dukatengold. Das Stift stellt das erforderliche Gold (3974/8 Dukaten zu 2 fl. 5 sal.) bei und zahlt 400 fl. als Arbeitslohn. Diese Kostbarkeiten sind bis heute erhalten und in der Schatzkammer ausgestellt.

1627-1633 Umbau des mittelalterlichen Dormitoriums im Stift Klosterneuburg. Die „hilzenen Zellen", die durch Holzwände gebildeten Wohnzellen, werden abgebrochen und durch gemauerte ersetzt. An die Stelle der hoch liegenden Zellenfenster kommen tiefer reichende, breitere Fenster. Das Konventsgebäude wird nach Osten durch den Anbau eines neuen Traktes (später Priestergang genannt) erweitert. (Baumeister: Andreas Reddy, Bürger der Stadt Klosterneuburg und stiftlicher Baumeister; Maurermeister Michael Hayder; Steinmetzmeister: Francesco de Andrieto, Bürger der Stadt Eggenburg; Stukkateur der Gänge und Stiegen: Giovanni Battista Solla.)

1628 tritt das Stift Klosterneuburg den nötigen Boden (20 Joch Wald und 23 1/2 Joch öde Weingärten) für das neu gegründete (durch Kaiser Ferdinand II. am 3. Juli 1628) Kamaldulenserkloster auf dem Schweinsberg (jetzt Kahlenberg) ab und erhält dafür einen Teil des kaiserlichen Gehölzes in Hollenbrunn beim stiftlichen Wald Diernberg (in der Nähe von Weidlingbach).

1629 übernimmt das Stift Klosterneuburg auf Wunsch des Kaisers die Verwaltung der wirtschaftlich ganz ruinierten Pfarre Kühnring, die dem Fiskus anheimgefallen war, auf 20 Jahre.

1629 liefert der Bürger und Goldschmied in Augsburg Paul Wahl (Wall) dem Stift vier silberne Altarleuchter (Gewicht: 53 Mark 1 Lot 21/2 q., Preis 1131 fl. 7 kr.) und ein Büstenreliquiar der hl. Agnes, aus vergoldetem Silber getrieben, mit Perlen und Edelsteinen besetzt (Silbergewicht 30 Augsburger Mark, Preis 1100 fl.). Diese Goldschmiedearbeiten wurden am Ende des 18.Jahrhunderts wegen der Erschöpfung des stiftlichen Silbervorrats (durch den Krieg mit den

Türken 1788-1791 und die Kämpfe mit den Franzosen seit 1791) gegen vierprozentige Kupferamtsobligationen an das k. k. Münzamt zu Wien abgegeben. Erhalten hat sich dagegen eine von Paul Wahl gefertigte silberne Tischuhr in Form eines Totenkopfes, die in der Schatzkammer zu sehen ist.

1629 Am 2. April kauft das Stift Klosterneuburg von der verwitweten Frau Sophie Strauß, geborene Huetstock, das Schloss Hagenbrunn (Edelmannsitz) mit allem Zugehör (Untertanen, Renten, Gülten, Schankhaus, Schankgerechtigkeit, Meierhöfen, Schaflerhöfen, 142 Joch Äcker, 211/2 Viertel Weingärten, 60 Tagwerk Wiesen, 180 Joch Wald auf dem Wolfsberg) um 25.500 rhein. fl. und 300 Dukaten in Gold.

1629 Am 24. August kaufen der Propst Andreas Mosmiller und der Konvent des Stifts Klosterneuburg um 1000 Golddukaten in specie und 50 Taler Leutkauf 17 Untertanen mit allen Renten, Gülten, Zinsen, Diensten und anderem Zugehör in Großengersdorf von Hans Andreas Preining.

1630 Am 26. April kauft das Stift Klosterneuburg um 10.000 rhein. fl. und 100 Dukaten Leutkauf die Feste Reinprechtspölla mit allen ihren Gründen (83 Joch Äcker, 71/2 Tagwerke Wiesen, 1 Au, 27 Joch Wald am Seyfridtsgraben beim Manhartsberg, 4 Viertel Weingärten in Limberg und 1 Viertel zu Straning). Der frühere Besitzer war Christoph Ehrnreich Geyer zum Edelpach auf Oberparschenbrunn, Erzherzogs Leopold Wilhelm von Osterreich, Bischofs von Straßburg, Halberstadt und Passau, Oberkastner zu Stockerau und Trübensee.

1631 Am 29. Mai überträgt Kaiser Ferdinand III. dem Propst des Stifts Klosterneuburg Bernhard 1. Waitz die Administration der böhmischen Augustiner Chorherrenstift Wittingau (Třeboň, gegründet 1367) und Forbes (Borovany, gegründet um 1454), die fast ausgestorben und dem Untergang nahe waren, „daß dise Clöster der ersten Fundation gemäß widerumb gestüfft, die gebührende Anzall der Conventualen gezigelt und die schuldige Seelsorg gezimender Massen wider eingeführt werden möchte“. Wenn auch im Stift Wittingau nur mehr ein Augustiner Chorherr mit zwei Kaplänen tätig ist und das Stift Forbes sogar völlig leer steht, gelingt es Propst Bernhard I. doch, die beiden Stift durch Besiedelung mit geeigneten, der tschechischen Sprache kundigen Chorherren des Stifts Klosterneuburg und durch finanzielle Unterstützung so aufzurichten, dass beide im März 1663 wieder selbständig werden (Wittingau unter dem Propst Norbert Heermann, Forbes unter Georg Jaudt, beide waren früher Chorherren des Stifts Klosterneuburg) und bis zu ihrer Aufhebung durch Kaiser Josef II. Im Jahre 1785 segensreich wirken.

1634-1645 Erste Etappe der Barockisierung des Inneren der Stiftskirche und Bau des nördlichen Turmes an der Westfassade. Bereits im Jahre 1634 werden Steine, die für die Umgestaltung der Kirche nötig sind, aus der Gegend von Eggenburg nach Klosterneuburg befördert; der Steinmetzmeister Santino Ceschina stellt in der Stiftskirche sechs große Fenster her. 1634 arbeiten bereits die Stukkateure in der Kirche (Domenico Rosso, Carlo Pasarino u. a.). 1636 sind sie in der Afrakapelle und beim Hochaltar beschäftigt. Ende Februar 1637 wird mit der Abbrechung des Turmes über der Vierung (roter Turm genannt) begonnen. Im selben Jahr werden, wie die stiftlichen Rechnungsbücher melden, auch das Gewölbe, Schwibbogen und Pfeiler der Stiftskirche abgetragen. Am 6. Juli 1637 legt der Pfarrverweser der Oberen Stadt Rudolf Millner den Grundstein zum nördlichen Fassadenturm. Seit 1636 arbeitet der Passauer Bürger und Orgelbauer Johannes Freundt an einer für die damalige Zeit großen Orgel mit ungefähr 30 Stimmen, die an die Stelle der. gotischen Orgel auf die Westempore kommen soll und im Juli des Jahres 1642 fertiggestellt ist. Im September 1637 beginnt der Bildhauer Michael Schmidt mit der Ausführung der, Orgelgehäuse. (Er verwendet Reste des alten spätgotischen Orgelgehäuses, das Freundt mit der alten Orgel 1636 abtrug.) 1640-1641 vollenden die stiftlichen Tischler Jakob Khoffler und Konrad Schmidt die Behausung der Orgel. 1644 liefert der Bildhauer Kaspar Leusering aus Schönberg am Kamp eine Kanzel (wahrscheinlich aus Holz), für die er mit 350 fl. entlohnt wird. Ende Juni 1645 beginnt der stiftliche Zimmermeister Urban Grabmaier das Gerüst beim neuen Turm abzubrechen. In den folgenden Jahren wird die Stiftskirche auch mit neuen Altären, in Holz gearbeitet, ausgestattet. Am 4. Dezember 1644 bestellt das Stift beim Bildhauer Kaspar Leusering (Leisering) einen hohen, figurenreichen Choraltar („Chronn undt Tabernacul“) und 1652 zwei Nebenaltäre für die Stiftskirche. 1648 wird der Orgelbauer Johannes Freundt beauftragt, auch für die südöstliche Empore der Stiftskirche eine Orgel mit 8 Stimmen zu liefern (gegen 550 fl. und 15 Eimer guten Weines). Bei den Arbeiten in der Stiftskirche sind als Baumeister tätig: 1634-1635 Andrea Reddy (Retty, Retti), stiftlicher Baumeister, 1636-1637 Jakob Späzi (Speci), Bürger und Fortifikationsbaumeister, 1638-1644 Johannes Baptista Carlone (Carlon), der den Abriss des nördlichen Fassadenturmes 1638 vorlegt; als Steinmetzmeister 1634-1639 Santino Ceschina (Cesein), 1640-1643 Pietro Moino Maderno (Matern), der mit seinen Leuten auch die Bildhauerarbeiten besorgt, als Stukkateure Domenico Rosso, Giovanni Battista Rosso, Carlo Pasarino, Andrea Bertinallo, Gilardo Lezzeno.

1637 Am 20. Oktober verkauft Rudolf Freiherr von Teuffenbach dem Stift Klosterneuburg um 7000 fl. das Dorf Kagran mit samt der Schankgerechtigkeit und dem Gasthaus.

1643 Am 22. Dezember erlaubt der Passauer Offizial Damianus Inama den Klosterneuburger Stiftsherren den Gebrauch des Proprium Canonicorum regularium sancti Augustini oder Proprium nostrum genannt. Im Jahre 1674 gestattet der Passauer Bischof Sebastian Graf von Pötting die zum Proprium nostrum neu hinzugekommenen Feste zu feiern (23. Februar).

1644 Der Stückgießer in Wien Leonhard Löw von Löwenberg verfertigt für die Stiftskirche eine 104 alte Zentner schwere Glocke (Durchmesser 202 cm, über 5824 kg schwer, Ton: das tiefe As) aus einer älteren (Umgießung). Er wird dafür mit 950 fl., 30 Klaftern Auholz und 10 Eimern Wein entlohnt und erhält für 23 Zentner Ergänzungsmetall 460 fl. und für das Glockenjoch samt Beschlag 12 Eimer guten alten Weines (= 60 Reichstaler). Inschrift der alten Glocke: Horas vulgo sono tumuloque cadavera pono ad sacra compello tempestatesque repello, ao. MDCXLIV. Aus Feuer und Hitz bin ich geflossen, Leonhard Löw hat mich gegossen. Man gos mich zu Propst Rudolfs Zeitten, ich solt einmal den Krig ausleiten.

1649 Am 18. Oktober wird der Augustinusaltar im Chor der Stiftskirche, bei dem die Versikel gesungen wurden, entfernt, um den Blick auf den neuen Hochaltar frei zu machen. Am 19. Oktober desselben Jahres wird der romanische siebenarmige Leuchter aus Bronze (4,10 m hoch), der vor diesem Altar stand, in die Leopoldikapelle übertragen. (Da der Leuchter für die Kapelle zu hoch ist, wird sein Fuß entfernt und der mittlere Ast oben gekürzt.)

1649 Am 14. November finden sich im Stift hohe Gäste ein: Kaiser Ferdinand III. und seine Söhne Ferdinand, König von Ungarn, und Erzherzog Leopold, um das Fest des hl. Leopold in Klosterneuburg zu feiern. Der Kaiser empfängt am Festtag in der Leopoldskapelle die heilige Kommunion.

1650 Im März verkauft Rudolf Freiherr von Teuffenbach dem Propst Rudolf von Millner und dem Konvent des Stifts Klosterneuburg um 7500 fl., 100 Speciesdukaten und ein Faß Wein 1640er per 20 Eimer Leitkauf den Zehent von 24 Untertanen zu Kagran und Hirschstetten.

1653 erhält der Bischof von Passau Erzherzog Leopold Wilhelm, der als Statthalter der Niederlande in Brüssel weilt, auf seine Bitte vom Stift Klosterneuburg Reliquien des hl. Leopold, ein Schulterblatt und ein Stückchen von der Wirbelsäule. (Letzteres trägt er als Anhängsel am Hals.) Er fördert auch mit besonderem Eifer in seiner Umgebung die Verehrung des hl. Leopold.

1660 Am 8. März beauftragt der Bischof von Passau, Leopold II. Wilhelm, seinen Offizialen Jodokus Hopfner das Stift Klosterneuburg zu visitieren. Die kanonische Visitation wurde im April durchgeführt und brachte einen allgemein befriedigenden Erfolg. Damals wurde das Amt eines Vizedekans geschaffen, das aber bald wieder verschwand.

1663 Am 19. Oktober wird über Auftrag des Kaisers der hl. Leopold zum Patron von Osterreich erhoben und der 15. November als Feiertag erklärt. Von dieser Zeit an kam der kaiserliche Hof, wenn es möglich war, jährlich zum Fest des heiligen Markgrafen ins Stift Klosterneuburg.

1665 Am 2. Juni wird der Bau des Hauses im Meierhof zu Tuttendorf, der aus der Zeit des Propstes Andreas Mosmiller stammt, begonnen. Am 21. August ist dieses Gebäude fertig gestellt.

1673 werden im Schloß Hagenbrunn, das Eigentum des Stifts Klosterneuburg ist, 13 Räume mit reicher Stuckarbeit geziert. Die Stukkateure, deren Namen in den stiftlichen Rechnungsbüchern leider nicht angeführt sind, erhalten neben Speise und Trank insgesamt 774 fl. Die Stukkierung der Kapelle, die noch besteht, kam auf 230 fl. und die des Saales auf 60 fl.

1677-1680 Barockisierung der Kapelle des hl. Leopold, des ehemaligen Kapitelsaales, und der mit ihr verbundenen Nikolauskapelle. Vor dieser tiefgreifenden Umgestaltung dürfte die ursprünglich romanische Kapelle teilweise gotische Formen aufgewiesen haben.
Stuckarbeiten von Jakob Schlag aus Wien 1677 und 1680, Fresken von Hans Christoph Prändtl, (Brändl, Brandel) aus Wien 1677-1678, prächtiges Abschlussgitter 1676-1677 von den stiftlichen Schlossern hergestellt; prunkvolle Nußholzkästen für die Nikolauskapelle, die auch als untere Sakristei verwendet wurde, vom stiftlichen Laienbruder Kunsttischler Marzellin Orthner, dem Bildschnitzer Jakob Jäbinger aus Klosterneuburg u. a. 1678-1679 hergestellt. Diese Schränke sind jetzt in der stiftlichen Schatzkammer.

1679 Am 20. Juni verkauft das Stift Klosterneuburg mit landesfürstlicher Zustimmung und Bewilligung des Ordinarius sein Gut Eitenthal (Viertel ober dem Manhartsberg), zu dem 19 zinspflichtige Häuser in Eitenthal und 7 in Thalheim, 6 Joch Wald, Jagdgerechtigkeit und andere Rechte gehören, um 3100 fl. an Josef Heinrich Scheller, Montecuculischen Regimentsoberstwachtmeister.

1679 wütet auch in Klosterneuburg und in anderen dem Stift inkorporierten Pfarren die Pest. Der Pfarrverweser der Stiftspfarre Joachim Georg Pirstinger steckt sich bei Versehgängen an und stirbt am 4. September im Alter von 35 Jahren gleich dem „guten Hirten, der sein Leben einsetzt für seine Schafe". Am 28. August stellt sich der Franziskaner Georg aus dem Kloster zum hl. Jakob in Klosterneuburg mit Erlaubnis seiner Vorgesetzten für die seelsorgliche Betreuung der Pestkranken zur Verfügung und lässt sich in der Nähe des Stifts isolieren. Das nächste Opfer der Pest unter den Chorherrn ist der Oberkellerer Gelasius Seidler (gestorben am 24. September im Alter vou 35 Jahren). Am 25. September begibt sich Propst Adam Scharrer mit 3 Priestern, 8 Klerikern und 3 Novizen in das Schloß Hagenbrunn, von wo er am 11. Oktober in das Stift zurückkehrt. Im Stift verbleiben währenddessen 8 Priester, 3 Diakone und 2 Laienbrüder. Von den auswärtigen Mitgliedern des Hauses sterben für ihre Gläubigen an der Pest Bernhard Graff, Pfarrverweser in Sievering (am 19. Oktober 1679, 39 Jahre alt) und der Pfarrverweser von Langenzersdorf Jodok Schmid (am 8. Oktober 1680, 57 Jahre alt). Der Chorherr Christoph Mathäi, der damals die Pfarre Heiligenstadt administrierte, spendet über 1000 Pestkranken die heiligen Sakramente.

1680-1702 Zweite Etappe der Barockisierung des Inneren der Stiftskirchc: Vollendung der Stukkierung, Aufstellung der marmornen Seitenaltäre, Ausschmückung der Gewölbe der Kirche mit Fresken, Aufstellung einer Kanzel aus Marmor mit einem Schalldeckel aus Kupfer getrieben, vergoldet. Stukkos auf den Gewölben von Domenico Piazzol seit 1680; Marmoraltäre zu den Seitenaltären von den beiden Brüdern Johann Baptist und Johann Peter Spätz (Spaz), Linzer Bildhauer 1689-1697; Altarblätter St. Peter und Paul, St. Afra, St. Anna und St. Augustin von Antonio

Belucci; der Gekreuzigte, St. Sebastian, St. Michael und St. Barbara vom Hofmaler Baron Peter von Strudel 1692-1696; Deckenfresken von Hans Georg Greiner und seinem Sohn um 1689; Marmorkanzel von den Bildhauern Brüder Spätz 1699; Schalldeckel unter der Leitung des Ing. Matthias Steinl in Kupfer getrieben und vergoldet vom kaiserlichen hofbefreiten Goldschmied Johannes Ernest Keß 1699-1702.

1683 18. Juli bis 8. September Belagerung der Stadt und des Stifts Klosterneuburg durch die Türken. Da es der Stiftspropst Dr. Sebastian Mayr wegen der Greueltaten, die hauptsächlich durch die Tataren, welche von den Türken vorausgeschickt wurden, verübt werden, für ratsam hält, die Chorherren mit Ausnahme jener, deren Anwesenheit in Klosterneuburg unumgänglich notwendig ist, in Sicherheit zu bringen der Propst geht er mit den Kostbarkeiten der Schatzkammer und einigen Geistlichen nach St. Nikola bei Passau, der Dechant Christoph Mathäi mit dem größeren Teil der Chorherren nach Ranshofen. Es verbleiben im Stift nur der junge Priester Wilhelm Ignaz Lebsafft (geboren 1656 in Wien, eingekleidet 1676, zum Priester geweiht 1680, gestorben 4. Oktober 1683) und der Laienbruder Marzellin Georg Orthner (geb. 1633 zu Altötting in Bayern, Kunsttischler und Drechsler, eingekleidet 1657, Sakristan 1672-1683, Kücheninspektor 1683-1685, gestorben am 17. Juni 1692). Wilhelm Lebsafft übernimmt die Seelsorge in Klosterneuburg, Marzellin Orthner das Oberkommando über die Verteidigung der Stadt. Bruder Marzellin organisiert die Verteidiger, betraut kriegskundige Angestellte des Stifts, Einwohner der Stadt und wahrscheinlich auch Söldner mit den erforderlichen Chargen. Der Rentmeister des Stifts Bartholomäus Widmann erhält den Hauptmannsrang. Am 17. Juli nachmittags kommen die Türken in großer Anzahl von Weidling, stürmen die untere Stadt und stecken sie in Brand. Ihr Angriff gegen die obere Stadt bei der ehemaligen Albrechtsburg wird zurückgewiesen. Tags darauf sendet Herzog Karl von Lothringen, der mit der kaiserlichen Armee jenseits der Donau steht, zur Unterstützung der wackeren Besatzung von Klosterneuburg den Leutnant Hans Joachim von Beckh mit 48 Mann und reichlicher Munition. Einige Tage später lässt der Herzog noch 40 Mann mit Schießvorräten folgen. Für den St. Anna-Tag, den 26. Juli, haben die Türken einen entscheidenden Schlag gegen die Stadt vorbereitet. Aus der Gegend des Paradeiskreuzes (in der Nähe des heutigen Friedhofs der oberen Stadt), der Neusiedel- und der Wienergasse rennen 39 Fahnen zu Pferd und 9 Fahnen Janitscharen gegen die Stadtmauern an, müssen sich jedoch nach schweren Verlusten - auch ihr Anführer, ein Pascha, wird gefährlich verwundet - zurückziehen. Ihrem Ärger über diesen Misserfolg machen sie durch Niederbrennen der Vorstadt und des stiftlichen Hospitals Luft. Am 8. August übersetzt der Dragoneroberst Donat Johann Graf Heißler von Heitersheim mit seinen Soldaten die Donau bei Kahlenbergerdorf und stößt in der Nähe von Klosterneuburg auf eine starke türkische Abteilung. Er schlägt sie in die Flucht und bringt als Beute gegen 300 Kamele und Maultiere mit. Über Auftrag des Herzogs Karl von Lothringen kommt am 12. August der Generalfeldwachtmeister Graf Vecchia als Kommandant nach Klosterneuburg. Er soll alle Vorkehrungen zu einer noch erfolgreicheren Verteidigung der Stadt treffen und sein Augenmerk besonders auf die zweckmäßige Einrichtung der Verteidigungswerke lenken. Am 23. August werden etwa 6000 Türken, die gekommen sind, um die untere Stadt zu plündern, durch eine heftige Kanonade und durch einen Ausfall vom Stift aus vertrieben. Der Ansturm von über 13.000 Mann gegen das Stift und die obere Stadt am 24. August, dem Bartholomästag, wird durch mutige Gegenwehr zunichte gemacht.

Dieser Tag bringt dem Stift und der Stadt die Befreiung vom Feind. Den Türken ist die Angriffslust vor Klosterneuburg vergangen. In blinder Wut vollenden sie nur noch in der unteren Stadt ihr Plünderungs- und Zerstörungswerk. Darauf ziehen sie sich von Klosterneuburg zurück. Annäherungsversuchen von kleinen oder größeren türkischen Abteilungen am 28. August, am 7. und am 8. September (gegen 5000 Türken) macht Oberst Heißler durch kühne Aktionen ein Ende. Propst Sebastian Mayr, der mit einigen seiner Kapitularen im Chorherrenstift St. Nikola bei Passau die Ereignisse in Klosterneuburg verfolgte, trifft am 5. Oktober im Stift ein und findet den Chorherrn Wilhelm Lebsafft auf der Totenbahre. Der durch rastlose Tätigkeit und immer wieder neue Aufregungen geschwächte Körper des Priesterhelden konnte einer Dysenterie nicht Widerstand leisten. Lebsafft starb am 4. Oktober. Am 5. Oktober folgte ihm der Hauptmann der freiwilligen Verteidiger der Stadt Klosterneuburg nach, der stiftliche Rentschreiber Bartholomäus Widmann. Bruder Marzellin Orthner erhält vom Propst zur Anerkennung seiner Verdienste um das Stift und die Stadt Klosterneuburg die Stelle eines Kücheninspektors. Leutnant Hans Joachim von Beckh, der durch seine heroische Tapferkeit, Unerschrockenheit und Wachsamkeit am meisten dazu beitrug, dass Klosterneuburg an den zwei für diese Stadt gefahrvollsten Tagen, am 26. Juli und am 28. August, vor dem Unheil bewahrt blieb wird am 8. Oktober 1683 vom Propst Sebastian Mayr dem kaiserlichen Hofkriegsratdirektor Christoph Freiherrn von Dorsch für eine Hauptmannstelle vorgeschlagen.

1686 Am 18. März verkauft das Stift seinen Freihof in Krems samt dem an ihn stoßenden großen, mit einer Mauer eingefriedeten Garten und 71/2 Joch (24/4) Überlandweingärten gegen 4000 rhein. Gulden und 100 Taler Leutkauf dem Herrn auf Albrechtsberg an der großen Krems und zu Himberg a. Walde Matthias Ernst Spindler von und zu Hoffegg, der Röm. Kaiserl. Majestät Rat, der n. ö. Landschaft Ausschuß.

1691-1692 wird die Kirche in Hietzing vom Freskomaler Giovanni Antonio Galliardi mit Deckengemälden ausgestattet. Er empfängt für diese Arbeit vom Stift 45,8 fl.

1691 Am 20. Dezember erwirbt das Stift Klosterneuburg von der Prämonstratenser Abtei Pernegg um 29.000 rhein. fl. und 200 Dukaten Leutkauf das Gut Hasendorf (Schloss, 4 Teiche, Meierhof, Schäferei, 126 Joch Äcker, 70 Tagwerke Wiesen, 40 Viertel Weingärten, 200 Joch Wald, 24 Untertanen, Schankrecht, Dorfobrigkeit, Ziegelofen).

1698 Am 30. Dezember verpflichtet sich der Bildhauer und Ingenieur Matthias Steinl, dem Stift Klosterneuburg für seine Wallfahrtskirche in Hietzing gegen Zahlung von 1700 fl. bis zum 2. Juli 1699 einen neuen Hochaltar zu liefern. Dieser scheint die erste Schöpfung Steinls für das Stift Klosterneuburg gewesen zu sein. Gegenwärtig weist er jedoch spätere Zutaten auf. 1727 ziert den Hochaltar eine Gräfin Salm mit einem Tabernakel und 6 Leuchtern. 1751 wird auf Kosten der Kaiserin Maria Theresia, die das Gotteshaus in Hietzing überaus schätzte, im Mittelfeld des Hochaltares das Geschehnis, dem die Hietzinger Kirche ihren Ruf als Wallfahrtskirche vor allem verdankt, in Holzschnitzerei dargestellt. - Nach alter Überlieferung haben die Türken im Jahre 1529, als sie in Hietzing und Umgebung furchtbar hausten, auch das kleine Marienheiligtum ganz zerstört. Vorher hatten jedoch die Bewohner dieser Gegend das alte geschnitzte Gnadenbild in der dichten Krone eines Baumes in der Nähe der Kirche verborgen. Das Los der Bewohner war, wenn sie in die Hände der türkischen Soldaten gerieten, ein furchtbares.

In einer Nacht kamen nun Türken mit vier Gefesselten aus der Gegend von Hietzing und banden sie an den Baum, dessen Krone das Gnadenbild barg. Voll Angst und ohne Trost blickten sie der Zukunft entgegen. Da erinnerten sie sich an die Gottesmutter von Hietzing, zu der sie früher oft erfolgreich um Fürsprache gerufen hatten, und begannen flehentlich zu ihr zu beten. Da erstrahlte die Krone des Baumes in hellstem Lichterglanz und sie sahen das Gnadenbild. In demselben Augenblick fielen die Ketten und Bande von ihren Händen und Füßen, sie waren frei. Mit erhobenen Händen priesen sie die Madonna und brachten sich eiligst in Sicherheit.

1703 Das Stift Klosterneuburg ermöglicht die Gründung der Siedlung Neulerchenfeld. Unter dem Propst Christoph II. Mathäi wird eine große Anzahl von Grundstücken zur Erbauung von Häusern und Errichtung von Gärten gegen mäßige Ratenzahlungen vom Ottakringer Besitz des Stifts abgegeben.

1704 wird von den Wiener Bindermeistern Pankraz Halbritter, Sebastian Schitt und Georg Hoffer auf Bestellung des Stifts ein großes Fass gebaut. Es soll 860 Eimer fassen und fällt, wie vorauszusehen war, größer aus (gegen 1000 Eimer). Die Binder werden laut Kontrakt für einen Eimer mit 27 kr. entlohnt. Die Beschlagung des neuen Fasses wird vom stiftlichen Oberschmied Valentin Roch mit zwei Gesellen innerhalb 121/2 Wochen durchgeführt. In den stiftlichen Kellern war schon früher ein besonders großes Fass. Als der päpstliche Nuntius Spinola am 17. und 18. August 1665 im Stift zu Besuch war, wurde ihm auf seinen Wunsch neben anderen Sehenswürdigkeiten auch ein außerordentlich großes Fass in den Kellern des Stifts gezeigt.

1704 Im Juni löst das Stift anlässlich der Silberablieferung beim kaiserl. Hofkriegszahlamt den Kirchenschatz der Stiftskirche mit 6648 fl. 39 kr. 1 Pf. und den Kirchenschatz der Wallfahrtskirche in Hietzing mit 2788 fl. 8 kr. 1 Pf. aus. Am 11. Juli erlegt das Stift als Vermögenssteuer von 1703 und als „Postulatum gratuitum“ beim kaiserl. Hofkriegszahlamt 7600 fl.

1714 vollendet der kaiserl. Kammergoldschmied Johann Bapt. Känischbauer Edler von Hohenried in Wien für das Stift zur Feier seines 600jährigen Bestehens (von der Grundsteinlegung an gerechnet) eine große prachtvolle Monstranz (80 cm hoch, 23 Mark 4 Lot schwer, aus 13 lötigem Silber. Riss und Modell von Matthias Steinl.). Sie führt uns die bekannte Schleierlegende des Stifts Klosterneuburg vor Augen. Bei dieser Monstranz steht auf einem Vierpaßfuss statt des Schaftes ein Holunderbaum, der sich in zwei starke Äste spaltet, aus denen ein blätter- und blütenreiches Gezweig hervorgeht, das den ovalen mit Brillanten und Smaragden umsäumten Hostienbehälter in weitem Rund umgibt. Die Blütendolden sind aus weißen Perlen gestaltet. Auf der Spitze der Monstranz thront Gottvater in den Wolken; er stützt sich mit der Rechten, die das Zepter hält, auf die Weltkugel, aus einem Saphir gebildet, und erhebt segnend die Linke. Darunter ist innerhalb eines kreisrunden mit 432 Rubinen besetzten Strahlenkranzes das Symbol des Heiligen Geistes, eine Taube. Vor dem Holunderbaum links erscheint auf Wolken die seligste Jungfrau; sie blickt auf Markgraf Leopold den Frommen, der unten rechts vom Baume kniet und mit gefalteten Händen zum Himmel blickt, und weist mit ihrer Linken auf den Schleier der Markgräfin, der in den Zweigen verflochten ist. Der Goldschmied Känischbauer erhielt für seine Arbeit 1166 fl. 41 kr. und 2 Pf. Johann Michael Hoffmann, kaiserl. Kammer-Sigill-Stein- und Münzeisenschneider, lieferte für 2448 fl. die nötigen Edelsteine und Perlen. Diese

Schleiermonstranz stelltt heute eines der herausragendsten Objekte der stiftlichen Schatzkammer dar.

1714 Von der ersten Vesper des Kirchweihfestes der Klosterneuburger Stiftskirche (Fest des hl. Michael), das 1714 auf den 30. September fiel, tragen die Chorherren des Stifts über Verordnung des Propstes Dr. Ernest Perger statt des weißen Talars einen schwarzen und statt der Cotta, eines ärmellosen, glockenförmigen Kleides aus Leinen, dessen sich die Chorherren an Sonn- und Feiertagen im Chore bedienten, das Rochett. Die Novizen bleiben bis 1772 weiß gekleidet und tragen auch noch die Cotta. Die ersten Novizen, die bei der Einkleidung schwarzen Talar und das Rochett erhielten, wurden am 6. Oktober 1773 eingekleidet.

1717 Nach der Kammeramtsrechnung erhält der Maler Balthasar Scabino de Rosa (Rossa) am 31. Oktober „vor Mahlung zweyer Capelln deß St. Petri et Pauli und St. Affrae nebst der Kost zalt 140 fl.“ Es dürfte sich dabei höchstwahrscheinlich um die Fresken im Querschiff handeln. (Scabino de Rosa malte für das Stift auch in der Pfarre Leopoldau).

1720 Am 3. November fand im Stift Klosterneuburg die letzte Einkleidung eines Laienbruders statt: Frater Laurenz Jakob Kraus. (Geboren am 20. Oktober 1689 zu Pfätter in Bayern). Er legt am 23. November 1721 die feierliche Profeß ab und wird bald darauf mit der Leitung der stiftlichen Infirmarie (Krankentrakt) betraut und stirbt am 18. Jänner 1733.

1723 Propst Dr. Ernest Perger lässt ein silbernes Pastorale, dessen Krümme mit reichem ornamentalem Schmuck aus Silberfiligran geziert ist, herstellen. Viele Rosetten umfassen Smaragde und Brillanten. Am Ende der Krümme befindet sich ein doppelseitiges Emailmedaillon, das vorne den hl. Augustinus und auf der Rückseite den hl. Ernestus darstellt. In den Kammeramtsrechnungen vom Jahre 1723 heißt es: „den 20. 11. vor ein zu Wien erkauftes silbernes pastoral 270fl." Das Pastorale ist eine Arbeit des Goldschmiedes Johann Kaspar Holbein, den Entwurf dürfte Matthias Steinl geliefert haben. Es befindet sich heute in der Schatzkammer und wird nach wie vor zu besonders festlichen Anlässen in der Kirche verwendet.

1723-1730 Dritte Etappe der Barockisierung des Inneren der Stiftskirche. In den Jahren 1723-1724 wird nach den Rissen Matthias Steinls das reiche kunstvolle Chorgestühl mit dem Hoforatorium ausgeführt. (Bildhauer dabei u. a. Balthasar Jungwirth, Johann Strasser, Servatius Hoffmann, von dem der figurale Schmuck der Chorstühle stammt, Bernhard Högenauer, der die 24 Wappen für die Stühle ausarbeitet, und Johann Franz Caspar, dem der figurale Schmuck des Hoforatoriums übertragen wird. Die kleinen Fresken unter dem neuen Oratorium und unter dem Chor der Afrakapelle malte Johann Gottlieb Starmayr, der ein Lehrer des Kremser Schmidt war, 1724. Der Stuck in diesen Kapellen stammt von Ferdinand Oxenbauer). Um diese Zeit (1726) werden nach Zeichnungen Steinls auch die Kirchenstühle der Stiftskirche hergestellt. (Bildhauerarbeiten von Bernhard Högenauer und Edmund Brauneck aus Wien). 1726-1728 wird nach dem Modell Steinls der marmorne Hochaltar aufgebaut. (Marmorlieferungen und Steinmetzarbeiten vom hochfürstl. Hofsteinmetzmeister Sebastian Stumpfögger in Salzburg, der vom Stift mit 16.300 fl. und 30 Eimern Wein bezahlt wird. Kupferarbeiten von den kaiserl. Kammerjuwelieren Rad und Hößlin, Holzplastiken von Johann Franz Caspar, bürgerl. Bildhauer in Wien. Altarbild Maria Geburt vom akad. Maler Johann Georg Schmidt in Wien; es musste 1833 einem

Ölgemälde von Leopold Kupelwieser weichen, kam' 1845 auf den Hochaltar der Pfarrkirche zu Meidling und 1952 wieder an seinen ursprünglichen Platz zurück. Die Gesamtkosten des Hochaltares betrugen 44.206 fl. 40 kr.) - 1729 wird unter der Leitung des Architekten Donato Felice von Allio (Matthias Steinl starb am 18. April 1727 im 83. Lebensjahr) das Presbyterium dem gewaltigen Hochaltar entsprechend umgestaltet. Es werden große Fenster hergestellt, das Gewölbe des 17. Jahrhunderts durch ein Kuppelgewölbe ersetzt, die Wände werden mit Stuckmarmor bekleidet. (Maurerarbeiten von Josef Gerl in Klosterneuburg; Steinmetzarbeiten von Philipp Köchel aus Wien; Stucco lustro von Balthasar Haggenmüller aus Wien; Deckengemälde Maria Himmelfahrt von Johann Franz Michael Rottmayer von Rosenbrunn; Architekturmalerei von Gaetano Fanti; Stuckreliefs von Santino Bussi; Einsatzgitter an der Kanzelle von Johann Lang). Der Hochaltar wird am 6. Oktober 1731 vom Wiener Kardinal-Fürsterzbischof Siegmund Graf von Kollonitz geweiht.

1725-1728 In diese Zeit fallen der Umbau und die Barockisierung des alten Refektoriums, des heutigen Augustinussaales (Maurerarbeiten von Christian Matthäus Gerl, Steinmetzarbeiten Matthias Reinthaler, Stukkatur von Ferdinand Oxenbauer). An den Wänden wurden ein Christus- und ein Marienbild angebracht. Außerdem malte Johann Georg Schmidt zwölf Apostelbilder (Rahmen dazu von Bildhauer Bernhard Högenauer). Für die Lesung wurde eine neue Kanzel aufgestellt (Bernhard Högenauer), die heute noch im jetzigen Refektorium steht. Die Teller und Schalen für den Speisesaal verfertigte der Zinngießer Josef Conte, die silbernen Becher „so einwendig ganz, auswendig aber nur die Zier und Wappen ganz verguldt waren" lieferte der Goldschmied Leopold Marckh von Korneuburg. 1728 wird auch das „neue Lavoire" (der Brunnen) fertiggestellt. Das Refektorium muß damals sehr schön gewesen sein, denn der bekannte Johann Basilius Küchelbecker schreibt in seinen „allerneuesten Nachrichten vom röm.-kaiserl. Hofe“, 1730 darüber folgendes: „Das Convictorium, wo die Canonici zu speisen pflegen, ist ziemlich groß und hell, mit allerhand Schildereien versehen, welche die zwölf Apostel vorstellen. Die Canonici sitzen auf beiden Seiten an langen schmalen Tafeln beisammen, ein jedweder aber hat seine besondere Schüssel. Die Tafel aber, an welcher der Probst speiset, so aber gar selten mit den Canonicis isset, stehet oben querüber und ist eine Staffel höher als die anderen. In der Mitten dieses Saales aber gehet ein Loch durch den Boden, so mit einem eisernen Gitter beleget, unter welchem ein Ofen stehet, so das ganze Convictorium heizet“. (Die monastische Sitzordnung wurde unter Propst Ambros Lorenz abgeschafft, seither sitzt man im Stift Klosterneuburg zu beiden Seiten des Tisches).

1729 tritt der Bischof von Passau Josef I. Graf von Lamberg auf Bemühen Kaiser Karls VI. sämtliche Pfarren des Viertels unter dem Wienerwald, darunter auch Klosterneuburg, an das Bistum Wien, das am 1. Juni 1722 von Papst Benedikt XIII. zum Erzbistum erhoben worden ist, ab.

1729 Am 7. April vereinbart das Stift mit dem Wiener Sticker Jakob Ellmannsperger die Anfertigung eines reichen, schweren Pontifikalornates in Seide und Gold (des sogenannten Leopoldiornates) nach einer vorgelegten Zeichnung. Der Ornat kommt auf 3800 fl. zu stehen.

1730 Beginn des Neubaues des Stifts Klosterneuburg. Die Pläne für das neue Klostergebäude stammen vom Ingeneur und Architekten Donato Felice d‘Allio, k.k. Fortifikationsbaumeister in Wien (geboren 1677 in Scaria, Provinz

Como, gestorben 6. Mai 1761 in Wien). Der Sohn Allios, Franz, früher Werkmeister beim Fortifikationsbauamt in Wien, ist bei der Aufführung des neuen Stiftsgebäudes bis 1736 als Baumeister tätig. Am 6. März 1730 erfolgt der erste Spatenstich für den Neubau, am 30. April legt der Stiftskämmerer Ambros Schmid den ersten Stein der Grundmauer, am 25. Mai findet die feierliche Grundsteinlegung durch den Propst Ernest Perger statt. Am 15. November 1730 lässt der Obersthofbaudirektor Gundakar Graf von Althan, der am Feste des hl. Leopold im Gefolge des Kaisers Karl Vl. im Stift Klosterneuburg weilt und in die Pläne für das neue Gebäude Einsicht nimmt, durch den Abt von Melk Berthold von Dietmayr, dem wegen seiner reichen Bauerfahrung Propst Ernest die oberste Leitung des neuen Stiftsbaues zu Klosterneuburg übertragen hat, Propst Perger bewegen, an Stelle des ursprünglich geplanten einfachen Klostergebäudes einen Prunkbau nach Art des Escorials in Spanien zu schaffen, der als kaiserliche Residenz und zugleich als Kloster dienen soll. Der Ing. Allio muss zu diesem Zweck seinen ersten Riss umarbeiten und neue Pläne anfertigen. Das Hofbauamt nimmt jetzt Einfluss auf die Bauführung im Stift. Im Vordergrund steht nun zunächst die Erbauung der Kaiserresidenz. Das Stiftskapitel ist mit diesem Unternehmen durchaus nicht einverstanden. Propst Ernest Perger kann in seinen letzten Lebensjahren nicht genug bedauern, dass er in diesem Punkt dem Wunsch des Kaisers willfahren hat. Am 15. November 1739 bewohnt Kaiser Karl Vl. „summa cum consolatione et complacentia", wie die Stiftschronik berichtet, zum ersten und auch zum letzten Mal seine noch nicht vollendete Residenz in Klosterneuburg. Er stirbt am 20. Oktober 1740. Mit dem Kaiser wird auch das grandiose Bauprojekt von Klosterneuburg zu Grabe getragen. In den Jahren 1742-1744 ist die Bautätigkeit im Stift eingestellt. 1745 wird sie wieder aufgenommen und dauert bis 1750 an. Bei diesen Arbeiten handelt es sich bloß um die Instandsetzung nicht einmal des vierten Teiles der geplanten Klosterresidenz. Propst Dr. Berthold II. Staudinger kündigt am 17. Dezember 1755 den Vertrag, den sein Vorgänger am 24. April 1730 mit dem Architekten Donato Felice von Allio geschlossen hat. Damit endigt die erste Periode im Bau des neuen Stiftsgebäudes. In dieser Zeit sind an der Ausführung und Ausstattung außer dem Architekten und seinem Sohn Franz u. a. folgende Personen beteiligt: Gregor Käselik (auch Kaselickh), Baumeister, 1739-1755; Thomas Stögmayer, Steinmetzmeister in Greifenstein, 1730-1741; Niklas Guetmundt, Steinmetzmeister in Klosterneuburg, 1730 bis 1733; Katharina Guetmundt, Steinmetzmeisterin in Klosterneuburg, 1735-1738; Johann Paccassi, Steinmetzmeister in Wiener Neustadt, 1731-1741, seine Witwe 1745; Georg Doppler, Steinmetzmeister in Himmelreich bei Salzburg, 1732-1738; Gabriel Matthias Stainböckh, Steinmetzmeister in Wien, 1733 bis 1747; Matthias Astleitner, Steinmetzmeister in Klosterneuburg, 1738 -1747; Johann Högler, bürgerl. Steinmetzmeister in Salzburg, 1739, 1746; Lorenz Mattielli, kaiserlicher Hofbildhauer in Wien, 1735-1739; Theobald Trebesky, kaiserl. Hofbildhauer in Wien, 1739; Johann Joseph Ressler (Rössler), bürgerl. Bildhauer in Wien, 1746-1747 (Statuen und Adler über der Hauptfront des Marmorsaales); Johannes Lang, Schlossermeister in Klosterneuburg, 1733-1747 (Gitterarbeiten); Ferdinand Sprenger, Schlossermeister in Wien, 1738-1740; Jakob Grueber, stiftl. Zimmermeister in Klosterneuburg, 1730-1747; Joseph Obrist, bürgerl. Kupferschmiedmeister in Wien, 1735-1747; (Kupfer für die große Kuppel aus Neusohl, 1746 bis 1747 vom kaiserl. und königl. Kupferamt in Wien geliefert); Franz Lattner, stiftl. Obertischler, 1739 bis 1741; Wolfgang Sachseneder, Holzschnitzergeselle 1739; Cajetano Bussi, Stukkateur, 1738-1739; Johann Bapt. Allio, Stukkateur, 1739-1746; Claudio

Allio, 1739 (Blumenstücke über den Türen in den Kaiserzimmern); Daniel Gran, Maler in St. Pölten, 1749 (Fresko im Marmorsaal: Allegorie auf den Ruhm des Hauses Osterreich); Domenico Francia, Maler, 1756 (Architekturmalerei im Marmorsaal); Franz Anton Pösinger (Bößinger), bürgerl. Vergolder in Wien, 1739-1747; Matthias David, bürgerl. Vergolder in Wien, 1739‘; Paul Schmidt, kaiserl. Kammer-Kristallschneider und Spiegelmacher in Wien, 1739 (Wandleuchter und Spiegel); Christian Wieser, kaiserl. Hofglasschneider, 1739 (Hängeleuchter, Luster und Spiegelwandleuchter); Martin Weiskampf, kaiserl. Obertapezierer in Wien, 1739; Hans Michael Pogner, Tapezierergeselle, 1739-1740; Johann Blaicher, bürgerl. Hafnermeister in Wien, 1739; Johann Georg Reisinger, Hafnermeister in Klosterneuburg 1739; Johann Bapt. Dival, bürgerl. Glockengießer in Wien, 1739 (Feuerhunde für die Kamine). Die Gobelins, die Szenen aus dem Erziehungsroman Telemach des französischen Bischofs Fénelon darstellen, und mit denen das kaiserliche Tafelzimmer ausgestattet ist, das auch durch seine reiche Stuckdecke (Gastmahl Salomons zu Ehren der Königin von Saba) hervorragt, stammen aus der Brüsseler Teppichwirkerei Leyniers. Das Stift erwarb sie samt einem kostbaren Himmelbett mit Baldachin, der gegenwärtig als Thronbaldachin im kaiserlichen Audienzzimmer Verwendung findet, am 5. Juli 1735 um den Betrag von 7000 fl. von der Witwe des Staatsmannes Graf Adolf Bernhard Martinitz, Maria Elisabeth. Das Stift gab für den Bau des Kaisergebäudes bis 1748 genau 642.636 fl aus, dazu noch für Kupfer zur Aufdeckung 26.937 fl. und für Marmorarbeiten im Saal 10.702 fl.

1736 Am 15. November, dem Gedenktag des vor 600 Jahren verstorbenen Gründers des Stifts, wird zum ersten Mal ein neuer Kelch gebraucht, den der Wiener Goldschmied Gotthard Unterhueber „teils von Dukaten, teils von dem in allhiesiger Gegend und stiftlichen Donauwassers Jurisdiktion gewaschenen und zusammen auf 2130 fl. 28 kr. sich belaufenden Gold- hergestellt hat. Im Jahre 1810 muss der Fuß dieses Kelches im Münzamt abgeliefert werden. Ein 1835 neu dazugefügter Fuß wurde als rohe Arbeit 1885 durch einen neuen ersetzt. In dieser Gestalt befindet sich der Kelch heute in der Schatzkammer.

1739 Am 9. Februar stirbt im Stift der letzte Laienbruder, Fr. Martin Andtensamber, geboren am 15. Oktober 1676 zu Harmannsdorf. Er empfing am 3. Oktober 1706 das Ordenskleid und legte am 11. Oktober 1707 die ewigen Gelübde ab. Seit 1707 war er als Infirmarius (Krankenmeister) tätig.

1739 Am 28. April wird das Stift Klosterneuburg unter dem Propst Ernest Perger vom Generalabt der Lateranensischen Kongregation der regulierten Chorherren nach der Regel des hl. Augustinus, Angelus Maria Barsotti, der im Kloster zum hl. Frigdian in Lucca residiert, der lateranensischen Chorherrenvereinigung aggregiert und dadurch aller Rechte und Privilegien teilhaftig, deren sich diese Kongregation erfreut. Das Stift übernimmt dafür die Verpflichtung, jede Neuwahl eines Propstes dem Generalabt der Lateranensischen Kongregation zur Kenntnis zu bringen und in jedem dritten Jahr am Fest Maria Himmelfahrt ein feierliches Hochamt für das Wachstum und Wohlergehen der Congregatio Lateranensis zu zelebrieren. Der Propst des Stifts Klosterneuburg führt seit 1739 den Titel „Lateranensischer Abt“ und die Chorherren dürfen sich seither „Lateranensische“ nennen. Durch diese Aggregation wurde die Kanonie Klosterneuburg de iure vollkommen exempt.

1749-1760 Propst Berthold II. Staudinger läßt den Klosterneuburger Stiftshof in Wien durch den erzbischöflichen Bau- und bürgerlichen Maurermeister Matthias Gerl erbauen.

1750 Am 11. März kauft das Stift Klosterneuburg von den Vicedomschen Gütern den Berghof und das Schlüsselamt mit Weingärten und Bergrecht in Nußdorf, Heiligenstadt, Kahlenbergerdorf und Klosterneuburg um 16 180 fl. Conventionsmünze.

1751 Am 11. August kauft das Stift Klosterneuburg von der Kamaldulensereremie auf dem St. Josefs- oder Kahlenberg um 94000 fl. das Gut Prinzendorf samt allen zu ihm gehörigen Untertanen, Einkünften, Rechten und Gerechtigkeiten (Schloss mit Kapelle, Schäferei, Gasthaus in Prinzendorf, Schankgerechtigkeit in Ebersdorf und Maustrenk, 2271/2 Joch Äcker, 361/4 Tagwerk Wiesen, 211/2 Viertel im Bau befindliche Weingärten, 101/2 Viertel ausgehackte Weingärten, Ziegelofen und Kalkofen, Steinbruch, Patronatsrecht über die Pfarrkirche zum hl. Laurenz in Hauskirchen und über die Filialkirche zum hl. Ulrich in St. Ulrich, Landgericht in Prinzendorf, Ebersdorf und Maustrenk, Dorfobrigkeit in diesen drei Dörfern, Zehent).

1753 Der Chorherr des Stifts Klosterneuburg Magister der Philosophie Wilhelm Sebastian Hätzl (geboren 11. Jänner 1711 zu Schönbrunn, im Stift Klosterneuburg am 4. September 1731 eingekleidet, Profess am 8. September 1732) mit Willen seines Oberen nach Klagenfurt gereist (19. April 1753), um sich dort von den Behörden ein Missionierungsgebiet anweisen zu lassen. Er wird zuerst in Hermagor angestellt, nach kurzer Zeit wird ihm Weißensee mit vier andern Ortschaften zugeteilt, wo er apostolisch wirkt und viele Protestanten der katholischen Kirche zuführt. Am 1. Mai 1754 begibt er sich auf Wunsch der Behörden nach Tresdorf (Pfarre Kirchbach) im Gailtal. 1755 gelingt es Hätzl, die ganze Ortschaft zu bekehren. Im Jahre 1759 kehrt Hätzl nach Weißensee zurück, wo er am 17. Mai 1760 stirbt. Sein Leichnam wird von den Missionären, die in der Nähe von Weißensee wirken, in der Kirche zu Tresdorf begraben.

1756 Am 1. Februar kauft das Stift die Niederwallseeische Grundherrschaft zu Kritzendorf von Feldmarschall Daun.

1765 verzichtet der Hof ein für allemal auf die Gastfreundschaft des Stifts am Festtag des hl. Leopold. Die überaus kostspielige Hoftafel wird abgeschafft.

1766 beschließt das Kapitel des Stifts, die Spendung der silbernen Leopoldspfennige an die Armen, die Mitglieder und Angestellten des Stifts, an seine Gäste und Freunde sowie an die Beamten der hohen Behörden in Wien, die seit langer Zeit jährlich am Leopoldsfest üblich war, wegen der schwierigen materiellen Lage einzustellen. (Im Jahre 1749 betrugen z. B. die Auslagen des Stifts für diese Medaillen 1485 fl. 7 kr. Das k. k. Münzamt in Wien lieferte damals dem Stift 22 große, 14 mittlere Leopoldspfennige aus Gold 723 große, 1262 mittlere und 3366 kleine aus Silber). über Wunsch der Kaiserin Maria Theresia lässt das Stift vom Jahre 1766 an auch die für die kaiserliche Familie bestimmten goldenen Leopoldspfennige nicht mehr prägen.

1768 Am 28. Juli verkauft das Stift Klosterneuburg dem Grafen Meraviglia das aus 16 Häusern bestehende Dorf Rein um 2370 fl.

1768 In diesem Jahr kauft das Stift Klosterneuburg die Altenburger Untertanen in Kritzendorf.

1768 In diesem Jahr errichtet das Stift unter Propst Gottfried Roleman eine einfach organisierte theologische Lehranstalt im Stift, an der zwei Chorherren des Hauses als Professoren tätig sind; der eine trägt spekulative, der andere praktische Theologie vor. Ehe sie noch völlig und gut durchorganisiert ist, findet sie durch Entschließung Kaiser Josefs II. (Hofdekret vom 30. März 1783) ein rasches Ende.

1769 wird auf Wunsch der Kaiserin Maria Theresia der kaiserliche Rüdenzwinger, der sich im Stiftsspital befand, aufgelassen. Statt der Verpflegung von Jagdhunden des kaiserlichen Hofes (gewöhnlich zwölf) und, eines Knechtes für ihre Betreuung, die dem Stift vom Hofe, der gern in der Nähe von Klosterneuburg auf Jagd ging, vor langer Zeit auferlegt worden war, übernimmt nun das Stift die Verpflichtung, alljährlich einen Beitrag von 360 fl. zur Versorgung von Waisenkindern der Angestellten des Oberstjägermeisteramte zu leisten.

1773 Unter Propst Ambros Lorenz wird die Bibliothek aus den Räumen des alten Stiftsgebäudes in 4 Zimmer des nördlichen und östlichen Traktes des Neubaues transferiert. (Am 14. Juli 1773 erhält der Maler Bonifaz Hammer für 45 renovierte und 13 neugemalte Schilder der Bibliothek 4 fl. 31 kr). Diese Zimmer werden mit den alten Glasgemälden aus dem Kreuzgang geschmückt.

1773 Am 22. August kauft das Stift Klosterneuburg um 19 750 fl. den Freihof in Kagran aus der Diwaldischen Kridamasse. Franz Anton Dywald (Diwald) und seine Gemahlin haben den Freihof am 14. August 1765 vom Graf von Rapach um 13 500 fl. käuflich erworben.

1775 Am 7. April besucht Lessing gelegentlich seines Aufenthaltes in Wien mit seinem Freund Johann Heinrich Friedrich Müller, Schauspieler und Dichter, auch das Stift

Klosterneuburg. Sein Interesse gilt hier besonders der reichen Handschriftensammlung. Christian Friedrich Daniel Schubart berichtet in seiner Deutschen Chronik im Jahre 1776. „Lessing hat kürzlich in der Bibliothek zu Kloster-Neuburg bey Wien eine alte Messiade gefunden. Die Handschrift ist vom Jahr 1300 und Lessing bekommt eine Abschrift." Offenkundig war Lessing der Meinung, in der Stiftsbibliothek zu Klosterneuburg eine unbekannte deutsche Dichtung festgestellt zu haben. Heinrich Rückerts Ausgabe von „Bruder Philipps des Carthäusers Marienleben" (1853) zeigt jedoch, dass die Handschrift, welche die Aufmerksamkeit Lessings so sehr auf sich lenkte (Ms. 1242 vom Jahre 1338), die weitverbreitete Dichtung „Marienleben" des Kartäusers Bruder Philipp enthält. Im Klosterneuburger Manuskript liegt das Marienleben zum Teil in der österreichischen Fassung (verfeinerte oberdeutsche Überarbeitung), zum Teil in einer mitteldeutschen Rezension vor.

1775 Vom 10. Mai an bewohnt der Propst des Stifts Klosterneuburg das neue Gebäude. Maria Theresia hat gestattet, dass der Propst und die Chorherren das ursprünglich für den Kaiser bestimmte Gebäude bewohnen.

1775. Am 9. Juni sieht Kaiserin Maria Theresia dem Stift Klosterneuburg auf Ansuchen des Propstes Ambros Lorenz die letzte, dritte Rate der Taxe nach, die es für den allerhöchsten Konsens zur Vornahme der Neuwahl des Stiftspropstes nach dem Tod von Gottfried Roleman (8. März 1772) an das k. k. böhmisch-österreichische Hofkanzleitaxamt zu zahlen hat. Die Taxe ist im Jahre 1772 mit 13000fl. festgesetzt worden. Der Nachlass beträgt 5416 fl. 40 kr.

1776 Juli bis Dezember läßt Propst Ambros Lorenz, nachdem er am 20. März 1775 für die Fortsetzung des 1750 eingestellten Baues des neuen Stiftsgebäudes und für die Adaptierung desselben zu Konventszwecken den Hofkonsens erlangt hat, den Bau bei der Einfahrt in der Nähe der Kaiserstiege weiterführen. Nach einem halben Jahr werden diese Arbeiten (Kosten 5658 fl. 9 kr.) wieder unterbrochen. Den Hauptanteil an der Ausführung dieses Baues dürfte der stiftl. Maurermeister Gregorius Käselik gehabt haben.

1776 Am 4. Oktober tritt das Stift das sogenannte Gatterholz nächst Meidling an die Kaiserin Maria Theresia ab; dafür erhält jedes Haus der Meidlinger Stiftsuntertanen eine Klafter Holz aus den St. Veiter Waldungen.

1776 Seit diesem Jahr nimmt der Kaiserhof nicht mehr an der Feier des St. Leopoldsfestes im Stift Klosterneuburg teil.

1778 gestaltet das Stift seine niedere Lateinschule, an der bereits Ende des 15. Jahrhunderts zwei bis drei Lehrkräfte wirkten, in eine Hauptschule um. Am 17. Mai 1778 wird diese Schule eröffnet. Der Reformator der Volksschule in Österreich Johann Ignaz von Felbiger, Propst des AugustinerchorherrenStifts Sagan in Schlesien, Oberdirektor des Normalschulwesens in den k. k. Erblanden, visitiert am 20. August die stiftliche Hauptschule und erhebt sie bald darauf (22. September) zur Musterschule der Dekanate Klosterneuburg und Königsstetten, die nun auch Lehrer und Schulgehilfen heranzubilden hat (bis 1847). 1779 ist sie mit der Errichtung der vierten Klasse ganz ausgebaut. Direktor der stiftlichen Haupt- und Normalschule ist der jeweilige Pfarrverweser der Stiftspfarre. Bis zum Jahr 1847 ist mit der Schule ein Präperandenkurs für Trivialschulen verbunden. Dazu kommen im Jahr 1852 zwei Unterrealklassen, die aber 1870 wieder aufgelassen werden müssen. Die Hauptschule selbst wird dann in eine Privatvolksschule umgewandelt, die vom Ministerium für

Kultus und Unterricht am 4. Jänner 1872 mit dem Öffentlichkeitsrecht ausgestattet wird und je sechs Klassen für Knaben und Mädchen umfasst. Wegen der ungünstigen finanziellen Lage des Stifts wird die Stiftsschule mit Beginn des Schuljahres 1920/21 bloß als eine fünfklassige gemischte Volksschule weitergeführt und schließlich am 7. Juli 1921 aufgelassen. Die Räume dieser Anstalt werden für Zwecke einer öffentlichen allgemeinen Schule zur Verfügung gestellt.

1778 Vom 30. Juli bis 2. August arbeitet der apostolische Nuntius Giuseppe Conte Garampi in den Handschriften der Stiftsbibliothek.

1779 Am 26. Juni erfolgt die katastrophale Explosion des Pulverturmes auf der in der Nähe der ehemaligen Nußdorfer Linie gelegenen Türkenschanze. Propst Ambros Lorenz, der gerade um diese Zeit die Nußdorfer Straße entlang nach Klosterneuburg fährt, entgeht dabei nur wie durch ein Wunder dem Tod. Zur Erinnerung an dieses Ereignis wurde am Lichtenwerderplatz eine steinerne Gedenksäule mit ‚dem Bild des hl. Leopold und folgender Inschrift errichtet: S. Leopoldo Austriae suaeque Canoniae tutelari ob aversum vitae periculum quod ex succense igne repentino pulveris pyrii conditorio et exploso per id globorum nimbo evulsisque murorum fragmentis praesens sibi transeünti incubuerat, ut insignis beneficii et testatae gratitudinis aeternuni perennaret memoria monumentum hoc posuit Ambrosius Praepositus Claustroncoburgensis anno Domini MDCCLXXIX, die 26. Junii. Sie befindet sich heute in der Grünanlage Ecke Liechtensteinstraße / Althanstraße.

1780 wird das alte Tabernakel aus Holz auf dem Hochaltar der Stiftskirche durch ein neues aus Silber, das der bürgerliche Goldschmied Josef Moser in Wien anfertigte, ersetzt.

(127 Mark 6 Lot 3 q. 2 Pf. schwer, die Mark zu ~19 fl. gerechnet). Moser empfängt vom Stift Silber im Wert von 1506 fl. 18 kr. und außerdem 2093 fl. 19 kr. Am 23. August 1793 wird jedoch das neue silberne Hochaltartabernakel vom Stift dem k. k. Münzamt in Wien zur Kriegsbeisteuer als donum gratuitum übergeben. Nun setzte man an seine Stelle einen primitiven hölzernen Kasten, der bis 1871 in Verwendung blieb.

1780-1781 In dieser Zeit erhält die südöstliche Empore der Stiftskirche eine neue 16stimmige Orgel, gebaut vom bürgerlichen Orgelmacher Anton Pfliegler in Wien. Der Kontrakt des Stifts mit ihm vom 10. Juli 1779 billigt ihm für die Orgel 900 fl. sowie Quartier und Verpflegung während seiner Arbeit im, Stift zu. Das schöne Gehäuse der Orgel führt der Wiener bürgerliche Bildhauer Christoph Helffer nach eigenen Entwürfen in Nußholz aus; er erhält dafür nach dem Kontrakt vom 9. Oktober 1780 180fl. sowie Unterkunft und Verpflegung. Die Vergoldung des Gehäuses überträgt das Stift am 27. Jänner 1781 dem bürgerlichen Vergolder Karl Piki (Pique). (Lohn: 330 fl. und freie Kost.) Die Orgel erhält 2005 ein neues Spielwerk.

1782 Am 20. April besucht Papst Pius VI. gelegentlich seines Aufenthaltes in Wien, begleitet vom Olmützer Fürstbischof Anton Theodor Graf Colloredo, vom Rosenauer Bischof Baron Andrassy, vom Wiener päpstlichen Nuntius Garampi und anderen kirchlichen Würdenträgern, das Stift Klosterneuburg. Er wird um 2 Uhr nachmittags beim Hauptportal der Stiftskirche vom Bruder des Kaisers Erzherzog Maximilian, Hoch- und Deutschmeister, der eine Stunde früher in Klosterneuburg eingetroffen ist, vom Stiftspropst Floridus Leeb, dem gesamten Kapitel und einem zahlreichen fremden Klerus empfangen, inzensiert gleich darauf bei einer vom Propst gehaltenen Segenandacht das Allerheiligste. Der Papst begibt sich dann zu den Reliquien des hl. Leopold, betet beim silbernen Sarg, der seine Gebeine birgt, verehrt mit großer Innigkeit das Haupt des Heiligen und wendet seine Aufmerksamkeit auch den anderen Schätzen zu, die in der Nikolauskapelle in Nußholzschränken verwahrt sind (Verduner Altar, Erzherzogshut von Österreich u. a.). Bei einem Rundgang durch das Stift segnet der hl. Vater von einem Gangfenster des ersten Stockwerkes die im damals noch nicht abgeschlossenen Hof angesammelte Menschenmenge (über 6000), läßt sich im Archiv Urkunden, hauptsächlich päpstliche, vorlegen, nimmt in der Münzensammlung drei goldene und drei silberne Leopoldspfennige zum Andenken entgegen und besichtigt die Kaiserzimmer. Im Thronsaal erteilt der Papst allen Mitgliedern des Hauses Audienz, blickt kurz in die unvollendete Sala terrena mit den Atlashermen des Bildhauers Lorenzo Mattielli und weilt dann längere Zeit in der Bibliothek bei den Manuskripten und Inkunabeln. Um die dritte Nachmittagsstunde verlässt Papst Pius VI. wieder das Stift, nachdem er dem Propst gegenüber sein Wohlgefallen an dem von ihm verwalteten Haus ausgedrückt hat. Eine Marmortafel im Hof des neuen Stiftsgebäudes an der Nordwand mit der Inschrift. Hic Pontifex Max. Pius sextus benedixit populo XX Aprilis gibt von dem ewig denkwürdigen Ereignis des Besuches eines Statthalters Christi im Stift Klosterneuburg Kunde.

1782 Am 11. November dekretiert Kaiser Josef II. die Vereinigung des Augustiner ChorherrenStifts St. Dorothea in Wien, das im Jahr 1414 von Andreas Plank, Pfarrer zu Gars und Kanzler Herzog Albrechts V., gegründet wurde, mit dem Stift Klosterneuburg und ernennt den Propst Floridus Leeb zum Propstadministrator des Stifts St. Dorothea. Am 20. Februar 1786 wird es durch ein Regierungsdekret gänzlich aufgehoben. Durch kaiserliche Entschließung vom 27. Februar 1802 werden die Rechte und das Vermögen der ehemaligen Kanonie dem Stift Klosterneuburg einverleibt.

1783 Am 30. März macht ein Dekret Kaiser Josefs II., das die Generalseminarien zu Zentralbildungsanstalten aller Theologiehörer bestimmt, der kaum gegründeten theologischen Lehranstalt des Stifts ein Ende.

1786 entsteht auf stiftlichem Grund der Ort Floridsdorf. Im Juli dieses Jahres vergibt das Stift Klosterneuburg unter Propst Floridus Leeb 30 Baustellen. Die Ansiedler benennen die neue Ortschaft nach ihrem Grundherrn Propst Floridus „Floridsdorf" und feierten die Erinnerung an die Ortsgründung alljährlich anfangs Juli durch ein Hochamt in der Mutterkirche zu Leopoldau. Im August bis September wird ein Damm gegen Hochwasser der Donau errichtet. Propst Floridus gewährt der Gemeinde am 25. September 1786 ein Darlehen von 7000 fl. zur Erbauung ihres Gemeindegasthauses „Zum goldenen Engel". Am 1. November 1787 richtet ein Hochwasser der Donau großen Schaden an, daraufhin gewährt Propst Dr. Leeb den Ansiedlern einen sechsjährigen Nachlass der Zinsen und mehrere von ihnen erhalten Darlehen zu 300 fl. zur Wiedererbauung ihrer Häuser.

1786 Am 7. Oktober kauft das Stift von der k. k. Kameraladministration den Leopoldsberg samt Kirche und Wald um 3000 fl. Die Burg auf dem Leopoldsberg ist durch ein Legat der Herzogin Theodora, der Gemahlin Leopolds VI., Stiftsbesitz geworden, der jedoch trotz der Aufforderung, die von Seiten des Papstes Innozenz IV. am 5. Juli 1253 an die Herzogin Gertrud und ihren Gemahl Roman sowie an Přemysl Ottokar erging, die Feste dem Stift Klosterneuburg zu überantworten, ihm vorenthalten blieb.

1786 Ende dieses Jahres werden die Meierhöfe und Wirtschaften des Stifts durch das Erbpachtsystem zugunsten minder beStiftter Bauern und Neusiedlern hart betroffen. Der Erbpachtkontrakt muss auf die Dauer von 20 Jahren geschlossen werden und der Pachtschilling wird mit höchstens 4 fl. für das Joch fixiert; dabei hatte das Stift alle Steuern für die Erbpachtgründe zu entrichten. Den neuen Ansiedlern auf den Boden der stiftlichen Grundherrschaft hat das Stift einen Grund für die Erbauung einer Wohnstätte anzuweisen, für den die Neusiedler einen geringen Grundzins und das Robotgeld zu zahlen haben. Durch diese Neuerung verliert das Stift gleich am Anfang über 500 Joch selbstbewirtschafteten Boden. Während der Pachtschilling unverändert bleibt - erst nach 20 Jahren könnte an eine zeitgemäße Erhöhung gedacht werden -, werden im Laufe der Zeit die Steuern so hoch, daß schließlich die zu leistenden Abgaben doppelt so hoch sind wie der Zins. Unter diesen Umständen hält es das Stift für vorteilhafter, diese Grundstücke den Pächtern gegen das ihrer Zinsleistung entsprechende Kapital als Rustikaleigentum zu überlassen. Damit ist aber auch für die stiftlichen Wirtschaften Atzenbrugg, Hasendorf, Reinprechtspölla, Stoitzendorf, Hagenbrunn, Tuttendorf, Eupoltau (Leopoldau), Hietzing und Rauchenwarth (nach Aufhebung des Stifts St. Dorothea beim Stift Klosterneuburg) das Ende gekommen. Dem Stift bleiben zur eigenen Bewirtschaftung außer den Wäldern und größeren Weingebieten nur die Herrschaft Prinzendorf und mehrere zum Tuttenhof gehörige Äcker. Um dieselbe Zeit ermöglicht es der Staat den Untertanen der Grundherrschaften, den schuldigen Hand- und Zugrobot durch eine geringe jährliche Summe, die nach dem Grundsatz der möglichsten Billigkeit stets für einen Zeitraum von 20 Jahren festzusetzen ist, abzulösen (Robotabolition). Die Relationsbasis sind anfangs 48 kr. für einen Zugrobottag und 12 kr. für einen Handrobottag. Das Stift schließt in dieser Zeit derartige Robotabolitionskontrakte ab mit Atzenbrugg (23. Dezember 1786), Hasendorf (23. Dezember 1786), Hagenbrunn (31. Dezember 1786), Kagran (31. Dezember 1786), Eupoltau (5. Jänner 1787), Tuttenhof (10. März 1787), Reinprechtspölla (17. März 1787), Stoitzendorf (13. Dezember 1787). Alle diese Verträge, die vom Stift Klosterneuburg, von den stiftlichen Untertanen und von Kaiser Josef II. gesiegelt und gefertigt sind, werden im Archiv des Stifts aufbewahrt.

1787 wird der Betrieb der Stiftsbäckerei eingestellt. Während der französischen Invasion ist das Stift genötigt, die Bäckerei wieder instand zu setzen. Im Frühjahr 1814 wird das Gebäude, in dem sie untergebracht war, demoliert.

1789 tritt das Stift Klosterneuburg der Gemeinde Haselbach einen Waldgrund von 304 Joch, 940 Quadratklafter gegen eine jährliche Urbarialabgabe von 55 fl. ab. Alle zehn Jahre mußte dieser Vertrag erneuert werden und die Gemeinde 14 fl. zahlen. Gleichzeitig wird auch Klosterwald in Niederhollabrunn abgegeben (29 Joch) gegen eine jährliche Urbarialabgabe von 5 fl. und einer Schreibtaxe (bei der Erneuerung nach jeweils zehn Jahren) von 1 fl. 45 kr.

1791 Am 3. Juli überträgt Kaiser Leopold II. die Würde des Obersten Erbhofkaplans in Osterreich unter der Enns, die seit 1460 die Pröpste des AugustinerchorherrenStifts St. Pölten bekleidet haben und die durch den Tod des letzten Vorstehers dieser Kanonie (Ildefons Schmidtbauer, gestorben am 4. März 1791 in Wiener Neustadt) erledigt war, dem Propst des Stifts Klosterneuburg Dr. Floridus Leeb und seinen Nachfolgern.

1796 Am 12. September reicht Propst Floridus Leeb bei Hof ein Gesuch zur Errichtung einer eigenen Hauslehranstalt ein.

(Das Verbot Josefs II. war 1790 durch Kaiser Leopold IL aufgehoben worden.) Die kaiserliche Genehmigung erfolgt mittels Dekret vom 29. Oktober 1796. Am 3. Jänner 1797 beginnt der Unterricht an der Hauslehranstalt; und zwar vorerst nur für die beiden ersten Jahrgänge. 1801 wird die Lehranstalt auf vier Jahre vollständig ausgebaut. Seit 1802 dürfen die Prüfungen im Stift von den Professoren abgenommen werden. Die publica fides erhält die Anstalt am 8. Februar 1811. Seit einem Erlass des k. k. Ministeriums für Kultus und Unterricht vom 30. Juni 1850 werden die Prüfungen von einem Ordinariatskommissär überwacht (erste solche Prüfung im Stift am 14. Juli 1851 unter Vorsitz des hochwürdigen Domkantors Josephus Kohlgruber). Im Jahre 1925 schließlich wird das Studium durch ein Jahr Philosophie auf fünf Jahre erhöht.

1799 Anfang dieses Jahres wird die Kapelle des hl. Johannes des Täufers in Klosterneuburg, die sogenannte „Capella speciosa", die 1787 auf kaiserlichen Befehl als Privatkapelle geschlossen und am 16. April exsekriert wurde, abgebrochen. Die brauchbaren Bestandteile und Einrichtungsstücke werden über Wunsch des Kaisers Franz I. für die Ritterburg (Franzensburg), die er im Park der alten Sommerresidenz Laxenburg bauen lässt (Beginn des Baues 1798), nach Laxenburg transportiert und dort in erster Linie für die Wände, für die Innenarchitektur und Ausstattung der Burgkapelle, aber auch für die Ausschmückung des Speisesaals der Burg verwendet. Auch einzelne Teile und Einrichtungsstücke der Sebastianikapelle, mit deren Demolierung Ende Mai begonnen wurde, finden beim Bau der Ritterburg Verwendung. Die gotische steinerne Kanzel der St. Johanneskapelle erweist sich als zu groß für die neue Burgkapelle und wird daher in ein kaiserliches Depot zur Aufbewahrung abgegeben. 1928 gestattet das Bundesministerium für Unterricht auf Ansuchen des Theologieprofessors an der Wiener Universität Dr. Leopold Krebs, dass sie unter Vorbehalt des staatlichen Eigentumsrechtes in der St. Wolfgangskirche zu Kirchberg a. Wechsel aufgestellt werde.

1802 Der Albrechtsaltar kommt wahrscheinlich durch eine Schenkung der Regierung in den Besitz des Stifts. Auf ihm befindet sich die älteste Darstellung von Wien sowie der Burg auf dem Leopoldsberg. Der Altar ist eine Stiftung König Albrecht II., in den Jahren 1438-1440 von einem unbekannten Künstler hergestellt, und besteht heute aus 24 Tafeln, die durch Zersägung des Werkes entstanden sind. Ursprünglich war das großartige Werk in der Kirche „Zu den neun Chören der Engel" in Wien; es wurde von Ferdinand I. 1554 den Jesuiten übergeben.

1802 veräußert das Stift sein Schloss zu Hagenbrunn an einen Einwohner, der das Gebäude mit Ausnahme der Kapelle abbrechen lässt.

1803 baut das Stift aus dem einverleibten Vermögen des Stifts St. Dorothea die sogenannten Dorotheerhöfe in der Plankengasse in Wien. (Architekt: Johann Aman.)

1803 verkauft das Stift das Schloss in Hasendorf um 5007 f. dem Augustiner Chorherrenstift Herzogenburg. Dieses lässt das Schloss abtragen und verwendet das gewonnene Material zum Bau einer neuen Pfarrkirche in Reidling. (1803-1806 gebaut.)

1805-1806 Erste Besetzung des Stifts durch die Franzosen. Am 5. November 1805 wird auf Grund eines Hofbefehls der im Stift aufbewahrte österreichische Erzherzogshut vom Stiftsdekan Augustin Herrmann und vom Archivar Willibald Leyrer in die k. k. Hofburg nach Wien gebracht. Von dort kommt er mit dem Hofschatz nach Olmütz. Bei annähernder Feindgefahr nimmt ihn und die k. k. Zimelien Teschen in Obhut. Propst Dr. Gaudenz Dunckler nimmt als Mitglied des Prälatenstandes im Klosterneuburger Stiftshof in Wien Wohnung. Die Leitung des Stifts ist dem Dechant Augustin Herrmann, einem ruhigen fein gebildeten Mann, der auch die französische Sprache beherrscht, anvertraut. Am 11. November treffen die ersten Franzosen in Klosterneuburg ein. Im Stift werden vom französischen Quartiermacher Sergeant-Major Crach die neue Prälatur, die Kaiserzimmer, die Gastzimmer und die alte Prälatur für die Unterkunft der Offiziere ausersehen. Nun setzt im Stift ein beständiges Kommen und Gehen von französischen Offizieren ein. Darunter sind vornehme und freundliche Männer wie Brigadegeneral Milhaud, Girard, der Generaladjutant des Prinzen Murat, Oberst Bouchou, Oberstleutnant Dessales, Hauptmann La Rue, aber auch einige ungestüme wie Brigadegeneral Sebastiani, ein Verwandter Napoleons, der sich gleich am 11. November im Schlafzimmer des Propstes einquartiert und sofort vom Stift 6000fl. in Gold verlangt, schließlich sich mit 445 Dukaten und 4000 fl. in Bankozetteln begnügt, ferner Oberst Montbrun, der von der Stadt Klosterneuburg 6000 fl. in Konventionsmünze fordert und den Bürgermeister Ferdinand Reisenhobel, der bloß 5000 fl. auftreiben kann, brutalisiert. Am 20. Dezember nach dem Mittagsmahl erscheint im Stift unerwartet Kaiser Napoleon, begleitet von Prinz Murat, Major-Général Berthier, General Junot und dem Mamelucken Rustan, kaiserlichem Kammerherrn. Er sucht seine Offiziere, die gerade im Tafelzimmer weilen, auf, schreitet durch die Prälatur in die Kaiserzimmer, bewundert die Gobelins, sieht sich den noch nicht vollendeten Marmorsaal an, kehrt in das Tafelzimmer zurück und kostet den ihm kredenzten alten stiftlichen Wein- Er erkundigt sich bei den Stiftsherren über die finanzielle Lage des Stifts, über die theologischen Studien in diesem Haus, über den Orden, dem das Stift angehört, und über den Rang des obersten stiftlichen Vorstehers. Nach einer halben Stunde verlässt der französische Imperator das Stift. Vor dem Einsteigen in seinen achtspännigen Wagen fragt er die Chorherren, ob sie von seinen Truppen misshandelt worden seien und nach der Verneinung sagt Napoleon: „Wollte man sie misshandeln, so wenden sie sich unmittelbar an mich.“ Stiftsdechant Herrmann, dem wir viele wertvolle geschichtliche Aufzeichungen, unter ihnen auch zwei Tagebücher der Begebenheiten im Stift und in der Stadt Klosterneuburg während der Anwesenheit der Franzosen zu verdanken haben, schreibt über den Zweck des Besuches Napoleons im Stift folgendes: „Die eigentliche Absicht dieses sonderbaren Besuches konnte man weder erraten noch erfahren. Vielleicht unternahm Napoleon diese Spazierfahrt bloß aus vorwitziger Laune (Girard, Generaladjutant Murats, kann vorn Stift etwas Rühmliches gesagt haben) oder hatte er, wenn die Unterhandlungen zu Preßburg unterbrochen werden sollten, mit unserem Stiftsgebäude etwas vor.“ Am 24. Dezember 1805 reist eine Deputation der niederösterreichischen Landstände, bestehlend aus dem Propst des Stifts Klosterneuburg Dr. Gaudenz Dunckler, Graf von Zinzendorf, Edlen von Kees und dem Bürgermeister der Stadt Wien Stephan Edlen von Wohlleben, zum Kaiser Franz nach Holics, um bares Geld zur Zahlung der feindlichen Kontribution zu erhalten. Der Kaiser gewährt 200000 fl. Vom 12. auf den 13. Jänner 1806 übernachten im Stift während seiner ersten Besetzung durch die Franzosen zum letzten Mal französische Soldaten. Am 12. Februar 1806 holt der Stiftspropst den Erzherzogshut, der nach dem Friedensschluss (Preßburg, 27. Dezember 1805) mit dem Hofschatz aus Teschen nach Wien zurückgebracht worden ist, ab und bringt ihn wieder ins Stift. Abgesehen von dem Geldverlust durch

General Sebastiani erleidet das Stift 1805-1806 hauptsächlich durch die Requisitionen der Franzosen, die nach dem Bericht Herrmanns stets das Maß des Notwendigen überschritten, großen Schaden. Beim Abtransport der Rekonvaleszenten des französischen Feldspitals, das Anfang Dezember 1805 in der eben erst vollendeten Pontonierkaserne in der oberen Stadt von Klosterneuburg untergebracht wurde und seit der Dreikaiserschlacht bei Austerlitz (2. Dezember 1805) überfüllt war, nach Judenau und dann weiter nach Osten (vom 4. Jänner an) verliert das Stift 16 Pferde. Schließlich muss das Stift, da die vom Feind für Wien ausgeschriebene Kontribution auf die Wiener Häuser geschlagen wird, für seine drei Häuser 16 000 fl. in barem Geld zahlen. Zur Aufbringung dieser Summe veräußert das Stift die wertvolle Medaillensammlung seines Münzkabinetts. Unter den exponierten Chorherren des Stifts litten durch den Feind am meisten der Pfarrverweser in Hietzing Christoph Obermayer, den die Garden Napoleons, der in Schönbrunn residierte, nicht in Ruhe ließen, der Administrator zu Atzenbrugg Bernhard Tuma, der gleich zu Beginn der französischen Invasion ganz ausgeplündert wurde, ferner die Pfarrverweser Roman Köpf (Leopoldau), Sebastian Koppreiter (Langenzersdorf), Ernest Breßler (Korneuburg) und Alipius Dierzer (Tattendorf).

1806 erscheint in Wien auf Kosten des Stifts Klosterneuburg eine schöne und gute Ausgabe der hebräischen Bibel mit einer neuen Einteilung in sachgemäße Abschnitte mit der Angabe wichtigerer Lesearten in vier Bänden, zu deren Bearbeitung Propst Dr. Gaudenz Dunckler den Professor des alttestamentlichen Bibelstudiums und der orientalischen Dialekte an der Wiener Universität Dr. Johannes Jahn veranlasste. Die Korrektur der Druckbogen dieses Werkes besorgten neben dem Herausgeber die Chorherren

Andreas Mock, Franz Xaver Schwoy, Matthias Teger und Dr. Peter Fourier Ackermann.

1808 Seit 14. September gehört zur Pfarrkirche in Korneuburg auch die Kirche des Augustiner-Eremitenklosters zum Allerheiligstcn Altarsakrament. Dieses Kloster wurde 1338 von den Herzögen Otto dem Fröhlichen und Albrecht dem Lahmen geStiftt und am 11. August 1808 von Kaiser Franz I. säkularisiert. Die Kirche ist ein schöner Rokokobau aus den Jahren 1770 bis 1773 mit hoher Fassade und Giebelturm. Im Innern ist ein prächtiger Hochaltar mit Scheinarchitektur und einem Fresko: Letztes Abendmahl von Franz Anton Maulpertsch, von dem auch drei Bilder an dem Seitenaltären: Rochus, Nikolaus von Tolentino, Augustinus stammen.

1809 Zweite Besetzung des Stifts durch die Franzosen. Der österreichische Erzherzogshut wird am 1. Mai vom Stiftsdechant Augustin Herrmann und vom Vizesenior Lambert Ceschet nach Wien in die kaiserliche Schatzkammer gebracht. Am 9. Mai werden der silberne Sarg des hl. Leopold und die Gebeine des Stiftrs in die Metropolitankirche St. Stephan in Wien übertragen und dort in der Schatzkammer beim Hochaltar untergebracht. Die Lage des Stifts während der zweiten Besetzung durch die Franzosen ist weitaus schwieriger, gefährlicher und nachteiliger wie zur Zeit der ersten. Beim Einmarsch der Feinde in die obere Stadt am 10. Mai gegen 10 Uhr vormittags fällt aus einem Fenster ein Schuss, der den Sergeanten an der Seite des Oberstleutnants, der das einrückende 7. Regiment reitender Jäger (chasseurs á cheval) kommandiert, tötet. Sofort wird das Stift, selbstverständlich mit Unrecht, für diese unbesonnene und widersinnige Handlung, der der Sohn eines Generals zum Opfer fiel, verantwortlich gemacht; desgleichen für das Vorhandensein einer Landsturmabteilung in Klosterneuburg und eines Waffendepots im Rathaus. Nach Mitternacht (11. Mai gegen 1 Uhr morgens) trifft in Klosterneuburg die ganze Division Démont ein. Der Divisiongeneral Démont, der Brigardier Girard, der Generalstab samt dem Domestiken und eine Kompanie Garden quartieren sich im Stift ein. Für viele tausend Mann werden Lebensmittel aller Art unter schweren Drohungen requiriert. Die längst aufgelassene Stiftsbäckerei muss wieder in Betrieb gesetzt werden. Mit Wissen und Willen des Divisionsgeneral Démont, der mit seinen vier Regimentern zehn Tage lang bleibt, kommt es nie zu einer Misshandlung, nie zu einer Plünderung. Er sucht vielmehr nach Möglichkeit die leidigen Kriegsübel zu vermindern. Auch seine Dienstleute sind gute, ordentliche Menschen. Gern nimmt er in der Stiftskirche an der Feier des hl. Messopfers teil. Ganz anders geartet ist der Oberstleutnant, der mit seinen reitenden Jägern vor Démont, am 10. Mai, nach Klosterneuburg gekommen ist. Er fordert am 11. Mai früh vor seinem Abzug vom Stiftsdechant eine Brandschatzung von 60 000 fl. in Gold und erklärt, er habe den Befehl gehabt, Klosterneuburg zu plündern und anzuzünden, da er dies aber aus Menschlichkeit nicht getan habe, so sei die verlangte Summe eine geringe Diskretion. Augustin Herrmann erklärt dem Oberstleutnant wiederholt, dass es dem Stift unmöglich sei, diese Forderung zu erfüllen. Mit 50 Dukaten in Gold, 2100fl. in Bankozetteln und einem Empfehlungsschreiben des Dekans an den Prälaten des Stifts Klosterneuburg in Wien, von dem sich der Offizier weitere 10 000 fl. in Konventionsmünze erwartet - allerdings vergebens, lässt sich der Oberstleutnant beschwichtigen. Am 19. Mai werden alle Keller des Stifts von der französischen Administration übernommen und versiegelt. Nur ein kleiner Teil der Weinvorräte bleibt dem Stift für den Hausbedarf erhalten. Vom 27. Mai an werden die stiftlichen Weine für die feindliche Armee, hauptsächlich für die kaiserlichen Garden, weggeführt, im ganzen 82412/4 Eimer, wodurch dem Stift ein Schaden von 383318 fl. 23 kr. Wiener Währung erwächst. Seit Beginn des Monats Juni hat die Stiftsküche Außerordentliches zu leisten. Neben 30 bis 40 Offizieren speisen im Stift gewöhnlich gegen 150 Mann, überdies muss das Stift auch den anderswo in und bei Klosterneuburg postierten französischen Offizieren (auf der Werft, dem sogenannten Bauplatz, auf dem Leopoldsberg, im Lager vor dem Wiener Tor, im Rathaus) sowie den kranken französischen Offizieren, die in der Pontonierkaserne gepflegt werden, Speise und Trank liefern. Am 10. Juli muss mit der Errichtung eines französischen Militärspitals im alten Stiftsgebäude begonnen werden. Durch gewaltige Kanonaden der Osterreicher, die auf dem jenseitigen Ufer der Donau postiert sind, in der Richtung auf den Schiffsbauplatz in Klosterneuburg (vom 29. auf den 30. Mai sowie am 4. Juni abends, wobei die Wagnerei der Werft in Brand geschossen wird), durch Feu-ergefechte der österreichischen Jäger mit den Franzosen (die in der Nacht vom 3. auf 4. Juli, wobei zahlreiche Kugeln durch die Fenster des Stifts dringen, sodass die mit den alten Glasgemälden gezierten Fenster der Bibliothek in Eile ausgehängt werden müssen) und durch die Unfreundlichkeit vieler französischer Offiziere, die im Stift Quartier nahmen, steigern und mehren sich die Aufregungen der Stiftsherren. Begreiflich, dass sie, als nach der Ankündigung des Waffenstillstandes (13. Juli) von Friedenspräliminarien die Rede ist, erleichtert aufatmen. Am 14. Oktober wird in Schönbrunn der Friede unterzeichnet. Ende November ist das Stift von den Einquartierungen befreit. Die Reliquien des hl. Leopold und der silberne Schrein werden am 30. November aus Wien zurückgebracht. Am 1. Dezember kann der Propst des Stifts nach sieben Monaten wieder seine Wohnung im Haus beziehen. Das Unheil, das die Invasion der Franzosen vom Jahre 1809 über das Stift heraufbeschwor, war weitaus größer als der Schaden, den es im Jahr 1805 durch die französische Okkupation erlitt. Verwilderung und Irreligiosität hatten in den Reihen der französischen Soldaten überhand genommen. Kein Wunder, dass diesmal die Kirchen selten verschont blieben. Die meisten der dem Stift Klosterneuburg anvertrauten Gotteshäuser (ausgenommen Klosterneuburg, Reinprechtspölla, Stoitzendorf, Haselbach und Götzendorf) wurden geplündert und mehr oder weniger verwüstet. Ein ähnliches Los war den meisten stiftlichen Pfarrhöfen beschieden. Der Pfarrverweser von Weidling Norbert Steiner wurde sogar grausam misshandelt. Dazu kam noch der bereits erwähnte Verlust des Weines. Alle späteren Bemühungen des Stifts, von der französischen Regierung eine Entschädigung für die aus den stiftlichen Kellern requirierten Weine zu erlangen, blieben erfolglos. Der Abtransport der beschlagnahmten Stiftsweine für die französische Armee, besonders für die kaiserlichen Garden, hatte übrigens ein böses Nachspiel. Es kam dabei zu Unterschlagungen. Bessere Sorten wurden an verschiedene Interessenten verkauft, mindere abgeliefert und das fehlende Quantum durch Donauwasser ersetzt. Am 25. August 1809 wurde von einer französischen Militärkommission in der Wohnung des Divisionsgeneral Walther in Meidling über die schuldigen Organe der französischen Armee Josef Varlet, Aufseher des Magazins der Getränke für die kaiserliche Garde, Felix Müller, Aufseheradjunkt des Magazins der Lebensmittel bei der Armee, und Rudolf Weil, Beamter bei der Verteilung der Getränke für die kaiserliche Garde, das Urteil „wegen der in ihren Amtshandlungen begangenen Untreue und des zu ihrem Vorteil gemachten Verkaufs der ihrer Verwaltung anvertrauten Weine“ gefällt: Varlet und Müller wurden zum Tode verurteilt und in Obermeidling erschossen, über Weil wurde eine Kettenstrafe von sechs Jahren verhängt. Der

Dechant Augustin Herrmann schreibt in seinem Tagebuch: „Die Franzosen sandten mir ein Exemplar des französisch gedruckten Urteils. Ein wahrhaft teurer Bogen!"

1810 Am 19. Dezember 1809, gleich nach dem Abmarsch der Franzosen, fordert ein kaiserliches Dekret die Ablieferung alles entbehrlichen, nicht besonders kunstvoll ausgestatteten Silbergerätes oder die Ablösung durch Silbergeld. Das Stift gibt daher am 10. Jänner 1810 silberne Gegenstände aller Art aus der Schatzkammer und aus der Stiftskirche und schweren Herzens auch den silbernen Sarg des hl. Leopold, um dessen Befreiung von der Einschmelzung es sich vergeblich bemühte, im Gesamtgewicht von 419 Mark 3 Lot an das k. k. Münzamt ab. Am 27. Jänner liefert das Stift neuerdings Silbergeräte, die zusammen 52 Mark 3 Lot wiegen, ab. (Der silberne Sarg des hl. Leopold ist 195 Mark 1 Quintel, das silberne Büstenreliquiar, das gleichfalls am 10. Jänner 1810 dem Staat zur Einschmelzung übergeben werden muss, ist 46 Mark schwer).

1815 erscheint auf Kosten des Stifts Klosterneuburg die erste Geschichte des Stifts mit einem wertvollen Urkundenbuch unter dem Titel »Merkwürdigere Schicksale des Stifts und der Stadt Klosterneuburg" (zwei Bände, XII u. 402, 528 S., mit einer Tabelle und sieben Kupfertafeln, gedruckt von Leopold Grund in Wien), verfasst vom reg. Chorherrn Maximilian Fischer, Archivar und Bibliothekar des Stifts Klosterneuburg.

1816 Am 12. April verkauft das Stift mit Genehmigung der Landesregierung vom 30. März dem Bartholomäus Edlen de Angelis, Seidenfärber in Wien, und seiner Gemahlin Theresia, die bei der Lizitation des stiftlichen Wildbades zu Pirawarth am 4. März das höchste Angebot machten, das

Herrschafts- und das Badegebäude mit zwölf Badekammern in Pirawarth als Rustikalrealität um 3 3 000 fl. W. W. (Einlösungsscheine, d. s. 9500 fl. in Gold und Silber).

1818 Am 1. August wenden sich die Bewohner einer neuen Siedlung in Meidling, die seit dem Jahre 1812 langsam entstand, an den Propst des Stifts Klosterneuburg Gaudenz Dunckler und bitten um die Erlaubnis zur Gründung einer Gemeinde. Propst Gaudenz gestattet es und schenkt der neuen Gemeinde einen bedeutenden Grundkomplex. Aus Dankbarkeit nennen dann die Bewohner die Ansiedlung Gaudenzdorf.

1819 Am 21. April gestattet Papst Pius VII. dem Stift Klosterneuburg, das Fest des seligen Hartmann, seines ersten regulierten Propstes, sub ritu duplicis minoris zu begehen. Gegenwärtig wird dieses Fest im Stift als gebotener Gedenktag gefeiert.

1832 Im Mai wird der sogenannte Frühaltar der Stiftskirche (Altar, bei dem die frühen hl. Messen zelebriert werden), der sich in der Mitte der Kirche bei den Stufen, die zum Chor hinauf führen, befindet, von seinem Standplatz entfernt und gegenüber der Kanzel beim Pfeiler aufgebaut. Bei dieser Gelegenheit wird der Altar mit einem Bild des hl. Leopold, das der Wiener Maler Jakob Drechsler hergestellt hat, geschmückt. Am 1. November weiht Propst Jakob Ruttenstock den erneuerten Altar.

1832-1833 liefert der akademische Maler Jakob Drechsler auf Bestellung des Stifts drei Ölgemälde, eine Darstellung des seligen Hartmann für den renovierten Altar des hl. Leopold in der Gruftkapelle, ein Bild des hl. Leopold für den Frühaltar und ein Fastenbild für den Hochaltar der Stiftskirche.

1832 Am 8. Oktober kauft das Stift Klosterneuburg von Joseph Springer die Herrschaft Jedlersdorf und übernimmt damit das Patronat für die Pfarrkirche zum hl. Borromäus in Jedlersdorf.

1833 Bei den Renovierungen in den Jahren 1832-1833 fiel leider dem damaligen Stilempfinden manche Zierde der Stiftskirche zum Opfer. So wird am 6. September 1833 das Hochaltarbild Maria Geburt von Johann Georg Schmidt entfernt und durch ein ebensolches Bild von Leopold Kupelwieser ersetzt. (1000 fl. als Geschenk). Auch die beiden Holzfiguren Abrahams Opfer und Jakob mit dem Engel ringend werden entfernt.

1833 Im Oktober wird das wohl größte Kunstwerk des Stifts, der Verduner Altar, an der Ruhestätte des hl. Leopold aufgestellt. 1714 war es aus der Stiftskirche entfernt worden, war eine Zeitlang in der ehemaligen Ägydiuskapelle (an der Südseite der großen Apsis) aufgestellt und fand schließlich in den Kästen der Schatzkammer in der Nikolauskapelle sichere Verwahrung. Nun wird das kostbare Tafelwerk auf einen neuen Altartisch gestellt; über den Bildtafeln des Nikolaus von Verdun wird ein geschnitzter, verglaster und vergoldeter Sarkophag angebracht, in dem die Reliquien des hl. Leopold erhöht werden. Am Vorabend des Leopoldifestes erteilt Propst Jakob Ruttenstock dem neuen Altar die Weihe.

1834 wird auf Grund eines Kapitelbeschlusses vom Ende Jänner jener Teil der mittelalterlichen Trakte des alten Stiftsgebäudes, welcher sich gegenüber der Westfassade der Stiftskirche befindet und in dem einst fürstliche Gäste untergebracht wurden, demoliert, da die Kosten der Erhaltung dieses malerischen Gebäudes zum praktischen

Nutzen nicht im entsprechenden Verhältnis stehen. Zuvor wird das große Schau- und Rutschfass, das in einem unbenützten Keller in der Nähe dieses Gebäudes war, nach Zerlegung in seine 74 Dauben weggeschafft und in dem nahen „Binderstadel" untergebracht. Der Keller aber wird mit unbrauchbarem Abbruchmaterial ausgefüllt.

1834-1842 Der Bau des neuen Stiftsgebäudes wird fortgesetzt und abgeschlossen. Unter Propst Jakob III. Ruttenstock wird im Stift Klosterneuburg die Bautätigkeit 1834 in großem Maßstab wieder aufgenommen. Es gilt die bisher fertigen Trakte so fortzuführen und abzuschließen, dass sie wenigstens einen Hof umfassen und das Gebäude, soweit es möglich ist, als Kloster einzurichten. Mit der Leitung dieses Unternehmens wird der Wiener Architekt Josef Kornhäusel betraut (Honorar jährlich 2000 fl.). Als Baumeister wird der Wiener Stadtbaumeister Bernhard Kledus bestellt. Das Stift schließt mit ihm am 15. Mai 1834 einen Kontrakt. Am 30. Juni fangen die Arbeiten mit der Aushebung des Grundes für die Fundamente an der Westseite der Einfahrt an. Die hohe Einfahrtshalle wird durch einen Rost unterteilt und so ein großer ovaler Raum zur Unterbringung der Bibliothek gewonnen. 1836 und 1837 wird bereits an der Einrichtung und Ausstattung der Bibliotheksräume gearbeitet. Am 8. März 1837 ist die Übertragung der Bibliotheksbücher aus den Räumen im nördlichen und östlichen Trakt des Neugebäudes, in denen die Bibliothek seit Propst Ambros Lorenz untergebracht war, beendet. Nach und nach übersiedeln alle Chorherren und das Juniorat in das Neugebäude, sodass am 9. Mai das Dormitorium und der angrenzende Priestertrakt geräumt sind. Dieser wird nun demoliert. Am 12. Mai 1837 speisen die Chorherren zum letzten Mal im alten Refektorium. Bis zur Herstellung des neuen Speisesaales muß ein Raum im östlichen Trakt des neuen Stiftsgebäudes als Refektorium dienen. Bei den

Erdaushebungsarbeiten für das neue Gebäude in der Nähe der Leopoldskapelle werden zahlreiche römische Funde gemacht, u. a. ein Meilenstein, römische Ziegel mit dem Stempel der XIII. Legion und ein bronzenes Militärdiplom des Kaisers Titus aus dem Jahre 80 n. Chr., mit dem er den Soldaten der vier Flügeltruppen und der dreizehn Kohorten, welche 25 oder mehr Jahre gedient hatten, das römische Bürgerrecht verlieh und ihnen zu heiraten erlaubte. Am 2. Oktober 1841 wird das neue Refektorium zum ersten Mal benützt (zufällig waren an diesem Tag Bischof Thomas Ziegler von Linz und der Rektor magnificus der Wiener Universität Dr. Johannes Ch. Schiffner als Gäste bei Tisch) und am 29. Dezember 1842 wird das von Ludwig Ferdinand Schnorr von Carolsfeld gemalte große Ölgemälde, das die Gründungslegende von Klosterneuburg darstellt, in ihm angebracht (Das Gemälde befindet sich heute am Gang vor der Prälatur). Neben dem Architekten und dem Baumeister waren an dem Ausbau des Stifts u. a. beteiligt: Franz Schrott, akad. Bildhauer in Wien (im Vestibül, in der Bibliothek); Alois Hauser, Steinmetzmeister in Wien; August Michael Postel, Stukkateur aus Wien; Josef Kübler, Maler aus Wien (in der Bibliothek); Guttmann, Tischlermeister in Wien (Bibliothekskasten); Josef Kolb, Vergolder in Wien (Bibliothekskasten); Christian Wagner, Anstreicher in Wien (in der Bibliothek).
Der Abschluss des Kaiserbaues kostet das Stift 418 623 fl. (Die Gesamtkosten des Baues seit 1730 betrugen 1094 103 fl.)

1835 Am 13. Juni wird der österreichische Erzherzogshut für die Erbhuldigungsfeierlichkeiten beim Regierungsantritt Kaiser Ferdinands 1. (14. Juni) von den kaiserlichen Kommissären Graf Colloredo-Mansfeld und Graf Dominik Hardegg nach Wien gebracht. Am 15. kommt der Erzherzogshut wieder zurück und stand seither nie mehr im eignetlichen

Gebrauch. (Propst Jakob Ruttenstock ist bei der Feierlichkeit zugegen. Als Obersterbhofkaplan stimmt er in der Burgkapelle das Te Deum an und spricht bei Tisch das Gebet Benedicite. Er erhält vom Kaiser für seine Dienstleistung eine Medaille mit einer gediegenen Darstellung des Erzherzogshutes und einen kostbaren Ring).

1837 Bei den Erdaushebungsarbeiten für die Fundamente des Traktes, der das neue Stiftsgebäude gegen Westen abschließen soll, beginnen die Fundamente der St. Nikolauskapelle zu weichen, an der Kapelle und am Noviziat, das über der Kapelle aufgebaut ist, zeigen sich gewaltige Risse. Trotz aller Bemühungen, alles Pölzens und Untermauerns der seichten Fundamente ist die Gefahr des Einsturzes nicht zu bannen. Am 2. Juni 1837 wird sie ausgeräumt. Der in ihr aufbewahrte Kirchenschatz wird in der Prälatur gesichert. Der Sarg mit den Gebeinen Leopold wird in die Drei-Märtyrerkapelle übertragen. Nun wird die Kapelle oberhalb der Gruft der Babenberger zur Leopoldskapelle umgestaltet. Durch drei hohe Gitter aus geschmiedetem Eisen wird ein Platz für den Altar mit den Reliquien des hl. Leopold abgesondert, das Gewölbe über diesem Raum wird durchbrochen und mit einem Oberlicht versehen, damit er genügend erhellt wird. Weiters wird eine Mensa aus Marmor aufgebaut und auf sie das Emailwerk des Nikolaus von Verdun gestellt und über diesem der verglaste Sarkophag für den Schrein mit den Gebeinen des hl. Leopold in gleicher Weise wie im Jahr 1833 angebracht. Die Reste der alten Glasgemäldereihen des Kreuzganges und der Marmorsteinernen Kapelle (Johanneskapelle), die seit 60 Jahren die Fenster der Bibliothek im neuen Gebäude zierten, werden neu gefasst und in die drei großen Fenster der Gruftkapelle (das vierte Fenster, hinter dem Verduner Altar, stammt vom Jahre 1865) eingefügt. Am 22. Oktober 1837 weiht Propst Jakob Ruttenstock den neu aufgestellten Altar. Die Übertragung der Reliquien des hl. Landespatrons aus der Drei-Märtyrerkapelle erfolgt am 29. Oktober. Nach der Non werden die Gebeine des hl. Leopold von sechs Professoren der theologischen Hauslehranstalt und das Haupt des Heiligen vom Stiftsdekan in feierlichem Zug über den Rathaus- und Stiftsplatz in die Kapelle des Heiligen getragen. Nach der Übertragung zelebriert Fürsterzbischof Vinzenz Eduard Milde von Wien das Hochamt, das mit dem Te Deum abgeschlossen wird.

1838 Am 29. Juli besucht der Dichter Ludwig Uhland das Stift Klosterneuburg. In einer Ausgabe seiner Gedichte, die aus dem Büchernachlass Prof. Dr. Vinzenz Sebacks stammt, hat Uhland, eigenhändig geschrieben: „Zur wohlwollenden Erinnerung Ludwig Uhland. Klosterneuburg, den 29. Juli 1838“. Offenkundig hat der Chorherr Vinzenz Seback dem beliebten Dichter die Sehenswürdigkeiten des Stifts gezeigt und ihn dann ersucht, sich in dem Buch zu verewigen.

1838-1840 wird der Stiftsgarten nach Entwürfen und unter der Leitung des berühmten Wiener Gartenbaufachmannes Rosenthal in englischem Stil angelegt.

1839 Verhandlungen des Stifts mit der Gemeinde Klosterneuburg wegen der Verlegung des Friedhofes der oberen Stadt, der innerhalb der Mauern des Stifts lag, auf einen hinter der ehemaligen Tullnergasse liegenden Grund am Fuße des Buchbergs. Das Stift erklärt sich bereit den nötigen Grund vom Eigentümer Koranda um 500 fl. K.M. zu kaufen, das mit der großartigen Plastik der schmerzhaften Muttergottes gezierte Portal des alten Friedhofs (Künstler Lorenzo Mattielli, Gitter vom Klosterneuburger Schlossermeister Johann Lang 1735) auf den neuen Gottesacker zu versetzen und dort auch eine Leichenkammer erbauen zu lassen, die Gemeinde Klosterneuburg dagegen nimmt die Kosten der Einfriedungsmauer des neuen Friedhofs und ihre künftige Erhaltung auf sich. Dafür hat die Gemeinde das Anrecht auf die Grabstellengebühren. Das Stift hat für Grabstellen nichts zu entrichten. Im Sommer des Jahres 1840 wird die Anlage des neuen Friedhofes abgeschlossen und am 13. Oktober nimmt Propst Jakob Ruttenstock die Weihe vor.

1840 Das Stift Klosterneuburg erwirbt am 24. Dezember von Heinrich Christian Gottfried Plattensteiner die Herrschaften Strebersdorf und Jedlesee und übernimmt damit das Patronat über die Pfarrkirche St. Maria Loretto zu Jedlesee.

1841 Der bekannte Reiseschriftsteller Johann Georg Kohl aus Bremen, der nach seiner Eintragung im Gästebuch des Stifts Klosterneuburg zwischen dem 10. und 13. August 1841 hier weilte, schreibt in seinem Buch „Hundert Tage auf Reisen in den österreichischen Staaten. 2. Teil: Reise von Linz nach Wien“ u. a.: „Die Incunabeln und Manuskripte der Bibliothek waren kürzlich alle in Juchtenleder, das gegen die Würmer gut Stand hält, neu eingebunden worden“, So findet die überaus bedauerliche Tatsache, dass die meisten Handschriften und Wiegendrucke der Stiftsbibliothek in Klosterneuburg, etwa 1200, ihre alten hauptsächlich mit Blindpressung oder Lederschnitt gezierten Ledereinbände, die durch kunstvolle Metallbeschläge geschützt waren, gegen Pappeinbände (Halbfranz) mit Lederrücken vertauschen mussten, ihre lang gesuchte Erklärung. Der damalige Stiftsbibliothekar Franz Edler von Schreyber (Bibliothekar 1828-1852) wollte durch diese Maßnahme der Zerstörungsarbeit der Bücherschädlinge, die in den früheren feuchten und dunklen Räumen im gotischen Stiftsgebäude besonders gediehen, ein Ende bereiten. Freilich ist es ihm nicht völlig gelungen. Tröstlich ist jedoch, dass Chorherr Schreyber die bei den mittelalterlichen Einbänden als Vorsatz, Falz, Deckel- und Rückenüberzug benützten Fragmente von Handschriften und Inkunabeln zum Teil bei den neuen Einbänden als Vorsatz verwenden oder sorgfältig abnehmen ließ und in Kartons aufbewahrte. Auch viele verschiedenartige in Messing gegossene ziselierte Beschläge, die einst den alten Einbänden zum Schutze dienten, blieben durch Schreybers Verständnis erhalten. Sie zeigen, wie schön das erste Kleid der Manuskripte und Wiegendrucke gewesen ist.

1842-1845 Bau der neuen Kirche zum hl. Johannes von Nepomuk in der Pfarre Meidling, die dem Stift inkorporiert ist, nach den Plänen und unter der Leitung Karl Rösners, Professors an der k. k. Akademie der bildenden Künste in Wien. Kosten der großen dreischiffigen Hallenkirche (57 m lang, 28,5 m breit, 19 m hoch) und des Pfarrhofes 206000fl. Das Stift zahlt davon 160 000 fl., den Rest nehmen die Gemeinden der Pfarre auf sich. Die Schlusssteinlegung vollzieht Kaiser Ferdinand I. am 24. April 1845. Die Konsekration erfolgt am 8. Mai 1845 durch den Wiener Erzbischof Vinzenz Eduard Milde.

1843 Am 20. November besucht Kaiser Ferdinand in Begleitung des k. k. Kämmerers Graf von Pergen das Stift Klosterneuburg. Er wird vom Propst und dem Kapitel empfangen, zuerst zur Prälatur geleitet, wohnt dann einer Messe beim Grab des hl. Leopold bei. Er besichtigt anschließend die Bibliothek, die Schatzkammer und andere Kunstschätze und verlässt nach dreistündigem Aufenthalt das Stift wieder.

1846 Am 6. Juli kommt es zur Abtrennung einer neuen Gemeinde in Untermeidling, die nach dem Namen des damaligen

Propstes des Stifts Klosterneuburg Wilhelm Sedlaczek, der dazu die Erlaubnis gab, den Namen Wilhelmsdorf führt. Am 1. Oktober findet die erste Richterwahl statt. Im Jahre 1850 wird der neue Ort, da er nicht lebensfähig ist, wieder mit Untermeidling vereinigt.

1846-1847 lässt das Stift Klosterneuburg auf dem neuen Friedhof der oberen Stadt in Klosterneuburg eine Kapelle mit einer Gruft für seine verstorbenen Mitglieder erbauen und ausstatten. (Architekt: Prof. Karl Rösner aus Wien, Baumeister: Peter Zehengruber aus Klosterneuburg, Freskogemälde „Auferstehung am jüngsten Tage“ von Prof. Leopold Kupelwieser aus Wien, der für das Bild 2000 fl. erhält. Gesamtkosten der Kapelle: 12 637 fl. K.-M.) Die Gruftkapelle wird am 5. November 1847 vom Propst Wilhelm Sedlaczek geweiht. Nach der Weihe feiert der Propst in der Kapelle das erste hl. Messopfer. Bereits am 25. Juni 1846 waren die vergänglichen Überreste des Propstes Jakob Ruttenstock in die fertig gestellte Gruft übertragen (sie waren provisorisch am 25. Juni 1844 auf dem Friedhof bestattet worden) und beigesetzt worden.

1848 Ein Apostel der Freiheit namens Franz Römerstorfer nimmt das Stift Klosterneuburg aufs Korn und hetzt teils in Klosterneuburger Gasthäusern, teils in dem neuen Blatt „Constitution“, in der er auch unter dem Decknamen Ernst Zeitmann schreibt, gegen das Stift, indem er besonders das Zehent- und Bergrecht als eigenmächtige Ungerechtigkeit und Erpressung bezeichnet. Das Stiftskapitel beschließt, um Unruhen unter den Bergholden vorzubeugen, am 4. April, mit der Einhebung des Bergrechtes innezuhalten und die alten Schulden nachzulassen. Dadurch ergibt sich bei den stiftlichen Einkünften ein Ausfall von über 10000 fl. In falscher Auffassung der allen verheißenen Freiheit plündern nicht bloß Proletarier, sondern selbst Hausbesitzer von Lichtental, Einwohner von Döbling, Hernals, Sievering usw. die kaiserlichen und herrschaftlichen Wälder, besonders solche, die geistlichen Kommunitäten gehören. Das Stift erleidet dadurch einen Schaden von fast 30 000 fl. K.M. Bei Sievering wird ein stiftlicher Buchenwald beinahe zur Gänze abgestockt und ruiniert.

1849-1850 Die Revolution des Jahres 1848 führt auch eine Umwälzung der wirtschaftlichen Verhältnisse des Stifts Klosterneuburg herbei. Begreiflicherweise muss die Gesetzgebung der Jahre 1848 und 1849 den Forderungen der Bevölkerung in weitgehendem Maß entgegenkommen. Durch die kaiserlichen Patente vom 7. September 1848 und vom 4. März 1849 wird sowohl jedes Untertänigkeits- als auch jedes Schutzobrigkeitsverhältnis zwischen Bauern und Großgrundbesitzern endgültig beseitigt. Die Zivil- und Strafgerichtsbarkeit und die politische Verwaltung, die in der Hand der Großgrundbesitzer lagen, werden staatlichen Gerichten und Verwaltungsbehörden und den Gemeinden übertragen. jeder Unterschied zwischen Dominikal- und Rustikalgründen wird aufgehoben und der Grundsatz ausgesprochen, dass alle aus dem Untertänigkeitsverhältnis entspringenden am Grund haftenden Lasten, Dienstleistungen und Giebigkeiten, sowie alle aus dem grundherrlichen Obereigentum, aus der Zehent-, Schutz-, Vogt- und Bergherrlichkeit folgenden Natural-, Arbeits- und Geldleistungen mit Einschluss der bei Besitzänderungen unter Lebenden und auf den Todesfall zu zahlenden Gebühren (Laudemien und Mortuarien) aufzuhören haben. Nur gewisse Rechte, Giebigkeiten und Leistungen werden „gegen billige Entschädigung“ oder „gegen Ablösung“ aufgehoben, alle übrigen ohne Entgelt. Im Stiftskanzleigebäude, das in den Jahren 1726-1727 ausgebaut wurde, wird am 16. Jänner 1850 eine Bezirkshauptmannschaft eröffnet, der die Bezirksgerichte Klosterneuburg, Tulln und Hernals zugeteilt sind (die Bezirkshauptmannschaft Klosterneuburg wird 1854 in ein gemischtes Kreisamt mit politischen Agenden und Justizgeschäften umgewandelt, dieses wird 1868 aufgelassen, worauf die Bezirksgerichte Klosterneuburg und Tulln der neu errichteten Bezirkshauptmannschaft Hernals zugewiesen werden). Der neu errichteten Bezirkshauptmannschaft Hietzing überlässt das Stift seine Amtslokale im herrschaftlichen Gebäude zu Hietzing. Dem neuen staatlichen Bczirksgericht zu Atzenbrugg vermietet das Stift einen Teil seines Schlosses. Das Bezirksgericht in Klosterneuburg findet zunächst in den Räumen des Klosterneuburger Rathauses und in einem angrenzenden Haus Unterkunft und übersiedelt dann in das Hofrichteramts(Hofmeisteramts-)gebäude.

1852 Umbau des Gebäudes der stiftlichen Hauptschule, der mit diesem Jahr zwei Unterrealklassen angeschlossen werden. Feierliche Weihe des Grundsteines und des Hauses am 4. Oktober, dem Namensfest Kaiser Franz Josefs I., durch Propst Wilhelm Sedlaczek. Einsenkung des Grundsteines durch den k. k. Bezirkshauptmann Alois von Lützenau.

1852 Am 19. Juni kauft das Stift Klosterneuburg von Frau Maria Freiin von Ehrenfels, geborene Gräfin Clary Aldringen, und den Freiherrn Eugen, Ferdinand und Leopold das herrschaftliche Gut St. Bernhard in der Nähe von Horn mit Wohngebäude, Schüttkasten, Stallungen in St. Bernhard, Ziegelbrennerei in Grünberg, Grundstücken in den Gemeinden St. Bernhard, Poigen, Neukirchen, Grünberg und Messern im Gesamtausmaß von 691 Joch 6071/" um 90 000 fl. K.-M. Durch diesen Kauf geht auf das Stift das Realpatronat der Kirchen von St. Bernhard, Neukirchen a. d. Wild und der Kapelle in Grünberg über. Das Stift Klosterneuburg, erwirbt auf diese Weise auch die größtenteils ruinösen Überreste des ehemaligen Zisterzienserinnenklosters St. Bernhard zu Chrueg (= Krug). (Gebaut von Stephan von Maissau, Landmarschall von Niederösterreich, 1280-1284 für die Zisterzienserinnen, die 1263 aus dem Kloster Zimmern im Rieß in Altmelon einwanderten, 1273 wegen Wassermangels nach Neumelon übersiedelten; 1586 eingegangen; 1586 Umbau durch die Wiener Jesuiten, in ihrem Besitz bis 1773; seit 1824 Eigentum des Karl Freiherr von Ehrenfels). Unter anderem sind noch Reste des herrlichen Kreuzganges und des Kapitelsaales erhalten. Diese wurden 1959/60 unter Leitung des Bundesdenkmalamts vor Ort abgetragen und vor der Sebastianikapelle auf dem Stiftsplatz neu aufgebaut.

1855 Am 9. August erwirbt das Stift Klosterneuburg um den Kaufschilling von 786 200 fl. von Nikolaus Graf Zichy von Vásonykeö zu Palota die Herrschaften Duna-Almás und Neszmély im Komitat Gran, ferner Sûr mit der dazugehörigen Pußta Repcze (Friedrichshof) und Csatár im Veszprimer Komitat, schließlich Nagy-Gyôn und Mecsér im Komitat Stuhlweißenburg. (Gesamte Bodenfläche über 15 000 ungar. Joch.) Am 13. März 1875 erweitert das Stift seinen Besitz durch Ankauf der Pußta Almás im Komitat Komorn aus der Verlassenschaft des Grafen Nikolaus Zichy. (Die minderjährigen Kinder des Grafen erhalten vom Stift zu Händen ihres Vormundes Graf Johann Nep. Zichy in Wien für das Areal der Pußta, 1270 ungar. Joch, samt Fundus instructus 229 820 fl. ö. W.).
Alle ungarischen Besitzungen des Stifts wurden im März des Jahres 1919 durch Bela Kun verstaatlicht, kamen aber bereits im Juli wieder an das Stift zurück. Die ganze Zwischenkriegszeit hindurch wurden die Güter bewirtschaftet. Auch die Nationalsozialisten schafften es nicht, obwohl das Stift aufgehoben war, den Besitz zu enteignen, erst in der Nachkriegszeit (bis 1952) verlor ihn das Stift entgültig.

1855 Vom 14. bis 18. Oktober findet im Stift Klosterneuburg eine apostolische Visitation durch Bischof Franz Josef Rudigier von Linz statt. Papst Pius IX. hatte durch ein Breve vom 25. Juni 1852 Kardinal Friedrich von Schwarzenberg zum Visitator sämtlicher geistlicher Orden und Ordenshäuser in Österreich ernannt. Dieser wiederum bestimmte am 11. Oktober 1854 den Linzer Bischof zu seinem Vertreter für die Visitation der österreichischen Augustinerchorherren. Rudigier erscheint im Stift in Begleitung des Stiftsdechants von St. Florian Jodok Stültz, den der Bischof zu seinem Sachverständigen erwählt hat.

1858 Propst Adam II. Schreck läßt den Marmorsaal vollends ausbauen. (Wappenschilder: Maler Josef Schönbrunner; Vergolder: La Roche; Marmor- und Stuckarbeiten: Josef Maßler.)

1860 errichtet das Stift Kosterneuburg mit der k. k. Landwirtschaftsgesellschaft in Wien im alten Stiftsgebäude eine Obst- und Weinbauschule und stellt ihr unentgeltlich außer den Räumlichkeiten (Lehrzimmer, Laboratorien, Werkstätten, Versuchskeller, Wohnungen für den Direktor, für den Rebmann und für die internen Schüler) 10 Joch Boden beim sogenannten Schwarzen Kreuz in Klosterneuburg zur Anlage eines Versuchsweingartens, ein Areal von 18 Joch beim Kreindlhof für eine Baumschule und einen Grund in der Klosterneuburger Au für eine Rebschule und für Gemüsebau zur Verfügung. (Auslagen des Stifts für die Anstalt im ersten Jahr ihres Bestandes 20.340 fl.).

1862-1864 Einrichtung des Stiftskellerschankes im großen Getreidekasten (von Propst Bernhard Schmeddingh 1670 auf dem sogenannten Grashof errichtet). Erbauung eines Gartensalons und Anlage eines Laubenganges für den Schank.

Diese Arbeiten läßt das Stift vom Wiener Stadtbaumeister Franz Halmschläger leiten. Die Maurerarbeiten führt die Baumeisterswitwe Anna Zehengruber von Klosterneuburg, die Steinmetzarbeiten Meister Miedinger aus.

1862 Das k. k. Münz- und Antikenkabinett in Wien tauscht ein italienisches Bergkristallkreuz aus der Zeit um 1420 gegen eine antike Bronzebüste des Jupiter, die in Klosterneuburg gefunden wurde und im Besitz des Stifts war. Dieses Kreuz wird in der Folge zu einem Vortragekreuz umgestaltet und dient gegenwärtig als Kapitelkreuz.

1863-1866 wird die Kirche zu Maria Geburt in Hietzing nach den Zeichnungen und unter der Leitung des k. k. Akademieprofessors und Architekten Karl Rösner, eines Bruders des damaligen Pfarrers von Hietzing Ambros Rösner, renoviert, vergrößert, mit einem gotischen Turm und einer entsprechenden Fassade ausgestattet. Die Kosten des Baues der Renovierung tragen die Gemeinde Hietzing, verschiedene Wohltäter und besonders das Stift Klosterneuburg, das 1862 bis 1863 auch einen neuen Pfarrhof erbaut.

1865 Renovierung der Leopoldskapelle unter Leitung des Konservators der k. k. Central-Commission zur Erforschung und Erhaltung der Baudenkmale Albert Camesina von San Vittore. Die Kapelle soll eine würdige Ruhestätte des Gründers des Stifts Klosterneuburg und des Schutzherrn von Osterreich sein; darum sollten alle Schäden behoben werden, alles Unvollkommene in ihr beseitigt werden. Der Maler Josef Schönbrunner führt die dringend notwendige Restaurierung der wertvollen Temperagemälde auf der Rückseite des Verduner Altares durch. Zu ihrer besseren Beleuchtung wird ein neues großes Fenster ausgebrochen. Zum Emailwerk des Nikolaus von Verdun wird eine Mensa aus rotem Salzburger Marmor im Stil des ausgehenden

Romanismus geschaffen (Bildhauer Franz Schönthaler und Steinmetzmeister Mayer, beide in Wien). Die Bekrönung des Altars erfolgt durch einen in der Form alter gotischer verglaster Reliquiarien gearbeiteten Schrein mit Satteldach und Firstkamm. Zum Schutz der sehr alten Glastruhe mit den Gebeinen des hl. Leopold wird ein Sarg aus Kupfer angefertigt, der durch einen Schrein aus Eichenholz, der mit rotem Samt überzogen und mit vergoldeten Zieraten aus Bronze ausgestattet ist, gedeckt ist. Der über den Altar erhobene mit Spiegelscheiben versehene Schrein nimmt nun die Gebeine des hl. Leopold auf. Passendes Altargerät aus vergoldeter Bronze, von den Hof- Gold und Bronzearbeitern Brix und Anders hergestellt, und eine gründliche Restaurierung der Wände und der Decke durch den Hofzimmermaler Geyling und den Historienmaler Swoboda, der die Fresken renoviert, vermehren den Schmuck der Kapelle.

1866 Während des Krieges Preußens gegen Österreich richtet das Stift in seinem Hauptgebäude ein Militärspital mit 300 Betten ein und nimmt für dieses vier Ärzte und 25 Pflegepersonen auf. Am 13. Juli treffen in diesem Spital die ersten Verwundeten ein. Etwa fünf Wochen nach dem Abschluß des Friedens zwischen Österreich und Preußen in Prag (23. August 1866) kann das stiftliche Militärspital wieder aufgelassen werden.

1869-1881 Restaurierung des Kreuzganges im Stift Klosterneuburg. Sie wird anfangs unter der Leitung Albert Camesinas von San Vittore nach den Plänen und Direktiven des Wiener Dombaumeisters Oberbaurat Friedrich Freiherrn von Schmidt durchgeführt, der 1873 auch mit der Oberleitung der Renovierungsarbeiten betraut wird. 1875-1876 wird die Agneskapelle restauriert und mit der Erneuerung der Freisingerkapelle in den Jahren 1880-1881 werden die Arbeiten im Kreuzgang abgeschlossen. (Bildhauerarbeiten von Karl Schwiefert in Klosterneuburg und Franz Erler aus Wien, von dem hauptsächlich die 24 Figuren unter den gotischen Baldachinen an den Wänden der Freisingerkapelle stammen; Steinmetzarbeiten von der Firma Wasserburger in Wien; Glasmalereien im Kreuzgang und in der Agneskapelle nach Zeichnungen des Architekten Kargl vom Hofglasmaler Karl Geyling; Glasgemälde in der Freisingerkapelle nach Zeichnungen des Malers Franz Jobst von der Firma Karl Geyling und Franz Löw; Deckenmalerei in der Freisingerkapelle von den Brüdern Karl und Franz Jobst.)

1870 stellt das Stift der önochemischen Versuchsanstalt (später k. k. chemisch-physiologische Versuchsanstalt für Wein- ,und Obstbau) die nötigen Räumlichkeiten im alten Stiftsgebäude zur Verfügung, spendet zur Errichtung dieses Institutes den Betrag von 1000 fl. und sichert ihm eine jährliche Subvention von 700 fl. auf die Dauer von zehn Jahren.

1871 wird der unförmige, völlig unkünstlerische Tabernakel des Hochaltars entfernt und durch einen neuen ersetzt (Entwurf und Ausführung: Bildhauer Franz Schönthaler), aber auch dieser ist total missglückt. 1918 wird der jetzige Tabernakel nach gründlicher Renovierung durch den Hoftischler Ing. Bernhard Ludwig und den akad. Bildhauer Franz Zelezny in Wien aufgestellt.

1871-1874 Im Jahre 1862 übergab das Stift der Obst- und Weinbauschule einen Versuchsweingarten unterhalb des sogenannten Schwarzen Kreuzes. Die Anlage gedieh zunächst prächtig. Im Sommer 1871 bleiben jedoch Rebstöcke in der Entwicklung zurück. 1872 nimmt diese Erscheinung größeren Umfang an. Am 15. Juli wird als Ursache die

Phylloxera vastatrix (Wurzellaus, Reblaus) konstatiert. Die Reblaus war eingeschleppt worden. Ein Freund des Leiters der Weinbauschule August Wilhelm Freiherr von Babo namens Schiebler aus Celle in Hannover machte im Frühjahr 1868 ein Geschenk von etwa 20 amerikanischen Wurzelreben, die er von North Hoboken am Hudson, New Jersey, bezogen hatte, und dort, wo diese Reben angepflanzt wurden (es war am Ende des Versuchsweingartens gegen Weidling, Spitz genannt), nahm die Reblaus in Klosterneuburg ihren Ausgang und verbreitete sich dann über Niederösterreich in die anderen Länder. Das einzige Mittel diesen Insekten beizukommen war die Rodung der verseuchten Stöcke und die Behandlung der nicht befallenen mit Schwefelkohlenstoff. Der Versuchsweingarten findet 1874 sein Ende. 1879 wird mit einer Neuanlage begonnen. Auch die stiftlichen Weingärten müssen im Laufe der folgenden Jahrzehnte neu gepflanzt würden. Der Pfropfenbau (das ist Weinbau mit veredelten Reben als Schutz gegen die Reblaus, wobei als Unterlagen amerikanische Reben und als Edelreis einheimische Rebsorten dienen) bringt den Weinbau des Stifts wieder zu seiner einstigen Blüte.

1872 Am 1. Jänner verkauft das Stift um 60 000 fl. und eine Holzentschädigung von 17 536 fl. Bodenflächen (223 Joch 473 Quadratklafter) in Floridsdorf und Schwarze Lackenau vom „Roller“ (ehemaliges Stromteilwerk unterhalb der heutigen Nordwestbahnbrücke) aufwärts bis gegen Kahlenbergerdorf und am 24. Jänner Grundflächen (805 Joch 1354 Quadratklafter) vom „Roller“ abwärts bis gegen Stadlau, darunter den damals bewohnten Teil vom Kaiserwasser an bis zur Taborbrücke (Zwischenbrücken) samt allem Zubehör, wie Holz-, Schotter- und Eisgewinnung, Fischerei, Oberfuhrrecht u. a. um 905 000 fl. an die Donauregulierungskommission.

1875 errichtet das Stift unter Propst Berthold III. Fröschl anstelle der alten Barbarakapelle (Mitte des 14. Jahrhunderts erbaut beim stiftlichen Spital St. Gertrud; sie fiel den Türken zum Opfer) ein Wohnhaus für stiftliche Bedienstete und Pensionisten. (Baumeister: Martin Schömer.)

1875 Am 13. Juli tritt das Stift „aus Anlass und zum Zweck der Donauregulierung bei Wien mit Rücksicht auf das öffentliche Interesse und zur Förderung dieses Werkes“ Parzellen in den Gemeinden Kagran, Leopoldau, Leopoldstadt, Floridsdorf, Jedlesee und Schwarzlackenau im Gesamtausmaß von 618 Joch an den Donauregulierungsfond unentgeltlich ab.

1877 beginnt der Chorherr des Stifts Klosterneuburg Engelbert Roman Fischer, (geb. 7. März 1833 in Neukirchen a. Wald, OÖ., im Stift Klosterneuburg eingekleidet 24. September 1854, Profess 25. März 1857, Priester seit 25. Juli 1858; gestorben 12. Juli 1889 als Pfarrverweser in Neustift a. Walde) im Eigenverlag das Werk „Die Großmacht der Jugend- und Volksliteratur“ herauszugeben. Er schließt es 1886 mit dem 5. Band ab. Die Bände enthalten Besprechungen von mehr als 10000 Büchern vom religiösen, pädagogischdidaktischen und patriotischen Gesichtspunkt aus. Diese Arbeit hat damals aufrüttelnd gewirkt und zu einer gründlichen Revision der Volks- und Jugendbibliotheken und der Strafhausbüchereien geführt; sie war auch maßgebend für die Anschaffung neuer Bibliotheken.

1877 übersiedelt die Obst- und Weinbauschule, die 1863 zu ‚einer Landesanstalt erhoben (Niederösterreichische Landes-Obst- und Weinbauschule) und 1874 in eine staatliche Fachmittelschule (k. k. önologische und pomologische Lehranstalt) umgewandelt wurde, in ein neues Gebäude an der Wienerstraße in Klosterneuburg, das auf Kosten des

k. k. Ackerbauministeriums für sie und für die chemisch-physiologische Versuchsstation für Wein- und Obstbau, die gleichfalls bisher im Stift ihr Heim hatte, erbaut worden ist. Das Stift schenkt den scheidenden Lehranstalten die Grundfläche, auf der das neue Institutsgebäude errichtet wurde. (1874 trat es nämlich einen Teil seines Obst und Grasgartens in der Steingrube zu Klosterneuburg im Ausmaß von 2 Joch 660 Quadratklaftern, im Wert von ca. 10 000 fl., zur Herstellung des neuen Schulgebäudes ab.)

1879-1880 lässt Propst Berthold Fröschl die Drei-Märtyrerkapelle im untersten Geschoß des nördlichen Fassadenturmes weitgehend restaurieren. Diese Kapelle wurde 1681 für die Aufnahme der Reliquien dreier Katakombenheiligen, der hl. Märtyrer Claudius, Georgius und Eugenius, die der Chorherr des Stifts Klosterneuburg Dr. Adalbert Olitorius von Großwitz im Jahre 1665 von Rom, wo er studierte, mitbrachte, eingerichtet. In den Jahren 1879-1880 werden die Wandflächen dieser Kapelle mit Stuckmarmor überzogen, der Boden mit Terrazzo belegt und schließlich wird ein Tabernakelaltar aus verschiedenfärbigem Marmor mit einem Sarkophag aus Carraramarmor für die Märtyrerreliquien aufgestellt. (Entwürfe für die Ausstattung der Kapelle von Josef Lippert Ritter von Granberg, königl. ungar. Primatialarchitekt und Ingenieur in Wien; Stuck- und Marmorarbeit von Antonio Detoma in Wien, 13 583 fl.; Statuen auf dem Altar, St. Berthold und St. Agnes, von P. Della-Vedova in Turin, 2400 fl.; Tabernakeltüre, Leuchter und Kanontafeln von Brix in Wien.)

1882 In diesem Jahr gründet der Chorherr des Stifts Klosterneuburg Berthold Egger, der 1879 mit der Herausgabe des „Kalenders für den katholischen Klerus Österreich-Ungarns“ (bei C. Fromme) begonnen hat, ein Standesorgan für den katholischen Klerus von Österreich, das „Korrespondenz-Blatt für den katholischen Klerus Osterreichs". (1891-1929 wird es vom Chorherrn des Stifts Klosterneuburg Roman Himmelbauer geleitet.)

1882-1893 Außenrenovierung der Stiftskirche, Ausbau der Türme (Aufsetzung der vergoldeten schmiedeeisernen Kreuze, deren höchster Punkt 82,75 m über dem Niveau ist, 1887) und Bau einer neuen Sakristei sowie eines neuen Betchores an der Nordostseite der Stiftskirche (1891-1893). Die Bauleitung nach Rissen des stiftlichen Kämmerers Koloman Krieger (gestorben 24. Februar 1888), des Architekten Josef Schömer und nach Direktiven des Wiener Dombaumeisters Freiherr von Schmidt liegt in der Hand des Architekten Josef Schömer in Klosterneuburg. Baumeister: Martin Schömer; Steinmetzarbeiten: Firma Hauser, später Anton Wasserburger; Bildhauer: Karl Schwiefert von Klosterneuburg und Franz Erler aus Wien. Von letzterem stammen die Statuen aus den Baldachinen der Türme, das Tympanonrelief über der kleinen Kirchenpforte und das Marmorrelief an der Mensa der Marienkapelle unter dem südlichen Turm. Die Gemälde an den Wänden dieser Kapelle werden von den Brüdern Karl und Josef Jobst aus Wien gemalt. Die eingelegten, mit Schnitzarbeit verzierten Chorstühle aus Nussholz im Betchor sind ein Werk der Kunsttischlerei Bernhard Ludwig in Wien. (Gesamtkosten dieser Arbeiten: 1051255 fl.)

1885 Die Jahrhundertfeier der Kanonisation des hl. Leopold (6. Jänner 1485) wird im Stift Klosterneuburg vom 15. bis 17. November durch ein feierliches Triduum begangen. Am Festtag des Heiligen erhält die Feier einen besonderen Glanz durch die Teilnahme des Kaisers Franz Joseph und der Erzherzöge Kronprinz Rudolf, Karl Ludwig, Karl Salvator, Leopold Salvator, Franz Salvator, Rainer und Heinrich am Pontifikalamt in der Stiftskirche, das der Kardinal-Fürsterzbischof von Wien Dr. Cölestin Ganglbauer zelebriert. Nach dem Hochamt besucht der Kaiser mit seiner Begleitung die stiftliche Schatzkammer, in der ihn besonders die Gegenstände, die mit dem hl. Leopold im Zusammenhang stehen, interessieren. Am 16. November zelebriert in der Stiftskirche der Weihbischof von Wien Dr. Eduard Angerer und am 17. November der apostolische Nuntius Ferdinand Seraphinus Vannutelli, Erzbischof von Nizäa. (Festprediger: 15. November: Dr. P. Anselm Ricker, Prior des BenediktinerStifts zu den Schotten in Wien; 16. November: Chorherr Albert Riesch, Pfarrverweser in Haselbach; 17. November: Adam Mally, Pfarrverweser in Tattendorf.)

1886 tritt das Stift Klosterneuburg das Strebersdorfer Schloss an die Christlichen Schulbrüder zu einem mäßigen Preis ab. Am 8. Oktober 1886 halten diese unter dem späteren Provinzial Br. Kosmas Knauff ihren Einzug im Schloss.

1889 Am 10. Juli approbiert die Sacra Congregatio rituum das Kalendarium perpetuum für den Gebrauch der Chorherren des Stifts Klosterneuburg. Nach der umfassenden Brevierreform Papst Pius X. wird der umgearbeitete Festkalender am 10. März 1915 von der Ritenkongregation bestätigt. Am 24. April 1957 approbiert diese Kongregation den besonders durch die Bemühungen des Generalabtes Gebhard Koberger historisch-kritisch umgearbeiteten neuen Festkalender.

1898-1901 In diesen Jahren werden das Querschiff, die Seitenschiffe und die Eingangshalle der Stiftskirche künstlerisch erneuert (hauptsächlich durch Marmorierung). Die alten Fresken in diesen Teilen der Kirche werden vom akad. Maler Karl Peyfuß aufgefrischt, schließlich werden die Gemälde der Kirche durch die Kreuzwegbilder, von Peyfuß al secco ausgeführt, bereichert.

1898 lässt das Stift in Klosterneuburg, Wienerstraße 68, ein Wohnhaus für 14 Arbeiterfamilien erbauen. (Pläne vom Architekten Josef Unger, Insp. der Nordwestbahn; Baumeister Josef Schömer; Kosten: 51000 fl.)

1904 Ein konventinterner Streit wird nach außen getragen und führt zu Komplikationen: Vom 19. bis 23. Juli lässt der Fürsterzbischof von Wien Anton Josef Gruscha, der von der Congregatio episcoporum et regularium am 7. Mai um eine „informatio" und ein „votum" bezüglich der Verwaltung und der Disziplin im Stift Klosterneuburg ersucht worden ist, durch seinen Weihbischof Dr. Godfried Marschall im Stift Klosterneuburg eine kanonische Visitation vornehmen.

1904-1907 Dann folgt eine apostolische Visitation durch den Dominikaner Exgeneral P. Andreas Frühwirth (zum Visitator ernannt durch Dekret der Congregatio episcoporum et regularium vom 24. September 1904). Der Visitator trifft am 8. Oktober im Stift ein, er beschäftigt sich wissenschaftlich mit der Frage der Exemption des Stifts. Weiters läßt er consuetudines („Gloriosus Deus in sanctissuis"; aus einer Handschrift der Stiftsbibliothek; 1456 von Papst Calixtus III. approbiert) auf Kosten des Stifts drucken. Während der Visitation stirbt Propst Bernhard Peitl am 6. Oktober 1906. Nun wird von allen Seiten auf eine rasche Abschließung der Visitation gedrängt. Die schon lang propagierte Kongregationsbildung der österreichischen ChorherrenStift (bereits unter Propst Adam Schreck fand 1859 im Stift Klosterneuburg eine Beratung der Stift statt, die aber keinen Erfolg hatte) wird nun als Ergebnis und Frucht der Visitation proklamiert und diese als beendigt erklärt. Die neue Propstwahl findet in Klosterneuburg am 9. Jänner 1907 statt (bereits in veränderter

Form; nicht mehr der Ordinarius leitet die Wahl, sondern der Propst von St. Florian wird dazu bestimmt. Pro hac vice unterliegt die Propstwahl der Bestätigung durch den hl. Stuhl, in Hinkunft wird der Generalabt jede neue Wahl in einem Stift der Kongregation bestätigen); aus ihr geht Kanzleidirektor Friedrich Piffl als Propst hervor. Am 16. Juni 1907 billigt Papst Pius X. in einer Audienz des Kardinalpräfekten der Congregatio episcoporum et regularium, Ferrata, den Entschluss der österreichischen Augustinerchorherrenstift St. Florian, Reichersberg, Herzogenburg, Klosterneuburg, Neustiftund Vorau, sich zu einer österreichischen Kongregation der regulierten lateranensischen Chorherren (Congregatio canonicorum regularium Lateranensium Austriaca) unter einem Generalabt (auf sechs Jahre gewählt) zu vereinigen, erklärt die neue Kongregation für kanonisch errichtet und approbiert ihre Statuten und Deklarationen zur Regel des hl. Ordensvaters Augustinus. (Dekret der Kongregation für die Bischöfe und Regularen vom 25. Juni 1907.) Am 10. September 1907, findet das erste Generalkapitel der neuen Kongregation statt. (Zum ersten Generalabt wird Propst Josef Sailer von St. Florian gewählt, zum ersten Konvisitator Propst Frigdian Schmolk von Herzogenburg.).

1904-1914 wird auf Kosten des Stifts und mit Hilfe des Fonds der ehemaligen Kapelle zum hl. Johann von Nepomuk in Zwischenbrücken (1872-1873 wegen der Donauregulierungsarbeiten abgetragen) für die neue Pfarre des Stifts Donaufeld die mächtige Kirche zum hl. Leopold gebaut. (76 m lang, 34 m breit, Turm 96 m, dreischiffige Hallenkirche im Stil der Backsteingotik mit Elementen des Jugendstils; Pläne vom Architekten Franz Ritter von Neumann, Karl Troll und Johann Stoppel, Ausführung vom Hofbaumeister Josef Schmalzhofer. Grundsteinlegung durch Kaiser Franz Joseph am 6. Juni 1905. Konsekration durch Fürsterzbischof Friedrich Pfiffl am 8. Juni 1914. Ausgaben des Stifts für die neue Pfarrkirche über 1300 000 Kronen, des Fonds der Kapelle zum hl. Johann von Nepomuk in Zwischenbrücken 140 000 Kr.)

1905 Am 12. November führt der „Männerapostel Wiens“ P. Heinrich Abel S.J. zum Männer von Wien und Niederösterreich zum Grab des Landespatrones St. Leopold und begründet damit die Männerwallfahrt. (P. Abel hatte bereits 1904 in der Stiftskirche zu Leopoldi gepredigt; bis 1925 führt er selbst die Wallfahrten der Männer nach Klosterneuburg. Er stirbt am 23. November 1926.)

1907 Am 27. August besucht König Karl I. von Rumänien mit seiner Gemahlin Elisabeth (der bekannten Dichterin Carmen Sylva) das Stift Klosterneuburg und lässt sich seine Sehenswürdigkeiten zeigen. Nach seiner Rückkehr in sein Reich bedankt er sich für den überaus freundlichen Empfang, der ihm bei den Chorherren in Klosterneuburg zuteil wurde, durch eine reiche Spende von Büchern dem Stift Klosterneuburg erkenntlich.

1908 entdeckt der Stiftsbibliothekar Hermann Pfeiffer in der Handschrift Nr. 574 der stiftlichen Bücherei zufällig das mit lateinischen Neamen (Notenschriftzeichen) ausgestattete Osterspiel vom Anfang des 13. Jahrhunderts, das der Benediktiner von Melk Bernhard Pez in einem Handschriftenband des Stifts Klosterneuburg seinerzeit entdeckte und in seinem Thesaurus anecdotorum novissimus, Augsburg 1721, Bd. II. S. LIII besonders würdigt. Dieses gereimte geistliche Drama hat sich nach dem Tode des berühmten Gelehrten den Blicken der Forscher bis zum Jahre 1908 entzogen. Die Wiederauffindung dieser Dichtung und andere literarische Funde geben den Anstoß zur Herausgabe des wissenschaftlichen Sammelwerkes „Jahrbuch des Stifts Klosterneuburg“ (Bd. 1 bei Heinrich Kirsch, Bd. II-IX bei Wilhelm Braumüller, Wien). Sparmaßnahmen erfordern 1919 die Einstellung des „Jahrbuches“.

1908-1910 Bau eines Wohnhauses für stiftliche Angestellte mit 38 Wohnungen in Klosterneuburg, Albrechtstraße 105-107, zur Erinnerung an das Jubiläum der 60jährigen Regierung des Kaisers Franz Joseph. Pläne von Josef Wurts, Stadtbaumeister in Wien; Ausführung durch Josef Brenner, Stadtbaumeister in Klosterneuburg; Auslagen des Stifts für dieses Gebäude ca. 400 000 K.

1910 nehmen die Chorherren die neu errichteten Abteilung für Kirchenmusik an der k. k. Akademie für Musik und darstellende Kunst in Wien im Stift auf. Das Stift lässt für diese neue Schule im mittelalterlichen Teil mehrere Räume, darunter die ehemaligen Refektorien, mit einem Kostenaufwand von über 22000 Kr. adaptieren und erklärt sich bereit, der Anstalt bis 31. August 1924 drei Lehrsäle, ein Professorenzimmer, einen Kanzleiraum für den Leiter des Institutes, ein Dienerzimmer, sowie Vor- und Nebenräume unentgeltlich zur Verfügung zu stellen, sie instandzuhalten und für die Beleuchtung und Heizung Sorge zu tragen. Außerdem sagt das Stift der Anstalt die Benützung des stiftlichen Musikarchivs und die Verwendung der stiftlichen Sängerknaben für Chorübungen und musikalische Aufführungen zu. Am 1. Mai 1924 übersiedelt die Abteilung für Kirchenmusik der staatlichen Akademie für Musik und darstellende Kunst nach Wien I. Sparmaßnahmen von seiten des Staates, des Stifts Klosterneuburg und auch der Hörer haben bei den schwierigen wirtschaftlichen Verhältnissen die Transferierung dieses Institutes zur Notwendigkeit gemacht.

1911-1914 lässt das Stift in Kierling nach den Plänen des Baurates Richard Jordan eine neue Pfarrkirche in romanischem Stil erbauen. Ausführung: Stadtbaumeister Anton Schäftner und Hans Flicker. Kosten: ca. 250000 Kr. Von der alten romanischen Kirche blieben damals erhalten: Schiff, halbkreisförmige Apsis, Lisene auf Basis mit Eckblättern, Rundbogenfenster und mehrere ornamentierte Würfelkapitäle; diese bilden eine Kapelle der neuen Kirche.

1911 bestellt das Stift in der Kunstgewerbeschule des österreichischen Museums für Kunst und Industrie einen neuen Pontifikalornat samt Antependien. Er wird nach den Entwürfen von Anton Hofer (Schüler des Professors Koloman Moser) unter der künstlerischen Leitung Mosers und der technischen Leitung von Professor Rosalia Rothhansl 1914 vollendet. Kosten: 13 100 K.

1912-1915 ist das Stift durch Verwendung eines Teiles seines Stammvermögens in der Lage in Wien XXI., Donaufeld, Kinzerplatz 18 und 20-23, fünf Häuser mit Kleinwohnungen für 92 Parteien zu bauen. Kosten: über 548 000 K.

1913 wird Propst Friedrich Piffl zum Fürsterzbischof von Wien ernannt.

1914-1915 wird ein alter, künstlerisch hochwertiger Pontifikalornat des Stifts in der kunstgewerblichen Werkstätte des österreichischen Museums für Kunst und Industrie unter Prof. Rosalia Rothhansl restauriert. Der Brokatornat stammt aus der ersten Hälfte des 18. Jahrhunderts und kam wegen seiner starken Abnützung nicht mehr zur Verwendung. (Auslagen für diese Arbeit, die 16 Stickerinnen beschäftigt: über 11000 K.)

1914 Bald nach Ausbruch des Weltkrieges hält das Stift zwei

Reservespitäler (eines im stiftlichen Vereinshaus und das zweite im alten Stiftsgebäude) mit insgesamt 66 Betten bereit. Am 7. September 1914 übernehmen sie ihre ersten Kranken (58 Mann). Wegen Mangels an Lebensmitteln muss das stiftliche Reservespital Nr. 2 Ende Jänner, das Reservespital Nr. 1 am 26. März 1917 aufgelassen werden. (Zahl der Soldaten, die in den beiden Lazaretten gepflegt wurden: über 1000.) Vom November 1915 erhielt das Stift mit Rücksicht auf die beharrliche Steigerung der Lebensmittelpreise für jeden Kranken, der sich im Stift in Pflege befand, vom Ärar einen Verköstigungsbeitrag von 3,50 K. Dieser Zuschuss wurde ein Jahr später auf 4 K. erhöht.

1914 Der Chorherr Pius Parsch versieht seinen Dienst als Feldkurat und muss erkennen, dass der Stand der religiösen Bildung der Soldaten durch Unkenntnis der Heiligen Schrift gering ist. Außerdem können die Wenigsten die Hl. Messe mitfeiern, da sie nicht Latein können. Pius Parsch entwickelt daraufhin die Idee, durch ein verstärktes Bibelapostolat und die Messfeier in Landessprache den Glauben neu zu beleben.

1916 Im Oktober müssen drei von den acht Glocken der Stiftskirche als „Kriegsmaterial" abgeliefert werden: die Chorglocke (größter Durchmesser 109 cm, Gewicht 860 kg; 1903 von Peter Hilzer in Wiener Neustadt aus der alten Chorglocke vom Jahr 1535, die 1903 zersprang, gegossen), die Aveglocke, (Durchmesser 96 cm, Gewicht 600 kg; 1898 von Hilzer aus der Aveglocke von 1772, die schadhaft wurde, angefertigt) und die Zeichenglocke (Durchmesser 96 cm, Gewicht 60 kg; 1895 von Hilzer aus einer älteren Glocke vom Jahr 1796 umgegossen). Das Stift erhält für die geopferten Glocken vom Staat eine Vergütung von 4 K. pro Kilogramm.

1920 wird dem Stift Klosterneuburg auf Grund eines Beschlusses der Nationalversammlung das Salzdeputat gestrichen.

1921 Am 7. Juli beschließt das Kapitel aus wirtschaftlichen Gründen die stiftliche Volksschule aufzulassen. Am 1. September tritt an ihre Stelle eine von der NÖ Landesregierung und dem Landesschulrat errichtete 6klassige allgemeine Volksschule für Knaben und Mädchen.

1921 Seit 24. Dezember ziert in der Weihnachtszeit eine künstlerische in Majolika ausgeführte Krippe die Stiftskirche von Klosterneuburg. (Die Anregung stammte von Dr. Wolfgang Pauker. Ausführung: Prof. Michael Powolny. Preis: 18 000 Kr., die durch freiwillige Spenden aufgebracht wurden.)

1924 Am 28. September nimmt das Stift nach der Weihe durch den Propst Dr. Josef Kluger das an der südlichen Außenseite der Stiftskirche angebrachte Kriegerdenkmal in seine Obhut. Es ist ein Werk des Bildhauers Franz Zelezny. Von ihm stammt auch der Kreuzweg in der Pfarrkirche St. Michael in Heiligenstadt. Auf den 14 in Holz gearbeiteten Stationen sind über 100 Bildnisse von bekannten Wiener Persönlichkeiten. Vom selben Meister stammt auch ein Kreuz im Konventgebäude.

1925 Im Oktober wird das vierjährige Studium an der theologischen Lehranstalt des Stifts Klosterneuburg durch einen philosophischen Jahrgang auf fünf Jahre erweitert.

1926 gründet Prof. Dr. Pius Parsch die Zeitschrift „Bibel und Liturgie“. Das erste Heft erscheint am 1. Oktober 1926.

1927 Die ungünstige finanzielle Lage des Stifts nötigt es, mit behördlicher Genehmigung zwei kostbare Bücher der Inkunabelsammlung zu veräußern: die Biblia latina, Mainz,

Johann Fust und Peter Schöffer, 1462 und die Biblia germanica, Straßburg, Johann Mentelin, undatiert, die erste gedruckte deutsche Bibel.

1927 Am 30. Oktober, dem Christkönigsfest, weiht der Propst des Stifts Klosterneuburg Generalabt Dr. Josef Kluger die neue Chororgel beim Hochaltar, die durch Vereinigung mit einer angekauften Konzertorgel (von der früher im Stift untergebrachten Abteilung für Kirchenmusik der Akademie für Musik und darstellende Kunst) vergrößert, (Zahl der klingenden Stimmen jetzt 34, vorher bloß 16), teilweise erneuert und mit einem elektrischen Spieltisch ausgestattet worden ist. Der Umbau der Orgel wurde von der österreichischen Orgelbau A. G. „Cäcilia" in Salzburg (Parsch) durchgeführt. 1930 lässt das Stift die Chororgel durch die Firma Drüher und Flamm mit drei weiteren neuen Stimmen und einem zweiten elektrischen Spieltisch, der beim Chorgestühl ist, versehen.

1928 Am 28. Mai weiht der Propst Dr. Josef Kluger im Hof des Stiftsgebäudes zwei von der Firma Josef Pfundner gegossene Glocken (Augustiniglocke, 1187 kg schwer, größter Durchmesser 120 cm, Ton f, und Hartmanniglocke, 643,5 kg, Durchmesser 100 cm, Ton as), die das „Volksliturgische Apostolat" als Ersatz für die 1916 als Kriegsmetall abgelieferten Glocken gespendet hat. Nach der Glockenweihe nimmt der Stiftsdechant Isidor Kraus die Weihe der stiftlichen Buch- und Kunstdruckerei (Maschinen von Rockstroh in Heidenau, Sachsen), die in den Räumen des alten Stiftsgebäudes eingerichtet wurde, vor.

1929 Zum Fest des hl. Leopold sind der deutsche Reichskanzler Dr. Josef Marx und der Außenminister Dr. Gustav Stresemann in Begleitung des österreichischen Bundeskanzlers Prälat Dr. Ignaz Seipel und anderen hohen Politikern im Stift Klosterneuburg.

1929 Am 17. Dezember verleiht die niederösterreichische Landesregierung dem Stift Klosterneuburg, das die Buchhandlung „St. Augustinus“ errichtet hat, die Konzession zum Betrieb einer Versand-, Buch-, Kunst- und Musikalienhandlung.

1929-1931 lässt das Stift durch die Baufirma Amlacher und Sauer in Wien folgende Zinshäuser erbauen:
1. im 2. Bezirk, Alliiertengasse 12, mit 28 Wohnungen und fünf Lokalen (1929/30);
2. und 3. in Wien XIX., Saarplatz 19 und 20, mit 13 Wohnungen und vier Lokalen, bzw. 38 Wohnungen und neun Lokalen (1931);
4. im XXI. Bezirk, Kinzerplatz 24, „Klugerhof“, mit 131 Wohnungen und 10 Lokalen (1931).
Beginnend 1930 verkauft das Stift größere Teile des ihm eigenen Wienerwaldes (etwa 400 ha) an die Gemeinde Wien. Zu diesem Schritte sind die Chorherren u. a. durch die unheilbare Passivität jener Waldteile und die Wirtschaftserschwernisse (Schlägerung, Aufforstung, Brandgefahr, Wegerhaltung) in den von Ausflüglern stark besuchten Waldteilen genötigt worden.

1930 tritt das Stift Klosterneuburg dem Naturhistorischen Institut in Wien seine Mineralien- und Conchyliensammlung ab. Sie stammte vom Propst Ambros Lorenz (1774 angekauft) und wurde durch Propst Jakob Ruttenstock erweitert (1841).

1932 Am 11. September weiht der Propst des Stifts Klosterneuburg Dr. Josef Kluger in der Gemeinde Weidlingbach, die zur Pfarre Weidling gehört, zu Ehren des heiligsten Namens Mariä ein Filialkirchlein in romanischem Stil (erbaut von der Firma Baumeister Josef Schömer und Sohn in

Klosterneuburg; die Finanzierung erfolgte durch Spenden von Wohltätern und besonders durch das Stift Klosterneuburg).

1934 erscheint im Verlag des Volksliturgischen Apostolates im Stift Klosterneuburg (1922 vom Chorherrn Dr. Pius Parsch begründet) eine überaus wohlfeile deutsche Übersetzung der Heiligen Schrift des Alten und Neuen Testamentes, die Dr. Pius Parsch durch eine Reihe von Bibelgelehrten verfassen ließ.

1935 verkauft das Stift Klosterneuburg (mit Genehmigung der päpstlichen Kurie vom 29. März 1935) die Liegenschaft „Bretteldorf" Wien XXI., die ein Ausmaß von ungefähr 1000000 m2 hat und auf der sich 374 Ansiedlungen mit etwa 1000 Personen befinden (heute Teil des Donauparks in 1220 Wien) der Gemeinde Wien. Diese versucht diese wilde Siedlung abzusiedeln und errichtet dort eine Mülldeponie.

1935 ermöglicht das Stift Klosterneuburg die Ausführung einer Rollfähre auf der Donau zwischen Klosterneuburg und Korneuburg durch Beisteuer des dritten Teiles des Kapitals, das für den Bau benötigt wird. Weihe der Rollfähre durch den Stiftspropst am 12. September 1935.

1936 Restaurierungen im Stift. Im Juni bis Juli lässt das Stift vom Dekorationsmaler Oskar Gligu die Leopoldskapelle, zum großen Teil das Innere der Stiftskirche (Mittelschiff, Seitenschiff, Peter- und Paulkapelle, Afrakapelle und Marienkapelle), das Beichtzimmer und die Sakristeien renovieren. Um dieselbe Zeit beginnt der akad. Maler Hans Fischer aus Wien mit der Renovierung der Deckengemälde in den Seitenkapellen der Stiftskirche, der Kreuzwegbilder, sowie der Fresken in der Leopoldskapelle. Ende September ist diese Arbeit beendet. Zugleich wird die Erneuerung der westlichen und der nördlichen Außenseite des alten Stiftsgebäudes in Angriff genommen. Auch diese Arbeiten, bei denen am Westtrakt schöne gotische Fenster aufgedeckt werden, sind im September abgeschlossen. (Firma Josef Schömer und Sohn). Im September wird zur Bereicherung und Vervollkommnung der Harmonie des Geläutes der Stiftskirche die jüngere der zwei großen Es-Glocken der Stiftskirche (umgegossen 1679 von Balthasar Herold in Wien, 1988 kg schwer, größter Durchmesser 143 cm) durch eine neue von der Firma Josef Pfundner hergestellte C-Glocke (gegossen 2. September 1936, 2630 kg schwer, größter Durchmesser 160,5 cm; vom Propst des Stifts Klosterneuburg Dr. Josef Kluger am 20. September 1936 zu Ehren des hl. Josef geweiht) ersetzt und die ältere Es-Glocke durch Ausschleifen tiefer gestimmt. Diese neue Glocke musste dann mit der Augustini- und der Hartmanniglocke am 10.März 1942 abgeliefert werden. Die Disposition der Glocken der Stiftskirche ist in der Folge

1. große Glocke, Leopoldiglocke, 5824 kg schwer, Durchmesser 202cm, gegossen 1644 von Leonhard Löw von Löwenberg, Ton As;

2. Liebfrauenglocke, ca. 2300 kg schwer, Durchmesser 150 cm, gegossen 1539 vom Passauer Glockengießer Andreas Wierttinger, Ton Es,;

3. Hochamtsglocke, zu Ehren der heiligsten Dreifaltigkeit und der Unbefleckten Empfängnis geweiht, 371 kg schwer, Durchmesser 84 cm, gegossen 1777 von Franz Josef Scheichel, Ton C,;

4. Zügenglöckchen, zu Ehren der hl. Margareta geweiht, 70 kg schwer, Durchmesser 50 cm, gegossen 1733 von Stefan Drackh, Ton As.

1936 Am 20. September legt Generalabt Dr. Josef Kluger den Grundstein zu einer neuen Pfarrkirche in Floridsdorf

(Wien XXI.).

1936 Am 24. September verleiht Papst Pius XI. durch ein Breve aus Castel Gandolfo der Stiftskirche zu Klosterneuburg den Rang einer Basilika minor.

1936 Am 29. September weiht zum 800jährigen Gedächtnis der Konsekration der Stiftskirche der Fürsterzbischof von Salzburg Dr. Siegmund Waitz, Primas von Deutschland, den zum Pfarraltar umgebauten Leopoldsaltar der Stiftskirche (1871-1872 vom Wiener Bildhauer Franz Schönthaler, nach dessen Zeichnung auch die Statue des hl. Leopold in Bronze gegossen wurde, hergestellt). Der Umbau wurde nach Zeichnungen und unter der Leitung des Architekten Robert Kramreiter ausgeführt (Marmorlieferung und Steinmetzarbeiten von der Marmor-Industrie Kiefer A. G. in Wien; Metallarbeiten: Tabernakel, Kreuz, Leuchter von der Werkstätte für Kunst- und Kirchengeräte Othmar Wicke in Wien).

1936 Am 29. September legt Generalabt Propst Dr. Josef Kluger den Grundstein für die St. Leopoldskirche im Weidlinger Sachsenviertel von Klosterneuburg. (Das Stift erwarb den Grund für den Bau der Kirche um 47000 S.).

1936 In diesem Jubiläumsjahr stiften die Chorherren von Klosterneuburg ihrem Gründer und Schutzpatron, dem hl. Leopold, einen neuen Reliquienschrein. Die Herstellung erfolgt unter Leitung des damaligen Kustos Dr. Wolfgang Pauker. (Gold-, Silber- und Metallwarenfabrik Klinkosch, Plastiken des Schreins von Bildhauer Prof. Otto Hofner: St. Leopold, Schleierfund, Grundsteinlegung der Stiftskirche. Markgräfin Agnes, Papst Innozenz VIII. spricht Leopold heilig, Übertragung der Gebeine des hl. Leopold 1506, Huldigung der hl. drei Könige, Christus als Herr und

König des künftigen Reiches. Der neue Schrein wird am 13. November 1936 in der Schatzkammer von Propst Dr. Kluger geweiht. Hierauf betten der Propst und die Kapitularen die Gebeine des hl. Leopold um. Am 14. November wird der Schrein mit den Reliquien zur Exposition in die Kirche übertragen.

1936 15. bis 22. November: Festliche Oktav zur Säkularfeier des Todestages Leopold des Heiligen unter starker Beteiligung des Klerus und der Gläubigen von Klosterneuburg, Wien, Niederösterreich und Oberösterreich. Auch die Pröpste der anderen Stift der österreichischen Chorherrenkongregation weilen im Stift. Am 15. November zelebriert Kardinal-Erzbischof Dr. Theodor Innitzer das Pontifikalamt (Predigt Generalabt Dr. Josef Kluger). An diesem Tag sind bei der Hauptfestlichkeit der Präsident des Bundesstaates Österreich Wilhelm Miklas, der Bundeskanzler Dr. Kurt Schuschnigg, viele Regierungsmitglieder, der Hoch- und Deutschmeister des Deutschen Ritterordens Erzherzog Eugen, der Landeshauptmann von Niederösterreich Josef Reither und der Bürgermeister der Stadt Wien Richard Schmitz zugegen. - In der Oktav findet täglich ein feierliches Pontifikalamt mit Predigt statt. Die Festlichkeit am 20. November (Zelebrant ist der Linzer Bischof Dr. Johannes Maria Gföllner) ist durch die Anwesenheit von etwa 740 Oberösterreichern charakterisiert, die am Vortag mit ihrem Landeshauptmann Dr. Heinrich Gleißner an der Spitze als Wallfahrer in Klosterneuburg eintrafen. Am 21. November (Zelebrant: Militärvikar Dr. Ferdinand Pawlikowski, Fürstbischof von Seckau) begeht das österreichische Bundesheer in Klosterneuburg das Gedächtnis des hl. Leopold. Zu dieser Feier erscheint auch der Staatssekretär für Landesverteidigung General Wilhelm Zehner. Am 22. November wird die Achthundertjahrfeier im Stift Klosterneuburg nach der Pontifikalvesper in den Abendstunden mit einer großen Prozession, bei welcher der neue Reliquienschrein des hl. Leopold mitgetragen wird, abgeschlossen.

1936 Im Dezember kauft das Stift Klosterneuburg von den Erben des Grafen Rudolf Fürstenberg den Waldbesitz und die Säge zu Schwarzau im Gebirge (Gerichtsbezirk Gutenstein) im Ausmaß von 1700 ha und von der österreichischen Creditanstalt (Wiener Bankverein) den ehemals Berlschen Waldbesitz zu Rohr im Gebirge im Ausmaß von 1125 ha.

1937 Durch Dekret der Religiosenkongregation vom 30. Jänner 1937 wird P. Dr. Hilarin Felder OFM Cap. zum Visitator der Stift der österreichischen Chorherrenkongregation ernannt. Im Zuge dieser Visitation wird am 27. Juli 1937 Generalabt Propst Dr. Josef Kluger durch die Religiosenkongregation aufgefordert, die Konstitutionen der Kongregation in der Bearbeitung nach dem Codex Juris Canonici einzusenden. Bereits 1919 waren durch den Chorherrn von St. Florian Dr. Gottfried Schneidergruber neue Konstitutionen ausgearbeitet worden; diese werden nun durch die Chorherren des Stifts Klosterneuburg Dr. Ferdinand Schönsteiner, Severin Schmid und Norbert Stenta überarbeitet und auf dem Generalkapitel in St. Florian am 27. Juli 1937 von den Abgesandten der österreichischen ChorherrenStift durchbesprochen. Am 16. August beginnt die Visitation in Osterreich, und zwar im Stift St. Florian. Vom 3. bis 11. September wird die Kanonie Klosterneuburg durch P. Hilarin Felder, der in Begleitung seines Sekretärs Prof. Dr. P. Burkhard Mathis OFM Cap. erschienen ist, visitiert. Am 9. November 1937 stirbt der Propst von Klosterneuburg Generalabt Dr. Josef Kluger. Daraufhin setzt der Apostolische Visitator die Neuwahl für den 25. November fest. Er präsidiert dieser Wahl selbst und lässt sie kanonisch durchführen, er verzichtet also auf sein Recht, einen Propst zu ernennen. So wird am 25. November Chorherr Alipius Linda, Pfarrverweser von Floridsdorf, zum 64. Propst des Stifts Klosterneuburg gewählt. Der Visitator ist mit dem Ausgang der Wahl sehr zufrieden und spendet den Chorherren wegen der mustergültigen Disziplin, die sie bei ihr bekundet haben, reiches Lob. - Am 13. Juni 1938 wird der Apostolische Visitator P. Hilarin Felder zum Titularbischof von Gera geweiht. Im Herbst beruft Dr. Felder ein Generalkapitel nach St. Florian, wo unter seinem Vorsitz am 19. und 20. September die definitiven Konstitutionen der österreichischen Kongregation der regulierten lateranensischen Chorherren, die der Sacra Congregatio de Religiosis zur Bestätigung vorgelegt werden sollen, beraten werden. Die Religiosenkongregation bestätigt diese Statuten am 21. Mai 1940. Damit wäre eigentlich die Visitation abgeschlossen; das wird jedoch durch den Krieg, die Aufhebung der Stift und die Vertreibung der Chorherren verhindert. Durch den Tod des Generalabtes Vinzenz Hartl, des Propstes von St. Florian, 1944, ist die Stelle eines Generalabtes zunächst erledigt. Bischof Dr. Felder ernennt schließlich - da die schwierigen Verhältnisse eine Wahl kaum möglich machen - am 20. September 1946 Propst Alipius Linda zum Generalabt. Am 11. März 1947 findet die Apostolische Visitation der österreichischen Chorherrenkongregation durch Exzellenz Dr. Hilarin Felder ihren offiziellen Abschluss.

1937 Am 14. November konsekriert der Bischof von Raab, Dr. Stephan Breyer, den neuen Altar in der St. Gertrudskirche im ehemaligen Hospital des Stifts. Diese Kirche, in der seit dem Jahre 1922 Chorherr Pius Parsch mit seiner Gemeinde an Sonn- und Feiertagen volksliturgischen Gottesdienst feierte, wurde 1935 tiefgreifend umgestaltet. Die alten Natursteinbogen und -Pfeiler mit den ursprünglichen romanischen Elementen wurden bloßgelegt und traten zum

Vorschein. Auch ein frühgotisches Fresko, Himmelsleiter im Traum Jakobs, zeigte sich an der Abschlussgurte der Apsis über dem Altar. Ein neuer Altartisch (Salzburger Forellenmarmor) „versus populum" (also ein Volksaltar), ein Gemmenkreuz und zwei Ambonen werden errichtet, weiters neue Kirchenbänke und Glasgemälde. Die Durchführung dieser Umgestaltung nach den Ideen von Pius Parsch lag in den Händen des Architekten Robert Kramreiter.

1937 Am 19. Dezember benediziert Propst Alipius Linda die neuerrichtete Pfarrkirche zum hl. Josef in Floridsdorf (Wien XXI.). Gleichzeitig mit ihrer Erbauung hat das Stift auch einen neuen Pfarrhof errichtet. (Künstlerische Leitung: Architekt Robert Kramreiter.)

1938 Am 29. August wird das Sängerknabeninstitut aufgelassen. Wirtschaftliche Momente und die wiederholten Anforderungen der Räume des Stifts Klosterneuburg für öffentliche Zwecke (Militär und Schule) sind für diese Maßnahme entscheidend. Dieses Institut befand sich laut stiftlichen Rechnungsbüchern seit Propst Andreas Mosmiller im Stift; die Zahl der Sängerknaben war verschieden, anfangs 4-9 (Diskantisten), in letzter Zeit waren es 10-12.

1938 Am 6. November benediziert Propst Alipius Linda die neuerrichtete Kirche St. Leopold zu Klosterneuburg. (Architekt Rudolf Wondracek aus St. Pölten). Am 5. November konsekriert Propst Linda den Hochaltar der neuen Kirche. Die zwei Seitenaltäre und ein Altar inder Krypta werden erst durch Generalabt Gebhard Koberger am 15. Dezember 1957 geweiht.

1939 Am 8. März 1939 wird auf Befehl des Reichskommissars der Ostmark Dr. Lambert als Kommissar über die Verwaltung des Stifts Klosterneuburg gesetzt. Am 29. April wird er wieder abberufen, das Stift musste jedoch vorher Pachtländereien im Ausmaß von rund 14000000 m2 abtreten. Um die Schenkungssteuer zu ersparen, werden diese Gründe dem „Fonds der Deutschen Mutter“ übergeben. Diese Grundgebiete kommen 1945-1946 durch das erste Rückstellungsgesetz wieder an das Stift zurück.

1939 Am 25. Juli 1939 teilt der Wiener Magistrat dem Stift Klosterneuburg mit, dass seiner philosophisch-theologischen Lehranstalt nach einem Erlass des Ministeriums für innere und kulturelle Angelegenheiten vom 15. Juli 1939 der hochschulartige Charakter abgesprochen wird. Damit wird der Anstalt das Öffentlichkeitsrecht, das sie seit 1811 besaß, genommen.

1939 Ende September muss die „Augustinus-Druckerei“, die seit 1928 im Stift Klosterneuburg bestand, auf staatlichen Befehl ihren Betrieb einstellen.

1940 Am 15. März errichtet Kardinal Erzbischof Dr. Theodor Innitzer in Klosterneuburg eine neue Pfarre, die zur Kirche St. Leopold im Weidlinger Viertel gehört und vertraut sie dem Stift Klosterneuburg in.

1941 Am 5. und 6. März durchsucht die Geheime Staatspolizei das Stift Klosterneuburg. Am 5. März, ca. um 15.00 Uhr wird das Stift überraschend besetzt, die Bibliothek versiegelt und sofort mit der Durchsuchung der Amts- und Privaträume begonnen. Protokolle, Akten, die Korrespondenz der Mitglieder des Hauses und ihre Bibliothek werden bis spät in die Nacht hinein genau durchstöbert (dabei werden einige Bücher konfisziert). Am nächsten Tag setzen die Gestapoleute ihre Tätigkeit fort, wobei sie ihr besonderes Augenmerk auf die Stiftsbibliothek wenden. Es wird das Vorhandensein von Büchern, die im nationalsozialistischen Reich verboten sind, beanstandet. Abends fahren die Männer der Geheimen Staatspolizei wieder nach Wien zurück und nehmen dabei Aktenkonvolute aus verschiedenen Kanzleien des Stifts mit.

1941 Vertreibung der Klosterneuburger Chorherren aus dem Stift. Am 30. April 1941 wird nach 7 Uhr früh das Stift und die Kirche von ca. 70 Gestapoleuten umzingelt und besetzt. Die Angehörigen des Stifts müssen sich im Refektorium einfinden. Propst Alipius Linda wird nach Wien zur Geheimen Staatspolizei gebracht. Als sich nach 8,15 Uhr alle Mitglieder des Stifts im Speisesaal eingefunden haben (vorher wurden ihnen ihre Zimmerschlüssel abgenommen), erscheinen mehrere Angehörige der Geheimen Staatspolizei und ihr Anführer Dr. Kolb verliest folgenden Erlass: „Über Auftrag der Geheimen Staatspolizei ist das Stift Klosterneuburg mit heutigem Tag beschlagnahmt. Mit der kommissarischen Verwaltung des Stifts wird ein gewisser Herr Klapper betraut. Die Chorherren verpflichten sich, mit den bisherigen Angestellten und Bediensteten bis auf weiteres in keinerlei mündlichen oder schriftlichen Verkehr zu treten. Als Wohnsitz wird den Chorherren auf ein paar Tage vorübergehend das Piaristenkloster in der Josefstadt zugewiesen, wohin sie sich noch heute im Laufe des Nachmittages zu begeben haben. Dort sind sie in ihrer Bewegungsfreiheit nicht eingeschränkt, nur dürfen sie ohne besondere Erlaubnis das Gebiet von Wien nicht verlassen." Jeder Chorherr muss sodann eine Abschrift dieser Verordnung unterschreiben. Die Frage von Seiten der Chorherren nach dem Grund der Beschlagnahmung bleibt unbeantwortet. Die Mitglieder des Stifts können nun unter Aufsicht von zwei Gestapoleuten ihre Zimmer aufsuchen und das Notwendigste für ein paar Tage in Koffer und Taschen packen. Dann werden die Zimmer verschlossen, die Schlüssel müssen wieder abgegeben werden, selbstverständlich auch die Schlüssel der Stiftskanzlei und des Forstamtes. Alles versammelt sich schließlich wieder im Refektorium, dort findet um 12 Uhr das Mittagessen statt; während dieses Essens kommt Propst Alipius Linda, der vier Stunden bei der Gestapo verhört worden war, wieder zurück. Er beginnt sofort, sich um die neue Unterkunft zu sorgen; fragt im Piaristenkollegium Maria Treu in Wien VIII. an, ob sie vorbereitet seien. Diese sind jedoch nicht informiert worden, sie bekamen bloß den Auftrag, fünf Zimmer freizumachen, die nun vollends leer sind. Propst Linda erwirkt darauf bei der Gestapo, dass die Betten der Chorherren nach Wien übersiedelt werden. Im Laufe des Nachmittags finden sich schließlich die 21 vertriebenen Mitglieder des Stifts Klosterneuburg - 17 Priester und vier Kleriker - in Maria Treu ein. Bis abends sind sie notdürftigst eingerichtet (abends treffen auch die Küchenschwestern aus dem Stift ein, die ebenfalls von den Nazis vertrieben wurden). Die Unterbringung bleibt trotzdem recht ärmlich; zum Waschen ist bloß ein Wasserhahn am Gang da, damit müssen sich die Chorherren begnügen. Propst Alipius Linda verhandelt ohne Unterlass mit der Gestapo wegen der definitiven Unterbringung der Chorherren. Am 5. Mai gestattet die kommissarische Verwaltung des Stifts den Abtransport der Möbel der ausgewiesenen Chorherren, auch Kleider, Wäsche, Schuhe, Talare und Messwein abzuholen, wird gestattet. Die drohende Gauverweisung bzw. Transferierung der Chorherren nach Deutschland kann durch die dauernden Verhandlungen des Propstes verhindert werden. Am 7. Mai wird der erste Verwalter des Stifts durch Senatsrat Dr. Reith ersetzt. Am 8. Mai müssen die Schwestern aus der Kongregation der Töchter des göttlichen Heilandes, die im ehemaligen stiftlichen Hospital mit der Reinigung und Ausbesserung der stiftlichen Wäsche und mit der Milchwirtschaft für das Stift betraut

waren, über Auftrag der kommissarischen Verwaltung ihre Arbeitsstätte verlassen; sie kehren in ihr Mutterhaus in Wien, Kaiserstraße, zurück. Inzwischen wird bekannt, dass die Gestapo beabsichtigt, den Chorherren zu erlauben, sich auf die Pfarrhöfe der dem Stift inkorporierten Pfarren zu begeben. Am 20. Mai besichtigt der Reichsstatthalter von Wien Baldur von Schirach mit Gefolge das Stift Klosterneuburg. Am 26. Mai erreicht der damalige Kanzleidircktor Gebhard Koberger in Verhandlung mit Senatsrat Dr. Reith, dass den Chorherren und den sie betreuenden Schwestern ein Kostgeld ausgezahlt wird. Am 27. Mai teilt die Gestapo den Chorherren mit, dass sie sich ab sofort auf die Pfarren verteilen dürfen. Am 1. Juni beginnt die Übersiedlung der einzelnen Chorherren auf die inkorporierten Pfarren des Stifts, am 13. Juni ist sie abgeschlossen. Die beiden einzigen Zentren der vita communis sind in Zukunft Hietzing, wo der Propst residiert, und Heiligenstadt, wo der Kanzlei- und Klerikerdirektor mit den Klerikern, die noch nicht zur Wehrmacht eingezogen wurden, seine Wohnung hat. Es ist das große Verdienst des Propstes Alipius Linda, dass er es in dieser schweren Zeit verstanden hat, die Gemeinschaft zusammenzuhalten, sodass trotz Verlust des Ordenshauses die Kommunität bestehen blieb.
In der Folge stürzen sich die verschiedensten Einrichtungen auf den Besitz des Stifts: Nationalbibliothek und Kunsthistorisches Museum (KHM) streiten sich um die Stiftsbibliothek, der Direktor des KHM bezieht die Prälatur als Dienstwohnung, die Gemeinde Wien übernimmt den Forst im Wienerwald, die Weingärten fallen an die Weinbauschule, deren Direktor Zweigelt schließlich sogar das Auto des Propstes fordert…

1942 Am 4. März des Jahres 1942 führen die Nationalsozialisten ihr Werk ganz zu Ende, die schon drei Jahre dauernden Bemühungen des Propstes Alipius Linda, der alles Menschenmögliche unternahm, werden zerschlagen: das Vermögen des Stifts Klosterneuburg auf österreichischem Boden wird von der Reichsfinanzverwaltung eingezogen.

1943 Februar bis August 1943 werden die wegen Luftgefahr geborgenen alten Glasscheiben des Stifts Klosterneuburg durch Prof. Rudolf Henz gereinigt, nach Fehlern durchgesehen und restauriert. Es wurde der gesamte alte Bestand der Scheiben des Kreuzganges aus dem dritten Jahrzehnt des 14. Jahrhunderts und die Scheiben aus der Freisingerkapelle aus dem ersten Jahrzehnt des 15. Jahrhunderts restauriert, ob sie nun in der Leopoldikapelle eingesetzt waren oder an anderen Stellen, zusammen 56 Scheiben.

1944 Am 10. Mai wird der Chorherr des Stifts Klosterneuburg Roman Karl Scholz im Landesgericht I. Wien hingerichtet. Roman Scholz war am 22. Juli 1940 wegen Teilnahme an der österreichischen Widerstandsbewegung gegen die Diktatur Hitlers von der Geheimen Staatspolizei verhaftet und nach fast vierjähriger Haft in verschiedenen deutschen und österreichischen Gefängnissen am 23. Februar 1944 vom Volksgerichtshof in Wien (Justizpalast) wegen Hochverrats zum Tode durch das Fallbeil verurteilt worden. Als letzte Worte schrieb er mit Bleistift in sein Brevier (am Beginn der Matutin des Donnerstag): „Nochmals Lebwohl an alle! Ich sterbe stolz und tapfer. 10. Mai 1944, 16 Uhr. Roman.“

1944-1945 Kriegsschäden an den stiftlichen Kirchen und Pfarrgebäuden. Am 7. Februar 1945 wurde die Kirche auf dem Leopoldsberg durch Fliegerangriffe schwer beschädigt; an ihrer Wiederherstellung wurde bis 1954 gearbeitet. Pfarrhof und Kirche in Meidling wurden am 11. Oktober 1944

und am 13. Februar 1945 durch Fliegerbomben weitest gehend zerstört. Die Instandsetzungsarbeiten an der Kirche dauerten bis 1955; der Pfarrhof wurde bereits 1946 wieder bezogen, gänzlich wiederhergestellt jedoch erst November 1955. Am 15. Februar 1945 wurde der Pfarrhof von Floridsdorf fast zur Gänze durch eine Bombe zerstört; erst 1950 konnte er wieder benützt werden. Die Pfarrkirche St. Josef in Floridsdorf wurde nur geringfügig beschädigt. Am 12. März 1945 wurde der Stiftshof in Wien restlos zerstört (dabei geht auch die Kapelle mit einem Deckenbild des hl. Leopold und der hl. Maria von Anton Schuncko, 1751, zugrunde). Das Gelände des Stiftshofes wurde in der Folge verkauft und das Grundstück daneben in Renngasse erworben, wo in der Folge der neue Stiftshof untergebracht wurde.
Größere Schäden erlitten noch die Kirchen in Heiligenstadt und Korneuburg (20. März 1945), wo besonders die Fenster zerstört wurden. Die Pfarrhöfe in Kahlenbergerdorf, Leopoldau, Donaufeld und Tattendorf werden stark hergenommen. Nach der Rückkehr ins Stift errichtete Propst Alipius Linda ein eigenes Kirchenbauamt, das mit dem Wiederaufbau der zerstörten pfarrlichen Objekte betraut wurde.

1945 Am 30. April kehrt Propst Alipius Linda, der seit 12. Juni 1941 in Hietzing residierte, in das Stift Klosterneuburg zurück und übernimmt wieder die Verwaltung. - Das Stiftsgebäude sollte nach der Vertreibung der Chorherren 1941 zu einer Erziehungsanstalt der NSDAP umgestaltet werden; da sich aber die Räumlichkeiten als ungeeignet erwiesen, wurde eine Abteilung des kunsthistorischen Museums eingerichtet. Diesem Umstand ist es zu danken, dass vom Kunstbesitz des Stifts fast nichts verschleppt und sogar einiges restauriert wurde. In der ersten Woche des April 1945 wurde Klosterneuburg Kriegsfront. Am

8. April erhielt der stadtwärts gelegene Stiftsturm durch Beschuß der russischen Truppen einen Treffer. Am selben Tag wurde das Stift besetzt. Es kam zu Vergewaltigungen und Ermordung von im Stift Zuflucht suchenden Personen, die in den Kellern verlagerten Kunstschätze blieben hingegen unbeschädigt.
In diesen Tagen erwarb sich der Stadtpfarrer Oswald Rod um die Erhaltung des Stifts und seiner Kulturgüter große Verdienste. Am 30. April kann er die Verwaltung des Hauses, das dank seines aufopfernden Eintretens vor wesentlichen Plünderungen und Zerstörungen verschont blieb, wieder in die Hände des Propstes legen. Der Sommer 1945 ist ausgefüllt mit Aufbauarbeiten im Stift. Am 8. Juni wird die Stiftsbibliothek, die seit 31. Mai 1943 der Nationalbibliothek im Rang einer Studienbiliothek einverleibt war, dem Stift zurückgegeben. Am 14. Juni wird das Stiftsarchiv vom Haus-, Hof- und Staatsarchiv in Wien und dem Archiv der Stadt Wien, zwischen denen es im September 1943 aufgeteilt worden war, dem Stift übergeben. Ab September erfolgt die Rückgabe der stiftlichen Reviere durch die niederösterreichische Landesregierung, während die Stadt Wien die ihr einverleibten erst im Juli 1947 zurückgibt. Am 14. November findet die offizielle Rückkehr des Stiftskapitels statt. Nach einem Festkapitel im Gobelinsaal ziehen die Chorherren in die Basilika zur Vesper und nehmen sie so in feierlicher Form in Besitz. Nach der Vesper wird der Hauschor wieder eingeweiht und die Klausur errichtet. - Acht Mitglieder des Stifts Klosterneuburg konnten die Rückkehr ins Ordenshaus nicht mehr erleben; fünf starben im Feld (Laurenz Josef Garsky, Floridus Josef Klee, Franz. Ser. Lang, Altmann Leopold Wirkner und Hildebrand Wilhelm Herp), Roman Karl Scholz wurde hingerichtet, Amilian Johann Strohwick starb bei einem Bombenangriff auf Wien und Alois Kremar wurde von den Russen in Tattendorf erschossen, als er Frauen schüt-

zen wollte.

1947 Am 1. Jänner vertraut Kardinal Erzbischof Dr. Theodor Innitzer die Pfarre Jedlesee (Wien XXI.) dem Stift Klosterneuburg an. (Jedlesee war bereits seit 1840 Patronatspfarre des Stifts.)

1947 Im Juli wird der Hauschor (Sazellurn) im Stift Klosterneuburg mit zwei Ölgemälden aus dem ersten Drittel des 18. Jahrhunderts in reichen goldenen Barockrahmen (der hl. Petrus Fourerius und der selige Bischof Hartmann) geschmückt. Diese Bilder kamen durch Tausch gegen zwei Olgemälde des 18. Jahrhunderts (Geburt Christi und Herabkunft des Heiligen Geistes) aus der inkorporierten Pfarre Hietzing ins Stift. Ursprünglich waren sie 1733 als Weihegabe des Stifts an die Gnadenkirche Maria Hietzing gekommen und befanden sich dort zuletzt in der Leopoldskapelle.

1947-1949 Wiederherstellung der Festorgel. Sie ist das größte und bedeutendste erhaltene Orgelwerk Mitteleuropas aus der ersten Hälfte des 17. Jahrhunderts; es wurde unter Mitverwendung des Pfeifenmaterials und einiger anderer Teile zweier bedeutend älterer Werke durch den Passauer Orgelbauer Johann Georg Freundt in den Jahren 1636 bis 1642 in der heute noch erhaltenen Form gebaut. Die Orgel besitzt drei Manuale und ein Pedal mit zusammen 35 Registern und 2179 Pfeifen, die sämtliche aus Zinn gemacht sind. Der Klang dieser Monumentalorgel ist ein besonders prächtiger und großartiger. Glücklicherweise hat dieses Werk im wesentlichen das 19. Jahrhundert ohne größere Eingriffe überstanden. Als die Chorherren 1945 wieder in das Stiftsgebäude zurückkehren konnten, fanden sie die Festorgel der Stiftskirche in unbrauchbarem Zustande vor. Sie war zum Teil zerlegt, fünf Zungenstimmen, die aus späterer Zeit stammten, waren verschwunden. Eine große Restaurierung war notwendig. (Leitung Ing. Egon Krauß; künstlerische Arbeit Orgelbaumeister Wilhelm Zika und Sohn; Lieferung der fünf fehlenden Zungenstimmen durch die Schweizer Orgelbauwerkstätte Th. Kuhn A. G.; Intonation durch Paul Bertins.) Am 29. Dezember 1949 wird das wiederhergestellte Werk erprobt und findet einmütige Anerkennung. - Ein besonderer Liebhaber dieser Klosterneuburger Festorgel war Anton Bruckner. In der Zeit, da er in Wien lebte (1868 bis 1896), kam er, besonders an Feiertagen, gern in das Stift Klosterneuburg, um da auszuspannen. Bei dieser Gelegenheit zog es ihn immer wieder zur Festorgel hin. Durch seine großartigen Improvisationen auf diesem Instrument entzückte er Einheimische und Fremde. Weihnachten 1894 war der Meister zum letzten Mal im Stift Klosterneuburg. An diese Besuche erinnert in der Stiftskirche eine Gedenktafel mit einer Porträt-Medaille Anton Bruckners (in Bronzeguß vom Bildhauer Anton Rudolf Weinberger). Ihre Enthüllung und Weihe fand am 13. Mai 1926 durch den Propst Dr. Josef Kluger statt.

1948 Am 15. Mai findet durch Generalabt Propst Alipius Linda die Einweihung des wiederhergestellten Refektoriums statt. Nach der Vertreibung der Chorherrenwar der Speisesaal zeitweise Lazarett, Bildermagazin und Restaurierungswerkstätte. Durch die Bemühungen der Chorherren, besonders des damaligen Novizenmeisters Severin Schmidt, wurde das Refektorium nach dem Krieg neu - weihevoller und sakraler gestaltet. Das Ölgemälde von Ludwig Schnorr von Karolsfeld mit der Schleierauffindung wurde entfernt. Die Stirnwand nimmt nun das schöne Lavabo aus dem Refektorium des 18. Jahrhunderts ein, aus dem auch die prächtige Lesekanzel stammt, zu beiden Seiten des Brunnenbeckens sind zwei Bilder von Michael Rottmayr, Augustinus und Leopold. An der Gegenwand befindet sich der einzige Kremser Schmidt des Stifts Klosterneuburg, die Herabkunft des Heiligen Geistes.

1949 Am 1. Februar vertraut Kardinal Erzbischof Dr. Theodor Innitzer dem Stift Klosterneuburg die Pfarre Maria Lourdes, Wien XII., an. Diese war 1935 durch Abtrennung von der Pfarre des hl. Johannes von Nepomuk in Meidling errichtet worden.

1949 Seit dem 1. September arbeitet wieder eine stiftliche Druckerei. 1939 war ja die Augustinus-Druckerei im staatlichen Auftrag geschlossen worden. Während der Vertreibung der Chorherren wurden die Maschinen von den Machthabern verkauft. 1949 erwirbt das Stift Klosterneuburg eine Druckereikonzession in Floridsdorf (Wien XXI.) und richtet im ehemaligen Festsaal des Vereinshauses „Volkslesehalle", das 1944 bei einem Luftangriff zerstört wurde, die Floridus-Druckerei (benannt nach Propst Floridus Leeb) ein.

1949-1951 Restaurierung und Neuaufstellung des Verduner Altares. Während des Zweiten Weltkrieges wurde das Werk des Nikolaus von Verdun von seinem Platz genommen und 1945 unzureichend restauriert. Es zeigte sich aber, dass das ganze Werk einer gründlichen Wiederherstellung bedurfte. Die Emailtafeln werden 1949 bis 1951 in mustergültiger Weise vom Goldschmiedemeister und Emailleur Prof. Otto Nedbal restauriert. An verschiedenen Stellen war das Email durch unsachgemäße Behandlung abgesprungen, diese Schäden wer den behoben. Einzelne Ornament- und Schrifttäfelchen, die im Laufe der Zeit durch minderwertigere ersetzt wurden, verfertigt Prof. Nedbal in der alten Emailtechnik neu an; auch die ursprüngliche Reihenfolge (kenntlich an der Rückseite) der Ornamenttäfelchen wird wiederhergestellt. Die Tafeln werden auf einen neuen Holzträger (von Franz Sochor angefertigt) übertragen und zum ersten Mal mit Schrauben befestigt. 1951 wird das erneuerte Werk wieder im ehemaligen Kapitelsaal, der Leopoldskapelle, aufgestellt, und zwar in der künstlerisch und optisch besten Form, so dass wie 1936 der Reliquienschrein den Altar bekrönt. Die Rückseite des Flügelaltars ist derzeit leer, da die Restaurierung der Temperagemälde, die durch Feuchtigkeit stark gelitten haben, noch nicht abgeschlossen ist. In der Folge wird für die Vorderseite ein neuer Träger angefertigt, die Rückseite mit den Temperabildern wird aus konservatorischen Gründen getrennt aufgestellt.

1950 Apostolische Visitation im Stift Klosterneuburg. Durch Dekret der Ordenskongregation vom 5. Mai 1950 wird der Generaldefinitor des Ordens der Kapuziner P. Kaspar von Oberried (Jacques Germand) zum Visitator der österreichischen Chorherrenstifte ernannt. Er trifft mit seinem Sekretär P. Günther (Otto Stuthalter) OFM Cap. am 30. Mai im Stift Klosterneuburg ein. Am 5. Juni verläßt es der Apostolische Visitator wieder, um die anderen Chorherrenstifte der österreichischen Kongregation zu besuchen. Diese Visitation wird aber wegen Erkrankung des Visitators nicht zu Ende geführt.

1950 Am 28. Juni gelangt das Stift Klosterneuburg wieder in den Besitz seiner nicht unbedeutenden Münzensammlung (ca. 13 000 Münzen und 2000 Medaillen). Diese wurde Mitte Februar 1943 samt drei Münzkästen, fünf Inventarbüchern und 117 numismatischen Werken in 195 Bänden „im Sinne des Führererlasses vom 13. Oktober 1942 über die Errichtung eines Münzkabinetts in Linz“ aus dem enteigneten Stift fortgeschafft. Bei den abenteuerlichen Geschicken, die diesen Objekten im Laufe des Zweiten Weltkrieges beschieden waren, ist es nicht zu verwundern, dass die numismatische Sammlung nur mit Lücken und Verlusten an das Stift zurückkommt. Die wissenschaftliche Erforschung und Dokumentation wird noch Jahrzehnte dauern.

1950 Da die Visitation durch P. Kaspar von Oberried nicht beendet wurde, ernennt die Religiosenkongregation durch Dekret vom 16. Oktober 1950 den Fürsterzbischof von Salzburg Dr. Andreas Rohracher zumneuen Visitator. (Exzellenz Dr. Rohracher war bereits am 8. April 1946 zum Visitator aller österreichischen Klöster ernannt worden, hatte jedoch Klosterneuburg noch nicht visitiert.) Er erhält 1952 als Mitvisitator den Abt von Seckau Dr. Benedikt Reetz und den P. Provinzial Marianus Vetter O.P. Durch die schwere Erkrankung des Generalabtes Propst Alipius-Linda werden jedoch die Visitatoren von ihrer Tätigkeit abgehalten. Die Visitation wird offiziell geschlossen durch die Errichtung einer Konsulta in Rom (im Jänner 1954 durch die Religiosenkongregation). Dieser Kommission ist die Lösung der dringlichen Aufgaben und Probleme der österreichischen Stifte der Benediktiner, Zisterzienser und Augustiner Chorherren anvertraut.

1950 Am 27. November wird das katholische Vereinshaus, das 1911 mit einem Kostenaufwand von 62 000 K. in der ehemaligen Kirche des AugustinerchorfrauenStifts St. Maria eingerichtet worden war, seit 1941 aber verschiedenen Zwecken gedient hatte (Hitlerjugend, Parteisitz), durch Generalabt Alipius Linda neu geweiht und erhält nunmehr den neuen Namen „Kardinal-Piffl-Haus".

1951 Am 2. Dezember weiht Kardinal Erzbischof Dr. Theodor Innitzer in der Nordrandsiedlung in Leopoldau eine Notkirche „Maria Himmelfahrt". Den Grund für diese Kirche stellte das Stift Klosterneuburg bei.

1952 Im Frühjahr legt das Stift Klosterneuburg eine große Obstplantage auf dem Gebiet der Tuttenhofer Gründe des Stifts an. Bis 1956 sind 25 ha bewirtschaftet mit ca. 25 000 Obstbäumen.

1952 Am 29. Juli gibt das Stift seine bedeutende Waffensammlung an das Heeresgeschichtliche Museum in Wien ab.

1952 Am 14. November weiht Generalabt Propst Alipius Linda das Hochaltarbild der Stiftskirche in Klosterneuburg Maria Geburt von Johann Georg Schmidt. Dieses war 1833 vom Hochaltar entfernt und durch ein Bild von Kupelwieser ersetzt worden; am 20. April 1845 kam es nach Meidling und wurde dort in der neuerbauten Pfarrkirche St. Johann Nepomuk aufgestellt. Am 13. Februar 1945 erlitt es durch-einen amerikanischen Bombenangriff, bei dem Kirche und Pfarrhof stark zerstört wurden, großen Schaden. 1952 (März bis November) wurde es durch das Bundesdenkmalamt restauriert (akad. Maler Hermann Egger-Sigwart, akad. Maler Franz Horinck, Restaurierungsgruppe Architekt Lautischer); anfangs November kommt das Bild nach Klosterneuburg, wird am Hochaltar aufmontiert und am 14. November vor der Pontifikalvesper geweiht. Nach dieser ersten Vesper zum Fest des hl. Leopold nimmt Generalabt Alipius Linda die Weihe einer neuen Statue des hl. Leopold für den Brunnen im Kuchelhof des Stifts Klosterneuburg vor. Lange war der Leopoldsbrunnen ohne Figur gewesen, da die von Matthias Arthner hergestellte Statue (1680) wegen ihrer Brüchigkeit entfernt worden war. 1954 ließ nun das Stift vom akad. Bildhauer Andre Roder eine verbesserte Kopie der alten Statue aus Margarethner Sandstein herstellen.

1952-1953 werden von dem Steinmetzmeister Fritz Werkgartner die bei der Besetzung der Stadt Klosterneuburg durch die russische Artillerie an dem südlichen Turm und der südlichen Außenseite der Stiftskirche verursachten schweren Beschädigungen ausgebessert.

1952-1955 Zur Sicherung aller nötigen landwirtschaftlichen Arbeiten im Bereiche der stiftlichen Güter Tuttenhof und Prinzendorf sowie auf der Plantage bei Langenzersdorf erwirbt das Stift 1952 einen Glass-Lanz Mähdrescher, 1955 einen Kunstdünger-Großflächenstreuer, eine Bodenfräse, einen Traktor und Anhänger.

1952 Am 12. Dezember stirbt in Klosterneuburg der angesehene und bekannte Kirchenrechtler Dr. Ferdinand Schönsteiner. (1876 in Floridsdorf geboren, Einkleidung im Stift Klosterneuburg 1894, Profeß 1898, Priesterweihe 1899.) Internationale Bedeutung erlangte Dr. Schönsteiner besonders durch seine Werke: „Grundriß des Ordensrechtes“ (Buchhandlung Ludwig Auer, Wien), 1930 erschienen, und „Grundriß des kirchlichen Eherechtes“, 1. Auflage 1925 (bei Heinrich Kirsch, Wien), 2. Auflage 1937 (bei Ludwig Auer, Wien). Auch als Professor an der stiftlichen Hauslehranstalt und als Richter am erzbischöflichen Metropolitan- und Diözesangericht in Wien hat Dr. Ferdinand Schönsteiner Großes geleistet und viel zur Bedeutung des Stifts Klosterneuburg beigetragen.

1953 Am 28. März weiht Stiftsdechant Werner Taschner die neue stiftliche Taverne in Weidlingbach, die an Stelle der einstmaligen Gastwirtschaft errichtet worden war.

1953 Am 29. April stirbt Propst Alipius Linda, der das Stift durch die schwere Zeit der Auflösung durch die Nationalsozialisten und den Zweiten Weltkrieg geführt hatte. Am 20. Oktober tritt der Konvent unter dem Vorsitz des Propstes von St. Florian im Gobelinsaal zur Wahl des Propstes zusammen und schon im ersten Wahlgang erhält Gebhard Koberger die nötige Mehrheit. Prompt erfolgt die Bestätigung durch den Heiligen Stuhl und am 8. Novemberfindet in der Stiftskirche die feierliche Abtbenediktion statt.

1953-1955 Im Juni 1953 beginnen auf dem Gelände des Stiftsplatzes in Klosterneuburg Ausgrabungen, die zur Erforschung der Pfalz der Babenberger und der Capella speciosa dienen. Die Leitung liegt in den Händen von Prof. Dr. Karl Oettinger und Dr. Alfred Schmeller. Bei diesen Grabungen werden innerhalb der Außenmauern der Schönen Kapelle die Reste eines romanischen Gotteshauses mit Apside entdeckt, die etwas schief zu den Mauern der Pfalzkapelle Leopolds VI. verlaufen. Hinter der Kapelle kommen Reste der römischen Lagermauer mit einem Hufeisenturm und die Grundmauern des Lagerbades mit dazugehöriger Fußbodenheizung zum Vorschein.

1954 Am 11. März stirbt der wohl bedeutendste Chorherr des Stifts Klosterneuburg im 20. Jahrhundert: Dr. Pius Parsch. Am 18. Mai 1884 in Neustift (Mähren) geboren, wurde er 1904 im Stift eingekleidet und 1909 zum Priester geweiht. Durch seine Erlebnisse im Ersten Weltkrieg begründete Dr. Parsch die Volksbibelbewegung und Volksliturgie. Sein Leben war von da an restlos diesen Idealen hingegeben, die er als Vollstrecker des Testamentes des hl. Pius X. verwirklichen wollte. Unermüdlich war er als Schriftsteller tätig; seine Werke sind fast unzählbar, mehr noch ihre zahlreichen Übersetzungen. Als bedeutendste seien genannt: Messerklärung, Breviererklärung, Volksliturgie, Das Jahr des Heiles (sein Standardwerk); deutsche Brevierausgaben, liturgische Kleinschriften ohne Zahl (allein seine Meßtexte erreichten eine Auflage von weit über 100 Millionen) und als letztes Werk, zehnbändig, „Die liturgische Predigt". Seit 1926 gab er die Zeitschrift Bibel und Liturgie heraus. Auch die Kirche schätzte das Werk des großen Volksliturgikers und Volksbiblikers; krönender Schluss seiner Arbeiten war der Eucharistische Kongress in Barcelona 1952, wo Pius Parsch eines der Hauptreferate hielt. Bald nachher traf ihn im Juli 1952 ein Schlaganfall, von dem er sich nicht mehr erholte. Am 11. März 1954 stirbt Dr. Pius Parsch in Klosterneuburg. Nach vorübergehender Beisetzung am Friedhof der Oberen Stadt wird der Leichnam am 18. Mai nach St. Gertrud, wo Dr. Parsch seit 1922 volksliturgischen Gottesdienst gehalten hatte, überführt und nach einem Hochamt, zelebriert vom Abt von Seckau Dr. Benedikt Reetz, vor dem Aufgang zum Altarraum endgültig beigesetzt. Im 2. Vaticanum wurden seine Gedanken endgültig für die ganze katholische Kirche umgesetzt.

1954 Das große Hochwasser im Juli (8.-15.) 1954 richtet auch auf Gründen des Stifts Klosterneuburg Verheerungen an. Der Schaden, der dem Stift in seinen Forstrevieren Klosterneuburg und Hofau, sowie auf den Feldern des Gutes Tuttenhof und der Obstplantage durch diese Katastrophe entsteht, beträgt mehr als 500 000 Schilling.

1954 Vom 2. bis 6. August beherbergt das Stift Klosterneuburg den Pax-Romana-Kongreß.

1954 wird das stiftliche Sängerknabeninstitut, das 1938 eingestellt werden mußte, wieder errichtet. Unter der Leitung des Stiftskämmerers Engelbert Pardatscher werden die Räume der ehemaligen Mädchenschule des Stifts für das Institut adaptiert. Am 28. August weiht Generalabt Gebhard Koberger die Räume. Zu Weihnachten können die Buben zum ersten Mal zur Verschönerung des Gottesdienstes beitragen.

1954 Im Herbst des Jahres 1954 läßt das Bundesdenkmalamt die gotische Lichtsäule (Tuczsäule) auf dem Stiftsplatz durch den akad. Bildhauer Franz Barwig ausbessern und konservieren.

1954 Im 92. „Marianischen Jahr“ wird am 10. September im Kunsthistorischen Museum in Wien eine Ausstellung „Maria - die Darstellungen der Madonna in der bildenden Kunst“ eröffnet. Dafür hat das Stift Klosterneuburg zahlreiche Objekte zur Verfügung gestellt.

1954 Am 7. Oktober tagt der zweite Kongress für katholische Kirchenmusik, der zu Ehren des hl. Papstes Pius X. unter dem Präsidium des Prälaten Dr. Higini Anglès für die Zeit vom 4. bis 10. Oktober 1954 in Wien angesetzt wurde, in Klosterneuburg. Es werden die Themenkreise „Liturgie und Volksliturgie“ und „Orgel“ im Augustinussaal des Stifts behandelt.

1954 Das Fest des hl. Stifters von Klosterneuburg wird in diesem Jahr besonders festlich begangen. Kurz vorher - am 1. September - trat das Gebietsänderungsgesetz, das die Rückführung der ehemaligen Randgemeinden Wiens in das Land Niederösterreich beschließt, in Kraft. Die Landesregierung hatte nun den Entschlußgefaßt, die Rückkehr der Weihestätte und der Reliquien des Landespatrones in einer besonderen Weise zu begehen. Mit Landeshauptmann Steinböck an der Spitze nimmt die Regierung des Landes Niederösterreich und die Beamtenschaft am Pontifikalamt, zu dem auch Bundeskanzler Raab und Außenminister Figl erschienen sind, teil. Nach dem Amt findet im Augustinussaal des Stifts ein offizieller Festakt mit Ansprachen von Generalabt Gebhard Koberger und Landeshauptmann Steinböck statt. (Bei dieser Feier wird eine

Landesstiftung bekanntgegeben für Kinder, die am 15. November geboren und auf den Namen des Landespatrones getauft werden.) Aus Anlass des Festaktes war auch eine Sonderausstellung literarischer und künstlerischer Gegenstände, die mit dem hl. Leopold Beziehung haben (Bilder von Rueland Frueauf, Erzherzogshut, sogenannter Reisealtar des hl. Leopold mit Schleier der Markgräfin Agnes, Psalterium Leopoldi, päpstliche Briefe und Bullen, Leopoldipfennige) veranstaltet worden.

1955 wird die überalterte Wasserkraftanlage im stiftlichen Waldbesitz in Schwarzau im Gebirge (vor 1936) gänzlich umgebaut. Der Radantrieb wird durch Turbine und Generator ersetzt. Zu dem genannten Revier kommt um diese Zeit infolge eines Tausches mit der Gemeinde Wien der ehemalige Spielbichlerhof in Schwarzau (über 47,3 ha) hinzu.

1955-1956 wird mit Zustimmung des Hauskapitels auf Kosten der Gemeinde Klosterneuburg die Mauer, die den Stiftsgarten gegen die Wienerstraße abschließt, zurückversetzt (um 3 bis 5m), um die äußerst gefährliche Enge der stark frequentierten Straße nach Wien zu beseitigen.

1955 Die Feier zu Ehren des hl. Landespatrones St. Leopold steht in diesem Jahr unter dem Zeichen der wiedererlangten Freiheit Osterreichs. Bundeskanzler Ing. Raab, Außenminister Ing. Dr. Figl und die niederösterreichische Landesregierung unter Führung von Landeshauptmann Steinböck nehmen am Pontifikalamt teil. Anschließend ist ein Festakt im Augustinussaal, bei dem Landeshauptmann Steinböck spricht. Zum ersten Mal hat der Kustos in der Krypta am Grabe des Heiligen eine kleine Ausstellung der Leopoldiheiltümer veranlaßt.

1955-1956 beginnt das Stift, das noch 1806 zu seinen Angestellten einen Zuschrotter und einen Zuschrottknecht zählt, sich selbst mit Fleisch zu versorgen. 1955 tritt ein Fleischhauer in die Dienste des Stifts, 1956 wird ihm ein Gehilfe beigesellt. Von 1956 an ist im Wirtschaftshof beim Stift eine große Schlachtbrücke in Betrieb.

1956 Am 11. Februar legt Generalabt Gebhard Koberger den Grundstein zur definitiven Pfarrkirche Maria Lourdes in Meidling, Wien XII.

1956 Von Juli bis November 1956 wird der Stiftsplatz in Klosterneuburg neu gestaltet. Nach der Zuschüttung der Ausgrabungen erhält der Platz vor der Kirche und dem Kaisertrakt besonders durch die Bemühungen des Kanzleidirektors Anton Stoltz eine würdige und weihevolle Gestaltung. Den Abschluss dieser Arbeiten bildet die Aufstellung der Statuen des hl. Leopold und der Markgräfin Agnes, die, aus der Zeit um 1485, ursprünglich am Südturm der Stiftskirche gestanden hatten, bei der Renovierung der Außenfassade jedoch entfernt wurden und zuletzt im Lapidarium aufgestellt waren, in den beiden Nischen rechts und links vom Haupteingang des Stiftsgebäudes.

1956 Vom 31. August bis 2. September tagt der zweite Internationale Chorherrenkongress in Klosterneuburg. 35 Vertreter aus allen vier Kongregationen der Augustiner-Chorherren - der Lateranensischen Kongregation, der Kongregation vom Großen St. Bernhard, der Kongregation von St. Maurice und der Österreichischcn Kongregation - nehmen an dieser Tagung, zu der Generalabt Koberger am ersten Kongreß in Vercelli im Jahre 1954 eingeladen hat, teil. Die Tagung wird am 31. August mit einem feierlichen Pontifikalamt, zelebriert vom Generalabt der Lateranenser Ferdinand Urquia, eröffnet. Die Referate finden im Augustinussaal statt; Thema des ersten Tages ist die Geschichte des Ordens, am zweiten Tag werden die Fragen Liturgie und Volksliturgie behandelt. Den Abschluß bildet ein Empfang in den Räumen der Prälatur, an dem auch die Spitzen von Kirche und Regierung teilnehmen.

1956 Am 14. Oktober weiht Generalabt Propst Gebhard Koberger eine Kreuzigungsgruppe aus Zirbelholz in der Pfarrkirche zum hl. Johann Nepomuk in Meidling. Sie stellt die größte sakrale Holzplastik Österreichs dar (der Gekreuzigte 4m, die Muttergottes und der hl. Johannes je 3,5 m groß) und ist ein Werk des akad. Bildhauers Prof. Erich Pieler.

1957 Auf eigenen Wunsch besucht der deutsche Bundeskanzler Dr. Konrad Adenauer anlässlich seines Staatsbesuches in Österreich das Stift Klosterneuburg am 15. Juli 1957. Dr. Adenauer und der deutsche Außenminister Dr. Brentano treffen in Begleitung des österreichischen Bundeskanzlers Ing. Julius Raab, Außenministers Ing. Dr. Leopold Figl und anderer hoher Politiker um 14 Uhr in Klosterneuburg ein. In Anwesenheit des Kapitels begrüßt sie Generalabt Propst Gebhard Koberger in der Prälatur. Dann schließt sich ein Mittagessen an. Nach diesem besichtigen die, Gäste das Stift. Der Kustos hat dabei zur größeren Bequemlichkeit die bedeutendsten Kunstschätze des Hauses im sogenannten gotischen Saal zusammengetragen. Der deutsche Bundeskanzler zeigt sich vom Stift sehr beeindruckt und verlässt es mit seiner Begleitung gegen 17 Uhr.

1957 Am 22. September weiht Generalabt Gebhard Koberger den neu restaurierten Altar der hl. Margareta in Höflein.

1957 Große Veränderungen ergaben sich seit dem Kriegsende in der Wein- und Kellerwirtschaft des Stifts Klosterneuburg. Die Weingartenflächen in Klosterneuburg, Weidling und Kahlenbergerdorf wurden von 16 ha auf 20,4 ha erweitert; die Bodenarbeit und Schädlingsbekämpfung zu 80% mechanisiert. Auch die Kellerwirtschaft wurde den Forderungen der Zeit angepasst. Im Pressraum kam 1954 zu den zwei hydraulischen Unterdruckpressen (die 1933 bzw. 1937 die alten Baumpressen abgelöst hatten) eine dritte. Weiters wurden ein Tresterschneck (Fördergerät), ein Traubenaufzug und eine elektrische Rebelmaschine angeschafft. Im Keller des Stifts wurde der Fassraum erweitert, eine neue Flaschenwaschanlage eingerichtet und die veralteten Pumpen durch leistungsfähigere ersetzt.

1958 Im Jänner wird mit der Neugestaltung des Stiftskellers in Klosterneuburg begonnen. Im Jahre 1670 ließ Propst Bernhard II. Schmeddingh das Gebäude als Keller und Getreidekasten für das Stift erbauen. Am 9. April wurde mit den Bauarbeiten der Anfang gemacht und am 17. November waren sie beendet. (Leitung: stiftlicher Maurermeister Georg Zehethoffer; Steinmetzarbeiten: Fortifikationssteinmetz und Bürger in Wien Franz Hieß.) Die nordwestliche Front des neuen Gebäudes ließ Propst Bernhard mit einer großen Steinplastik, die den hl. Leopold darstellt, schmücken. Ihr Schöpfer, der angesehene Wiener Bildhauer und Bürger Johannes Frühwirth erhielt für diese Arbeit 60 fl. 1862-1864 wurde dieser Getreidekasten zu einer Kellerschank umgebaut und ein Saal errichtet (Leitung: Stadtbaumeister Franz Halmschläger, Steinmetzarbeiten: Miedinger); 1904-1906 wurde schließlich noch ein zweiter großer Saal angebaut. Diese Gastwirtschaft erfreute sich bis zum Zweiten Weltkrieg wegen ihrer Güte eines großen Ansehens. Die Kriegszeit und besonders die zehnjährige Besetzung durch die russische Armee haben sie jedoch weithin unbenützbar gemacht, auch entspricht ihre Anlage nicht mehr den Forderungen eines modernen Betriebes; darum hat sich das Stift Klosterneuburg zu einem durchgreifenden Umbau und einer zeitgemäßen Neugestaltung entschlossen.

1958 Gelegentlich seines Wiener Aufenthaltes besucht der Dekan des Heiligen Kollegiums Eugene Kardinal Tisserant am 24. April auch das Stift Klosterneuburg.

1958 Am 3. und 4. Mai konsekriert der Wiener Erzbischof Dr. Franz König die neuerbaute Kirche von Maria Lourdes. Durch die tatkräftigen Bemühungen des Pfarrverwesers Prof. Dipl.-Ing. Alipius Wollenik war es gelungen, die Kirche in der kurzen Zeit von zwei Jahren fertigzustellen und im Jubiläumsjahr der Erscheinung der Muttergottes in Lourdes zu vollenden. (Künstlerische Leitung: Architekt Prof. Robert Kramreiter.)

1958 Am 24. Mai eröffnet Generalabt Gebhard Koberger das Stiftsmuseum, das unter der Leitung des Chorherrn Dr. Floridus Röhrig in den ehemaligen Erzherzogszimmern im zweiten Stock und in den Räumen unter der kleinen Kuppel neu eingerichtet worden war.

1958 Renovierung der Pfarrkirche Leopoldau. Praktisch jedes Jahr werden große Summen in – z.T. dringendst notwendige – Renovierungsarbeiten, besonders nach den Bombenschäden des 2. Weltkrieges, in die Kirchen und Pfarrheime der Stiftspfarren investiert.

1959 Berthold Cernik feiert seinen 80. Geburtstag und legt alle seine Aufgaben – als Lehrtätiger für Fundamentaltheologie, Bibliothekar und Kustos des Stifts – zurück. Die Ämter des Bibliothekars und Kustos übernimmt DDr. Floridus Röhrig, der im Stiftsmuseum die Ausstellung „Klosterneuburg – Zentrum der Gotik“ präsentiert, die bis 1961 ausgestellt bleibt.

1959 Das seit 1951 vom Klosterneuburger Kunst- und Buchverlag produzierte Klosterneuburger Neue Testament, das unter tatkräftiger Mithilfe von Pius Parsch entstanden war, erreicht eine Gesamtauflage von 350.000 Exemplaren.

1959 Die seit 1958 veranstalteten Klosterneuburger Kulturtage zeigen „Urfaust" vor der Stiftskirche mit Schauspielern des Münchener Residenztheaters und des Wiener Burgtheaters und präsentieren ein Konzert des Niederösterreichischen Tonkünstlerorchesters.

1959 Die Renovierung des Stiftskellers kann abgeschlossen werden. Mehrere Zubauten werden entfernt.

1959 2.-4. Dezember: Visitation des Stifts durch Prälat Leopold Hager.

1960 Eucharistischer Kongress in München, wobei Pius Parsch als einer der „liturgischen Väter" besonders gewürdigt wird. In der Folge ergibt dies nicht nur ein erhöhtes Ansehen für das Stift sondern auch ganz konkret zahlreichc Besucher, die St. Gertrud, die Wirkungsstätte von Pius Parsch, sehen wollen. Das Stift selbst hat in diesem Jahr 108.757 zahlende Besucher und damit erstmals mehr als 100.000. Darunter das Generalkapitel, zahlreiche kirchliche Würdenträger und der Schah von Persien Mohammed Reza Pahlevi.

1960 Der Kirchenmusiker Dr. Andreas Weissenbäck stirbt im Stift.

1960 Verkauf des Schlosses Atzenbrugg.

1960 Das Juvenat übersiedelt in den ehemaligen Volksschultrakt

1960 In Tattendorf beginnt das Stiftsweingut mit der Anlage von Weingärten, die in der Folge besonders für Rotweine genützt werden.

1960 Beginn der Restaurierung der alten Stiftsgruft unter der Sebastianikapelle, die bis 1844 belegt wurde. Seither wurden die Chorherren in der Gruft auf dem Stadtfriedhof beigesetzt. Für die Wiederverwendung der Gruft im Stiftsbereich musste eine Genehmigung der Landesregierung vorliegen.

1960 Propst und Generalabt Gebhard Koberger wird Mitglied der Kommission über Vermögensfragen in den Verhandlungen zwischen der Republik Österreich und dem Vatikan. Koberger wird außerdem erzbischöflicher Kommissionär für die Caritas socialis.

1961 Größte Übertragung eines Bauwerkes in Österreich: Seit 1852 ist das Stift im Besitz der Ruinen des ehemaligen Zisterzienserinnenklosters St. Bernhard bei Horn. Nun wurde der Kapitelsaal und ein erhaltener Teil des Kreuzganges abgebaut und auf dem Stiftsplatz als Vorraum für die neu errichtete Sebastianikapelle wieder aufgestellt. Dadurch konnte der Bestand eines besonders schönen Beispiels der Zisterzienser-Gotik erhalten und einer neuen Verwendung zugeführt werden.

1961 Der bestehende Bernina-Verlag (Name aus der Zeit der Beschlagnahme durch die Nazis) wird in „Klosterneuburger Buch- und Kunstverlag“ umbenannt und beginnt mit der Herausgabe der Buchreihe „Klosterneuburger Kunstschätze“. In der Folge ist der Verlag auf der Frankfurter Buchmesse und der Buchwoche in Wien vertreten. In der Singerstraße 7 wird die Buchhandlung Mayer & Comp. – die älteste katholische Buchhandlung Wiens, die 1812 gegründet wurde und als Verlagsbuchhandlung einen kämpferischen Katholizismus vertrat – gekauft und mit der Liturgica-Buchhandlung fusioniert, deren Lokal in der Zedlitzgasse 1 aufgelassen wird.

1961 Im Gotischen Saal findet anlässlich des zehnten Gründungstages des Klosterneuburger Bibelapostolats eine Ausstellung über Pius Parsch und sein Werk statt.

1961 Die Obstplantage ist sehr erfolgreich und produziert erstmals Apfelsaft.

1961 Der ehemalige Stiftshof in der Renngasse 10, der durch Bomben 1945 zerstört wurde wird abgetragen und das Gelände verkauft. Das ehemalige Palais Windisch-Graetz, Renngasse 12 wird renoviert und als Stiftshof in Wien für verschiedene Zwecke verwendet.

1962 HH Leo Musina übernimmt das Amt des Zentraldirektors als oberster Leiter der Wirtschaftsbetriebe.

1962 Besuch des dänischen Königspaares, des Bundespräsidenten Adolf Schärf und von Leopold Figl, erstmals als Landeshauptmann von Niederösterreich.

1962 Erweiterung der Bibliothek mit einem Speicher für weitere 20.000 Bücher.

1962 Neubau eines Juvenats-Gebäudes für 40-50 Buben. Gleichzeitig erreicht das Sängerknabeninstitut erstmals die volle Belegung aller 22 Plätze.

1963 Propst Gebhard nimmt als Generalabt und Vertreter der österreichischen Kongregation der Augustiner Chorherren am Konzil in Rom teil.

1964 Das seit 1951 herausgegebene Klosterneuburger Neue Testament erreicht 500.000 Exemplare Auflage.

1964 Das neue Juvenatsgebäude wird eröffnet, 26 Juvenisten ziehen ein.

1964 Das Forstrevier Schöttl bei Oberwölz in der Steiermark wird erworben; Dafür wird ein Teil des Reviers in Schwarzau (Obersberg) abgetreten.

1965 Abschluss des II. Vatikanischen Konzils mit einer umfangreichen Liturgiereform. Dem entsprechend erhält die Stiftskirche einen Volksaltar. Andererseits bedeutet die Liturgiereform eine Neugestaltung aller dafür benötigten Texte – eine gewaltige Aufgabe für den Verlag, die noch dazu in kürzester Zeit erledigt werden mus. Gleichzeitig beginnen Verhandlungen über die Gründung eines österreichischen katholischen Bibelwerkes und die Übertragung von Rechten des Klosterneuburger Buch- und Kunstverlages an das neue Bibelwerk.

1965 Der Klosterneuburger Buch- und Kunstverlag wird mit dem Wancura-Verlag fusioniert und gleichzeitig der Cura-Verlag veräußert.

1965 Die neue Chororgel aus zwei bestehenden Werken in einem barocken Orgelgehäuse wird von der Fa. Gregor Hradetzky fertiggestellt und 1966 geweiht.

1965 Die Seitenflügel des Babenberger Stammbaumes werden nach 8-jähriger Restaurierung durch das Bundesdenkmalamt wieder dem Stift übergeben.

1965 Der Albrechtsaltar soll in der zukünftigen Sebastiani-Kapelle zur Aufstellung kommen. Bei einer Röntgendurchleuchtung werden Originalbilder unter der späteren Übermalung entdeckt. Eine jahrelange Restaurierung durch das Bundesdenkmalamt beginnt.

1965 Das Juvenat wird von 34 Juvenisten – davon 20 aus den Stiftspfarren – besucht.

1965 Katastrophenjahr für die Landwirtschaft durch Hoch- und Grundwasser. Allein die Obstplantage verliert rund 300 Bäume.

1966 Die Handschriften der Stiftsbibliothek werden durch P. Oliver Kapsner OSB von der Abtei St. Johns in Collegeville (Minnesota) mikroverfilmt.

1966 Verkauf einer Fläche von 48.397 m^2 in Strebersdorf zu einem günstigen Kaufpreis an die Erzdiözese für die Errichtung einer Lehrerakademie.

1967 Abgabe der Pfarre Leopoldau: Der Priestermangel im Stift hatte bereits zu Erwägungen über die Einschränkung der Seelsorgetätigkeit geführt. Da nun die Gemeinde Wien im Raum Leopoldau gewaltige Wohnbauprojekte umsetzen wollte, hätte dies nach der Einrichtung einer Großpfarre mit 7 Priestern verlangt. Daher wurde mit der Erzdiözese die Übergabe der Pfarre ab 1. 9. 1968 auf 20 Jahre an die Kreuzherren vereinbart. Die Pfarre bleibt aber weiterhin dem Stift Klosterneuburg inkorporiert.

1967 Zweimal findet eine Regierungsklausur im Stift statt. Die NÖ Landesregierung gibt am Abend des Leopolditages einen Empfang in den Kaiserzimmern, informiert das Stift aber erst 3 Wochen davor. Überaus rasch müssen die Kaiserzimmer daher elektrifiziert werden.

1967 Errichtung eines Schwimmbades für Juvenat und Juniorat hinter der Sebastianikapelle.

1967 Das Stift erwirbt das Hotel Feichtegger „Weißer Ochs“ in Mariazell und erweitert das Areal im folgenden Jahr um das Nachbargrundstück.

1968 Auf der Obstplantage werden 6500 Bäume veredelt.

1968 In Floridsdorf wird ein Bauareal für ein Studentenheim und ein Kolpinghaus zu einem ermäßigten Preis an die Erzdiözese abgegeben.

1968 Patriarch Justin von Rumänien besucht mit Kardinal Franz König das Stift.

1968 Am 9. 12. wird Generalabt Propst Gebhard Koberger zum Abt-Primas der Augustiner Chorherren gewählt. Außerdem wird er Konsulent der Frauenorden Österreichs.

1969 Abtprimas Gebhard Koberger und Dr. Walter Simek sind in Privataudienz bei Papst Paul VI.

1969 Im Tausch für ein Gemälde von Salomon Ruisdael werden ein Gemälde von Martino Altomonte – mit der Darstellung des Hl. Leopold – und zwei große Prunkkandelaber für den Gobelinsaal erworben.

1969 Besuch der Königin Elisabeth II. von Großbritannien im Stift Klosterneuburg.

1969 Eröffnung des Hotels Feichtegger in Mariazell in Anwesenheit der Landeshauptleute Krainer (Steiermark) und Maurer (Niederösterreich).

1970 Verkauf von Gründen im 20. Bezirk für den Bau einer Schule, eines Kindergartens und eines Pensionistenheimes an die Gemeinde Wien sowie kleinerer Grundstücke an Siedlungsgenossenschaften.

1970 Das Stift verleiht drei Tafeln des Verduner Altars an das Metropolitan Museum of Art in New York für die Ausstellung „The Year 1200“. Die namhafte Spende für das Entgegenkommen des Stifts wird für den Ausbau des Stiftsarchivs verwendet.

1971-1973 Im alten Fürstentrakt des Stifts wird das neue Stiftsarchiv auf 800 m^2 eingerichtet und bietet nun beste Voraussetzungen für mehr als 3500 vorwiegend mittelalterliche Urkunden, hunderte Grundbücher und Millionen Aktenstücke. Es wird am 18. Oktober 1973 eingeweiht.

1971 Auf der Obstplantage wird ein Kühlhaus für 600.000 kg Obst errrichtet.

1971 Verkauf mehrerer tausend Quadratmeter Grund an Wohnbaugenossenschaften im 20. Bezirk.

1972 Ankauf mehrerer Klosterneuburg-Ansichten von Egon Schiele aus seiner Zeit im Klosterneuburger Gymnasium für das Stiftsmuseum.

1972 Zur Minderung der Wohnungsnot verkauft das Stift 24.000 m^2 Baugrund an Genossenschaften.

1973 In Langenzersdorf wird die „Seeschlacht“ mit 178 Parzellen besiedelt.

1973 Die Maul- und Klauenseuche und die damit verbundenen

Reiseeinschränkungen führen zu Einbrüchen im gesamten Fremdenverkehrsbereich. Veranstaltungen müssen abgesagt bzw. verschoben werden.

1973 Durch die Eröffnung des neuen Gebäudes des Bezirksgerichtes wird in Klosterneuburg das Gebäude des stiftlichen Hofrichteramtes für das Stift frei.

1973/74 Die anhaltende Krise im Juvenat zwingt zu Veränderungen: Es wird zum „Mittelschülerinternat des Stifts Klosterneuburg (MIT)", das auch als Halbinternat „berufsorientiert" besucht werden kann.

1975 Neuerlich können zwei Ansichten von Klosterneuburg von Egon Schiele erworben werden.

1975 Wiederaufbau der Sebastianikapelle über der Chorherrengruft in modernen Formen und moderner Technik in Anlehnung an eine gotische Kapelle.

1975 Auf Grund eines Kapitelbeschlusses aus dem Jahr 1966 wird der Konzilsgedächtnisbau, ein Wohnhaus in der Agnesstraße, realisiert.

1976 Für die Errichtung neuer Wohnungen werden an die BUWOG und die Gemeinde Wien Grundstücke verkauft. Weitere 67.000 m^2 werden für die Errichtung der Schnellstraße (Donauufer-Autobahn) bei Korneuburg verkauft. Der beim Grundverkauf bereits berücksichtigte Knotenpunkt für eine weitere Donaubrücke wurde allerdings bis heute nicht umgesetzt.

1976 Abbruch des alten Gebäudes und Errichtung eines neuen Pfortenhofes. Gleichzeitig umfangreiche Renovierungsarbeiten im Stift mit einer Trockenlegung des Kaiserhofes und Renovierung des ehemaligen Brunnenhauses.

1976 Umbau des gepachteten Berghotels Bürgeralpe in Mariazell.

1976 Einrichtung einer eigenen Weinvertriebsgesellschaft in England.

1977 Renovierung im Kreuzgang in Kombination mit archäologischen Grabungen, die Funde aus dem römischen Kastell ergeben.

1977 Geschäfte und Führungskassa im Pfortenhof eröffnet. Die endgültige Fertigstellung erfolgt im Jahr 1978.

1978 Hinter dem Pfortenhof wird eine Mauer des Palas Herzog Leopolds VI. mit drei Fenstern am Übergang von Romanik zu Gotik freigelegt.

1978 Verkauf von Gründen für eine Wohnhausanlage in Grinzing, für U-Bahnbau in Wien und einzelner Pachtparzellen in Langenzersdorf.

1978 Die neue Weinvertriebsgesellschaft in England bestellt 150.000 Flaschen Wein.

1978/79 Mit Jahreswechsel fällt die Entscheidung der NÖ Landesregierung für eine Landesausstellung 1985 im Stift Klosterneuburg. Beginn der Restaurierung des Stifts.

1979 Die Pfarre Leopoldau wird an die Erzdiözese Wien abgetreten.

1979 Übernahme von Weingärten des Deutschen Ordens in Gumpoldskirchen.

1979 15. Juni: US-Präsident Jimmy Carter mit Frau, Tochter und Außenminister Cyrus Vance sind zum Mittagessen im Garten des Stiftskellers.

1979 8. November: König Carl XVI. Gustav und Königin Sylvia von Schweden lassen sich in Begleitung des Bundespräsidenten durch das Stift führen und essen anschließend im Gobelinsaal.

1979 Öffnung und archäologische Untersuchung der Gruft in der Leopoldskapelle.

1980 Die Buchhandlung Mayer & Comp. in der Singerstraße wird dem Bibelwerk überlassen.

1980 Das Stift hat 132.965 zahlende Besucher.

1980 Ausweitung des Weinexports: Übernahme der Auslieferung in Passau, nach England gehen 95.000 Flaschen, das Stiftsweingut ist auf der Weinmesse in Bristol das am meisten ausgezeichnete Unternehmen. Nach Japan werden 21.000 Flaschen exportiert, in die USA 42.000.

1981 Das Stiftsmuseum ist wegen der Renovierung des Albrechtsaltars geschlossen.

1981 Für den Bau von 177 Genossenschaftswohnungen in Langenzersdorf und Klosterneuburg werden 50.000 m^2 Grund verkauft.

1981 Das Stift hat insgesamt 456 Mitarbeiterinnen und Mitarbeiter.

1981 14. September: Konstituierende Sitzung des Kuratoriums für die Stiftsrenovierung unter Landeshauptmann Ludwig.

Mitglieder sind u.a. die LHstv. Grünzweig und Pröll, der NÖ Landeskonservator Kitlitschka und der Bürgermeister von Klosterneuburg. Teile der Barockfassade werden renoviert, Grabungen finden im Kreuzgang und im Kuchlhof statt, im Stift werden Krankenzimmer eingebaut und die Schatzkammer wird neu aufgestellt.

1982 Weiterführung der Restaurierung der Barockfassade und des Kuchlhofes, wo in einer Zisterne überraschend eine Menge von Grab- und Weihesteinen des 2. und 3. Jahrhunderts in sekundärer Verwendung gefunden werden. Für diese Spolienfunde wird das Römische Lapidarium eingerichtet.

1983 Der erste Band des Kataloges der Handschriften des Stifts Klosterneuburg, herausgegeben von der Akademie der Wissenschaften mit einer Beschreibung der Handschriften 1-100 (von 1200) erscheint.

1983-85 Renovierung des „Klugerhofes", Kinzerplatz 24 (Wien XXI.)

1984 Im ganzen Stiftsbereich finden Renovierungsarbeiten im Hinblick auf die Landesaustellung 1985 statt.

1985 Das Stift kauft das Klosterneuburger Traditionsunternehmen „Hofkirchner", eine Brennerei.

1985 Die von Prof. DDr. Floridus Röhrig kuratierte Niederösterreichische Landesausstellung „ Der Hl. Leopold – Landesfürst und Staatssymbol" findet im Stift statt, 329.767 Besucher werden begrüßt.

1986 Restaurierung der Kapelle auf dem Friedhof der Oberen Stadt, unter der sich die Begräbnisstätte der Chorherren befindet.

1986 Generalsanierung des „Kreindlhofes“ in der Albrechtstraße.

1986 Die Übersiedlung der Druckerei von der Brünner Straße in die Obachgasse (Wien XXII.) ist beendet.

1986 Am 29. September feiert man „850 Jahre Weihe der Stiftskirche“. Erzbischof Dr. Karl Berg hält die Festpredigt.

1987 Die Aussenrenovierung der Kirche auf dem Leopoldsberg beginnt mit der Eingerüstung der Türme.

1987 Die Arbeiten an der Ostfassade des Barocktraktes wurden durch die Erneuerung der Fenster im Tiefparterre und Ausbesserung der Fenstergesimse abgeschlossen.

1988 Mit der Komplettierung der Nordfassade ist die Renovierung des Neustifts abgeschlossen.

1988 Eine von der Firma Grassmayr in Innsbruck neu gegossene Glocke ersetzt eine der alten Glocken, die gesprungen war.

1989 Am 4. Mai besucht Kardinal Josef Ratzinger (der nachmalige Papst Benedikt XVI.) mit Mitarbeitern der Glaubenskongregation das Stift.

1989 Der Canonicus Familiaris des Stiftes Prof. Dr. Johannes Emminghaus vermacht einen Teil seiner umfangreichen Büchersammlung der Stiftsbibliothek.

1989 Am 28. März wird der Leichnam der letzten österreichischen Kaiserin Zita im Marmorsaal aufgebahrt. Beim Pontifikalrequiem in der Stiftskirche liegt der Österreichische Erzherzogshut auf dem Sarg. Der Sarg wird anschließend in die Kapuzinergruft nach Wien gebracht.

1989 weitere Sanierungsmaßnahmen im Altstift, der Pfisterer-stiege, der Mauer zur Unteren Stadt und den Stiftstürmen.

1990 Die Übernahme der ca. 6000 Bände umfassenden Bibliothek des Ehren-Chorherrn Prof. Ferdinand Rothenschlager in die Stiftsbibliothek beginnt, sie wird mit eigener Signatur als „Biliotheca Rothenschlageriana" geführt.

1990 Hundertjähriges Bestehen der Stiftsfeuerwehr.

1991 Das „Österreichische Katholische Bibelwerk", das das Erbe des Volksliturgischen Apostolats und des Klosterneuburger Bibelapostolats übernommen hat, kann sein 25jähriges Bestehen feiern.

1991 Das Stift beginnt mit der Ausstellung „Klosterneuburg zur Zeit Mozarts" einen Sonderausstellungszyklus, der die Besucherattraktivität heben soll.

1991 Das Römische Lapidarium, das archäologische Funde aus dem Stiftsbereich zeigt, wird eröffnet.

1991 Weitergehende Arbeiten an den Stiftstürmen, Ausbesserung der Altstiftfassade zur Unteren Stadt hin.

1992 Sonderausstellung „Sehnsucht nach der Antike" im Stiftsmuseum.

1992 Die Stiftstaverne in Weidlingbach wird abgebrochen.

1992 Diebstahl von zwei Bildern Egon Schieles aus dem Stiftsmuseum, die aber 1993 unbeschädigt von der Polizei gefunden werden.

1992 Es wird ein Zyklus an Orgelkonzerten zur Feier des 350.

Geburtstages des großen Festorgel in der Stiftskirche veranstaltet.

1992 Abschluss der Arbeiten am Südturm der Stiftskirche.

1993 Sonderausstellung „…höchst frappant und pittoresk. Biedermeier in Klosterneuburg.“ im Stiftsmuseum.

1993 Ein neuer, den heutigen Erfordernissen entsprechender Abwasserkanal mit einem Regenrückhaltebecken von 50m^3 wird errichtet.

1994 Die Ausstellung „Von Rebstock und Riesenfass“ wird im Stiftsmuseum und im Binderstadel eröffnet. Sie wird durch eine Initiative der Firma Meraner anschließend auch im Zeughaus in Innsbruck gezeigt.

1994 Die Firma Hofkirchner wird vor allem wegen der Probleme mit der Abwasserentsorgung geschlossen.

1994 Revitalisierung des Binderstadels, die Renovierung der Stiftstürme wird abgeschlossen, die der Orangerie begonnen.

1995 Am 18. November legt Propst Gebhard Koberger, der am längsten dienende Propst des Stifts Klosterneuburg, aus Altersgründen sein Amt zurück. Zu seinem Nachfolger wird der bisherige Stiftsdechant Bernhard Backovsky gewählt, erstmals nicht auf Lebenszeit, sondern auf zehn Jahre. Die Öffnung des Stiftes zählt ebenso zu den Anliegen des neuen Propstes wie die notwendige Sanierung und Modernisierung der Wirtschaft.

1995 Mit Ende des Jahres schließt der Betrieb im Hotel Feichtegger in Mariazell.

1995 Beginn der Neueindeckung des Altstifts.

1996 Die Sonderausstellung „Die Krone des Landes“ wird gezeigt.

1996 Die Stadtgemeinde Klosterneuburg veranstaltet erstmals eine Sommeroper im Kaiserhof.

1996 Die Stiftszeitung „Willkommen im Stift“ erscheint zum ersten Mal.

1996 Generalrestaurierung der Donaufelder Pfarrkirche in Wien XXI.

1997 am 4. Jänner stirbt Karl Neuzil, der seit 1955 als Bibliotheksassistent wirkte.

1997 Die Renovierung des Stiftskellers wird abgeschlossen.

1998 Dr. Johannes Oman, der seit 1963 im Archiv arbeitete, geht in den Ruhestand. Ihm verdankt das Stiftsarchiv die umfangreichen Schlagwortkarteien, die bis heute weitergeführt werden.

1999 Am 29. April wird die Sonderausstellung des Stiftsmuseums „Der Traum vom Weltreich - Österreichs unvollendeter Escorial“ eröffnet.

1999 Im Gebäude des Stiftskellers wird der 2. Stock umfangreich adaptiert und beherbergt nun ein modernes Management-Ausbildungszentrum, das der Softwareproduzent SAP gemeinsam mit der Universität Innsbruck einrichtet. Am 1. Oktober übergibt Propst Bernhard in Anwesenheit von Bundesminister Caspar Einem die Räume ihrer Bestimmung.

1999 Im Müstingerkeller, dem ehemaligen Lesehof des Stifts Kremsmünster, entsteht nach neunmonatiger Bauzeit die neue Vinothek des Stiftsweingutes. Diese bietet die Möglichkeit, das gesamte Sortiment des Klosterneuburger Weingutes in Ruhe verkosten zu können. Weiters stehen Degustationsräume für Gruppen bis 50 Personen zur Verfügung.
Der Pfortenhof, der Empfangsbereich für Führungsgäste und Reisegruppen wird praktischer, freundlicher und moderner gestaltet. Aus der alten Buch- und Kunsthandlung entsteht ein neugestalteter Klosterladen, ebenso wird das Stiftcafé vergrößert.

1999 Am 5. November segnet Propst Bernhard das neuerbaute Museum der Sammlung Essl in Klosterneuburg, das auf einem stiftlichen Pachtgrund steht.

2000 Das Projekt „Ein Zuhause für Straßenkinder" von Pater Georg Sporschill S.J. wird vom Stift unterstützt. Der erste Beitrag in der Höhe von 2,4 Millionen Schilling ermöglicht die Errichtung eines Hauses in Ploiesti, rund 60 km nördlich von Bukarest. Es wird ab Juni 2001 ehemaligen Straßenkindern ein sicheres Zuhause sein.

2000 Am 3. März wird in der Orangerie die Ausstellung „Orchideenzauber Süd- und Mittelamerikas" eröffnet, am 18. März kann bereits der 10.000. Besucher begrüßt werden.

2000 Am 29. und 30. April findet im Rahmen des Klosterneuburger Stadtfestes im gesamten Stiftsgelände das „Schleierfest" statt. Am 1. Mai wird die Sonderausstellung des Stiftsmuseums „Zeichenstein und Wunderbaum" eröffnet.

2000 55 Wohnungen und 15 Reihenhäuser werden durch die Genossenschaft Sozialbau auf Pachtgründen in Strebersdorf errichtet, 2,7 ha Kleingartenflächen an den Zentralverband der Kleingärtner Österreichs verpachtet, auf 1,3 ha die Errichtung einer Sportanlage durch die Gemeinde Langenzersdorf und die Vergabe von 1,4 ha Betriebsbaugebiet an Firmen ermöglicht.

2000 Die Klimatisierung der Stiftsbasilika wird in Betrieb genommen. Das neue System ermöglicht die Absaugung der feuchten Luft und die Rückführung von trockener, vorgewärmter Luft. Die elektrischen Einrichtungen in der Stiftskirche werden ebenfalls erneuert. Die 1.400 m² große Dachfläche des Binderstadls wird neu gedeckt

2001 Über Vermittlung des Österreichischen Botschafters beim Heiligen Stuhl wird Propst Bernhard am 8. Jänner in Fratta Maggiore vom zuständigen Erzbischof eine Reliquie des heiligen Severin übergeben. Die Präsentation dieser Reliquie in Klosterneuburg erfolgt im Rahmen eines festlichen Gottesdienstes am 18. Februar.

2001 Am 1. Mai eröffnet Propst Bernhard die Sonderausstellung des Stiftsmuseums „Jugendstil in Klosterneuburg".

2001 Zwei Großprojekte, in die jeweils mehrere Teilbereiche des Stifts involviert sind, werden begonnen: Die Innenrenovierung der Stiftskirche und die Projektierung einer Biowärme-Anlage.
Die dringend notwendige Innenrenovierung der Basilika ist auf 10 Jahre geplant und wird etwa 7,27 Mio Euro kosten. Den Hauptteil der Kosten trägt das Stift, doch haben Land, Bund, Stadt und Erzdiözese Finanzierungszusagen gemacht, weiters können vier große private Sponsoren unter den Partnern des Stifts gewonnen werden. Die erste Bauphase umfasst den Hochaltarraum: Hauptpunkte sind dabei die Sanierung der vom Holzwurm befallenen Altar-

figuren, Reinigung und Ausbesserung der Fresken und des Stuckes, insbesondere der Stuckmarmor-Reliefs, Sanierung der Fenster und Anbringung einer Schutzverglasung außen. In einem zweiten Abschnitt werden in der Peter-und-Pauls-Kapelle ähnliche Arbeiten erledigt und schließlich das vom Holzwurm befallene Chorgestühl begast.
Beim zweiten Großprojekt, der Biowärme-Anlage, gewinnt Architekt Mag. Heinz Tesar den Architektenwettbewerb: Die Anlage wird unterirdisch unter einem sanften, zum Stift ansteigenden Hügel im Teichgarten zu liegen kommen und neben den Vorteilen für die Umwelt vor allem die verschiedenen Heizungssysteme im Stiftsbereich, die teilweise bereits erneuerungsbedürftig sind, ersetzen und Heizkosten kalkulierbarer machen: Die Reduktion der Luftbelastung um 90% gegenüber dem derzeitigen Ausstoß, die Verwendung von nachwachsenden Rohstoffen und die Verbesserung der CO_2-Bilanz werden vom Stift als Teil seiner Verantwortung für die Umwelt gesehen.

2002 Am 28. Februar eröffnet Propst Bernhard die 4. Internationale Orchideenausstellung im Stift, am 11. März kann der 10.000 Besucher begrüßt werden.

2002 Im Archiv müssen die stark korrodierten päpstlichen Bleibullen restauriert werden, da sie durch ungeeignetes Verpackungsmaterial chemisch beschädigt wurden. Über 3500 Urkunden werden in neue, säurefreie Kartons umgepackt und bei dieser Gelegenheit gescannt. Sie sind nun auf monasterium.net online einsehbar.

2002 Ende August findet die Grundsteinlegung für die unterirdische Biowärme-Anlage statt.

2002 Die Generalsanierung mit Dachgeschossausbau des Mietshauses in der Traungasse (Wien III.) wird begonnen, der

Stiftskeller wegen einer dringend notwendigen umfassenden Generalsanierung gesperrt.

2003 Am 10. und 11. Mai kann das Buch der Bücher im Stift mit allen Sinnen erlebt werden, die Sonderausstellung „Die Bibel - Programm für Jahrhunderte“ wird eröffnet

2003 Nach 20 Jahren findet im Dekanat Klosterneuburg wieder eine Kanonische Visitation durch Erzbischof Kardinal Schönborn statt. Am 20. September beginnt die Visitation mit der Dekanatskonferenz in St. Martin. Der Bischof besucht alle Klosterneuburger Pfarren, sowie die Schulen, Spitäler und Heime der Stadt.

2003 Das Stift begann die Unterstützung eines Projekts in Indien, wo menschenwürdige Wohnungen für Familien geschaffen werden.

2003 Das Großprojekt der Innenrenovierung der Stiftskirche kann auch 2003 nach Plan weitergeführt werden. Schwerpunkte sind dabei auch die Freilegung und Restaurierung der im Jahr davor entdeckten 16 Fresken in Medaillons, die Päpste darstellen. Weiters werden drei Joche des Hauptschiffes und die nördlichen Seitenkapellen restauriert. In der Augustinikapelle allein wird von den Vergoldern 76 m^2 Blattgold aufgetragen.
Auch die Sockelsanierung und der Dachbodenausbau des Hauses in der Traungasse (Wien III.) machen planmäßige Fortschritte, im Juni kann die Dachgleiche gefeiert werden. Die entsprechend den Wiener Gesetzen notwendigen neu zu schaffenden Parkplätze werden in Form einer Tiefgarage in den Höfen errichtet, wodurch die Wohnqualität dort wesentlich verbessert werden kann.

2003 Mit Ausstellungen in der neuen Vinothek und in der

Orangerie startet das Stift die Ausstellungsreihe STIFTet-KUNST, die lebenden Künstlern die Möglichkeit gibt, sich und ihr Werk in Ausstellungen zu präsentieren. Ab 2006 kommen als Ausstellungsorte auch noch die Sala terrena Galerie und das Cafe Escorial (besonders für Fotos) hinzu, bis 2013 finden rund 40 Ausstellungen statt. Neben bekannten Namen wie Robert Hammerstiel, Valentin Oman oder Herwig Zens nützen auch viele junge Künstlerinnen und Künstler diese Möglichkeit.

2003 Die Betriebsfeuerwehr des Stifts erhält zu Augustini ein neues Löschfahrzeug. Die im Zuge des Einbaues der Fernwärme errichtete neue Löschwasserleitung quer durch das Stift wird im Notfall die Wasserversorgung wesentlich verbessern und erhöht so die Sicherheit.

2003 Der Bischof von Oslo ersucht das Stift, die Pfarre St. Paul in Bergen zu übernehmen. Das Kapitel stimmt diesem Ansuchen zu und entsendet HH Alois Arnstein Brodersen als Pfarrer und HH Clemens Timothy Suarez Galban als Kaplan nach Bergen. Während HH Alois als geborener Norweger als Pfarrer bleibt, folgen HH Clemens als Kapläne u.a. HH Albert, HH Lukas und HH Benedict.

2004 Der Klosterneuburger Gemeinderat beschließt in seiner Sitzung vom 25. Juni 2004 einstimmig, eine öffentliche Verkehrsfläche in Höflein als „Benedikt-Reinisch-Platz" zu benennen. Dies ist ein Zeichen der besonderen Wertschätzung des verstorbenen Pfarrers von Höflein.

2004 Abschluss der Renovierung der Donaufelder Pfarrkirche nach zehn Jahren.

2004 Die 5. Internationale Orchideenausstellung vom 6. bis 21. März bringt unter dem Motto „Der Garten Eden" Blüten aus aller Welt und mehr als 15.000 Besucher in die Orangerie des Stifts.

2004 Die Sonderausstellung dieses Jahres ist unter dem Titel „...dort rutschten Tausend übern Rücken“ dem 300-Jahr-Jubiläum des berühmten Riesenfasses gewidmet.

2004 Prinzessin Ashi Chimi Wangchuk, die Tocher des Königs von Bhutan, besucht am 16. September das Stift Klosterneuburg, wo sie von Propst Bernhard begrüßt wird. Ihr und ihrer Begleitung, dem auch in Österreich akkreditierten Botschafter Bhutans und ihrem Onkel, Generalkonsul Bhutans in New York, werden die wichtigsten Kunstschätze des Stifts gezeigt.

2004 Anlässlich des 50. Todestages des Liturgierreformers Pius Parsch findet am 19. und 20. November im Stift ein wissenschaftliches Fachsymposion zum Thema „Pius Parsch in der liturgiewissenschaftlichen Rezeption“ statt.

2004 Nachdem 2003 die erste Bauphase des Großprojektes Biomasse-Heizwerk zeitgerecht abgeschlossen werden kann, wird erstmals in der Heizsaison 2003/2004 das Stift mit seinen Nebengebäuden und das Freizeitzentrum Happyland in der Klosterneuburger Au umweltfreundlich mit Wärme aus dem unterirdischen Fernwärmewerk des Stifts versorgt und die bisherigen Heizungsanlagen inklusive der historischen Kachelöfen können stillgelegt werden. Anfang Herbst kann dann auch die zweite Ausbaustufe des Fernwärmenetzes in Klosterneuburg abgeschlossen werden. In Partnerschaft mit der EVN werden nun auch das Krankenhaus sowie das Rathaus mit der Babenbergerhalle mit Wärme aus der Hackschnitzelanlage versorgt.
Gleichzeitig entwickelt sich auch die Detailplanung für die Fertigstellung des ganzen Komplexes weiter: Die Be-

pflanzung des über der Anlage entstandenen Hügels wird in ein Gesamtkonzept der neu zu gestaltenden Gärten des Stifts eingebunden. Weitere, damit im Zusammenhang stehende Teilplanungen umfassen den Weg der Besucher von der Tiefgarage zum neuen Besuchereingang, die Gestaltung des Besuchereinganges im nie fertiggestellten „Riesensaal“, der barocken Sala terrena. Dieser riesige Planungskomplex - der eine komplette Neuausrichtung des Stiftsmuseums und der Schatzkammer, aber auch der Besucherströme und des Führungswesens beinhaltet - wird der neu gegründeten Abteilung „Kultur - Tourismus – Marketing“ übertragen, die im Februar 2004 installiert wird.

2004 Auch das zweite Großprojekt des Stifts, die Generalrenovierung und die Innenrenovierung der Stiftsbasilika, wird planmäßig weitergeführt: Im Herbst kann die Renovierung des Altstifts abgeschlossen werden, in der Stiftskirche erstrahlen das Chorgestühl und die Kaiserempore in neuem Glanz.

2005 Im Jänner wird auf Grund von Renovierungsarbeiten die Stiftskirche gesperrt. Der gesamte Fußboden wird neu verlegt. Während der Generalsperre der Kirche finden alle Gottesdienste in der Sebastianikapelle statt.

2005 Am 11. Juli ernennt der Heilige Vater, Papst Benedikt XVI., Novizenmeister Herrn Markus Bernt Eidsvig zum Diözesanbischof von Oslo (Norwegen), er wird am 23. Oktober in Oslo zum Bischof geweiht.

2005 Beim Außerordentlichen Plenarkapitel am 14. Dezember wird Propst Bernhard mit überwältigender Mehrheit von seinen Mitbrüdern im Amt bestätigt.

2005 Am 20. November feiert die Pfarre Maria Hietzing im 13. Wiener Gemeindebezirk mit Generalabt Bernhard den Abschluss der Innenrenovierung der Pfarrkirche.

2005 Die Schweizer Firma Orgelbau Kuhn AG führte den Neubau der Chororgel der Stiftskirche aus.

2005 Baubeginn des Großprojektes des neuen Kulturauftrittes, architektonisch geplant von Georg Driendl. In der Sala Terrena mit den Nebenräumen, dem barocken Gangbereich im Untergeschoß und ebenerdig werden die geplanten Durchbrüche freigelegt; Mauern, die bisher Büros trennten, werden niedergerissen und die in der Barockzeit vorgesehene Führung des Sonnenlichtes wieder hergestellt. Der Aufzug von der Tiefgarage ist für Stiftsbewohner und Mitarbeiter bereits in Betrieb, ein zweiter neben der Kaiserstiege wird eingebaut. Für die Dauerausstellung der zusammengeführten Kunstwerke des Mittelalters im mittelalterlichen Refektorium wird ein neuer Zugang geschaffen, die Figuren des Lapidariums und der ehemaligen Capella speciosa werden zur Restaurierung gebracht. Am Stiftsplatz wird vor der Anlage der neuen Freitreppe zwischen Stiftsplatz und Jungherrengarten die Decke des Zisternenkellers des Weingutes freigelegt und neu abgedichtet – wobei römerzeitliche Funde und Fundamente des Chorfrauen Stifts an das Tageslicht kommen. Auch beim Bau des neuen Parkplatzes kam sofort die Archäologie zum Zug: Ein spätmittelalterliches Gräberfeld und Fundamente des Palas Leopolds VI. werden dokumentiert, die Fundamente der Capella speciosa und ihres romanischen Vorgängerbaues freigelegt und gesichert. Für die Neueröffnung des Restaurants im Schüttkasten (des ehemaligen Stiftskellers) werden zunächst die Fundamente im Keller unterfangen, das Dach neu gedeckt und die Fassade saniert.

2005 Die Renovierung des Hauses in der Traungasse (Wien III.) kann abgeschlossen werden.

2005 Für die Aktion „Ein Zuhause für Straßenkinder" kann durch eine rege Spendentätigkeit zusätzlich zu den pro Jahr vom Stift aufgebrachten € 175.000 eine Gesamtsumme von € 1,5 Millionen aufgebracht werden.

2006 Am 22. Februar unterzeichnen die Rumänische Botschaft in Wien und das Stift Klosterneuburg ein Kulturabkommen, das gemeinsame Veranstaltungen vorsieht. In den folgenden sieben Jahren finden rund 40 gemeinsame Ausstellungen, Konzerte und Vorträge in Klosterneuburg, Wien, Budapest, Szeged, Bukarest und Zagreb statt.

2006 Am 27. und 28. Mai findet ein informelles Treffen der Außenminister der Europäischen Union im Stift Klosterneuburg statt.

2006 Das Jahr 2006 war geprägt von der Eröffnung des neuen Besucherzuganges. Gemeinsam mit Tiefgarage, Biomasse-Fernheizwerk und darüber liegendem Teichgartenhügel, Sala terrena mit Besucherzugang und dem barocken Gangsystem, neuem Schauraum mit den Schätzen des Mittelalters entstand ein komplett neuer Kulturauftritt. Nun können auch Schwerpunkte der Stiftsgeschichte und die Bedeutung des Stifts Klosterneuburg für Österreich und die Kirche präsentiert werden, nun kann das Stift als kirchliche Einrichtung durch kurze Videosequenzen auf der unteren Kaiserstiege – jetzt Chorherrenstiege genannt – mit seinen aktuellen Aufgaben den Besuchern nahe gebracht werden. Im Schauraum mit den Schätzen des Mittelalters ist nun u.a. die „Rückseite" des Verduner Altares aufgestellt. Ein Film zeigt in vielen Sprachen die Geschichte, die Technik und das ikonografische Programm des Verduner Altars.

Neben der Sala terrena entstand das neue Café Escorial, und das Restaurant Schüttkasten wird nach einer Generalrenovierung verpachtet und neu eröffnet.

2006 Die Innenrenovierung der Stiftskirche kann abgeschlossen werden – wesentlich früher als angenommen und mit wesentlich geringeren Kosten.

2007 Die Orchideenausstellung vom 3. bis 18. März in und vor der Orangerie entwickelte sich zur größten derartigen Veranstaltung in ganz Österreich. Binnen 14 Tagen können mehr als 25.000 Besucher gezählt werden.

2007 Die Renovierung der Stiftsbasilika kann 2007 mit der Reinigung der Fassade und der Neudeckung des Kirchendaches abgeschlossen werden.

2007 Die jahrelangen Umgestaltungsarbeiten im Stift Klosterneuburg werden mit dem bedeutendsten europäischen Preis für die Erhaltung des architektonischen Kulturerbes gewürdigt. Am 8. Juni überreichen EU-Kommissionsmitglied Jan Figel und Prinz Henrik von Dänemark in Anwesenheit des schwedischen Königspaares das Diplom des Europäischen Kulturerbe-Preises und des Europa Nostra-Preises in Stockholm.

2007 Das Restaurant auf dem Leopoldsberg kann in Baurecht vergeben werden.

2007 Am 6. September präsentieren sieben Künstler ihre Ideen und Entwürfe zur Neugestaltung des Volksaltars in der Stiftskirche. Der steirische Bildhauer Hannes Fladerer wird als Sieger dieser Jurysitzung mit der Neugestaltung beauftragt

2007 Am 13. Dezember gibt Propst Bernhard die Gründung eines „St. Leopold-Friedenspreises für humanitäres Engagement in der Kunst“ bekannt. Der Preis ist mit € 12.000,- pro Jahr dotiert, ausgezeichnet sollen Werke werden, die neben ihrem künstlerischen Anspruch auch Engagement für die Menschen zeigen. Der Preis wird 2008 erstmals für ein Werk oder einen Zyklus vergeben, der bis Mitte Juni zum Thema „Kreuzwege und Erlösung“ eingereicht werden muss. Die Jury besteht aus Mitgliedern des Konvents, Mitarbeitern des Stifts und externen Vertretern von Kunst, Medien und Sponsoren.

2008 Am 16. April wird von der Münze Österreich die 10 Euro Silbermünze „Stift Klosterneuburg“ herausgegeben. Die Wertseite zeigt das in die Donaulandschaft eingebettete Chorherrenstift aus der Sicht vom Leopoldsberg. Auf der zweiten Seite der Münze sind der Westflügel des Kreuzgangs und der heilige Leopold abgebildet.

2008 Der Klosterneuburger Filmregisseur Stefan Ruzowitzky erhält für seinen Film „Die Fälscher“ den Oscar verliehen. Nach seiner Rückkehr aus den USA wird er von der Stadtgemeinde im Marmorsaal geehrt. Dabei entsteht die Idee einer Ausstellung über die Geschichte der Fälscher, bei der auch die Oscar-Statuette im Marmorsaal ausgestellt wird. Das Stift unterstützt daraufhin die dringend notwendige Renovierung des jüdischen Friedhofs von Klosterneuburg.

2008 Das Stiftsmuseum veranstaltet in diesem Jahr zwei Ausstellungen: „Das Stift von A bis Z – Momentaufnahmen aus 900 Jahren“, um die erste Nennung des Marienaltars 1108 gebührend zu feiern, und „Junge Kunst im Stift 1908 bis 2008“ zum 100. Jahrestag der ersten Ausstellung zeitgenössischer Kunst im Stift.

2008 Die Stiftsbibliothek, die bereits unter Raummangel leidet, erhält einen neuen Tiefspeicher. Einen wertvollen Zuwachs erhält die Bibliothek durch den Nachlass der Kunsthistorikerin Dr. Christiane Michna, die dem Stift ungefähr 6.000 Bände vermacht.

2008 Die Renovierung der Stiftskirche wird abgeschlossen.

2009 In der Orangerie des Stifts Klosterneuburg wird am 5. März die 7. Internationale Orchideenausstellung feierlich eröffnet, 31.790 Personen besuchen sie.

2009/2010 Das Stiftsmuseum zeigt unter dem Titel „Der Blick des Sammlers“ die graphische Sammlung von Prälat Dr. Alfred Sammer.

2009 Der japanische Prinz Akishino, der jüngere Sohn von Kaiser Akihito und Kaiserin Michiko, und seine Gemahlin Prinzessin Kiko besichtigen am 11. Mai in Begleitung des österreichischen Bundespräsidenten Dr. Heinz Fischer und seiner Gattin Margit das Stift.

2009 Im September wird das neue Presshaus in Betrieb genommen.

2010 Die Bauabteilung beginnt im Rahmen der Generalrenovierung mit der Außenrenovierung des barocken Hauptgebäudes, dessen Dachfläche den Dächern von 60 Einfamilienhäusern entspricht. Die umfangreichen Untersuchungen der Bausubstanz werden mit modernster Technik durchgeführt.

2010 Prälat Dr. Alfred Sammer übergibt seine berühmte Grafiksammlung dem Stift Klosterneuburg. Zu einem Teil kauft das Stift die Sammlung an, zum größeren Teil erhält das Stift die Blätter von Künstlern wie Attersee, Hrdlicka, Korab und Oman bis Zens geschenkt. Der Großteil der Werke stammt von österreichischen Künstlern des 20. Jahrhunderts, erweitert um ältere Werke bis in die Barockzeit und einige internationale Künstler, wie Pablo Picasso oder Victor Vasarely.

2010 August: Nach dem Rücktritt von Bischof Müller wird der Kaplan der Pfarre Bergen Albert Tomasz Maczka zum Generalvikar der Prälatur Trondheim, Dompfarrer in Trondheim und Mitglied des norwegischen Bischofsrates ernannt.

2010 Beim Plenarkapitel am 11. November wird der Beschluss gefasst, in den USA eine neue Niederlassung zu gründen. Drei Chorherren des Stifts Klosterneuburg werden ab Sommer 2011 in der Diözese Rockville Centre im Staat New York in dieser Niederlassung leben und zwei Pfarren betreuen. Die neue kleine US-Kommunität wird im Pfarrhof von St. Patrick's ein gemeinsames Leben nach den Regeln des Heiligen Augustinus führen und damit das Institut der Regularkanoniker in den Norden der USA einführen. Diese Neugründung erfolgt auf Einladung und Wunsch von Bischof William Murphy von Rockville Centre.

2011 Herr DDr. Floridus Röhrig legt mit Schreiben vom 18. März seine Funktion als Kustos zurück.

2011 In der Orangerie des Stifts Klosterneuburg wird am 2. März die 8. Internationale Orchideenausstellung feierlich eröffnet. Die Schau wird von mehr als 35.000 Personen besucht.

2011 Im Rahmen eines großen Festes wird am 1. Mai die neu gestaltete, sicherheitstechnisch und konservatorisch auf den Letztstand gebrachte Schatzkammer für Besucher eröffnet. Die Gesamtkosten für die Schaffung der neuen Schatzkammer betragen 1,25 Millionen Euro.

2011 Bedeutenden Zuwachs erfährt das Museum durch die Verlassenschaft von Prälat Dr. Alfred Sammer. Die Sammlung umfasst etwa 400 Objekte von der Renaissance bis in die Moderne, wobei der Schwerpunkt im Barock und bei der Kunst der 20. Jahrhunderts liegt. Unter den Künstlern finden sich so prominente Namen wie Paul Troger, Martino Altomonte, Max Weiler, Josef Mikl, Markus Prachensky und viele andere. Die Objekte werden in mehreren Tranchen angeliefert und inventarisiert. Die schönsten Stücke werden 2012 im Rahmen einer Sonderausstellung des Museums gezeigt.

2011 Ein aus der Wehingerkapelle des Stifts stammendes mittelalterliches Glasgemälde, das seit den 30er Jahren des 20. Jahrhunderts als verschollen galt, kann aus der Schweiz zurückgekauft werden und wird nun in die ständige Präsentation des Museums eingefügt. Diese einmalige Chance verdankt das Stift dem Historischen Museum Basel, das in den Besitz dieser Glasscheibe gelangte und sie dem Stift zum Kauf anbot.

2011 Die Generalrenovierung wird planmäßig mit den komplexen Arbeiten an der Ostfassade fortgesetzt. Noch vor Jahresende kann die Schauseite nach Wien größtenteils vom Gerüst befreit werden. Dank der Wetterlage ist auch die Neudeckung der Südseite zwischen großer Kuppel und dem Haupteingang bereits fertig.

2011 Durch die erfreuliche Gesamtentwicklung der Wirtschaft kann auch das Sozialprogramm ausgeweitet werden. Neben den langfristigen Hauptprojekten Concordia in Rumänien und Moldawien und dem Kinderdorf NEST in Indien werden vor allem Projekte der „Kindernothilfe“ unterstützt.

2011 Im November findet ein Teil der Dreharbeiten für den Film „Die Vermessung der Welt“ von Daniel Kehlmann im Stift statt.

2012 Die Immobilienverwaltung kann die Renovierung des Wohnhauses Rotenlöwengasse abschließen, 14 neue Dachwohnungen und 20 Stellplätze werden geschaffen.

2012 In Begleitung von Landeshauptmann Dr. Pröll besucht der bulgarische Staatspräsident Rosen Plevneliev das Stift.

2012 Das Stiftsmuseum zeigt unter dem Titel „Idee – Form – Figur“ einen Querschnitt durch die von dem 2010 verstorbenen Prälaten Dr. Alfred Sammer erworbene Kunstsammlung

2012 Die Stiftsgärtnerei gibt mit den Gartentagen im Juni den Startschuss für den Gartenmonat im Klösterreich und kann gleichzeitig vier Höfe des Konzepts „Gärten der Jahrhunderte“ eröffnen: Leopoldi- und Feuerbrunnenhof erscheinen nun im Stil der Renaissance, der Wassertor- und Pfistererstiegenhof im Stil des Mittelalters.

2012 Ein Mitarbeiter in der Stiftsbibliothek wird des Diebstahls zahlreicher Bücher und Druckgrafiken überführt. Er muss entlassen werden und ist mittlerweile zu einer Freiheitsstrafe verurteilt. Glücklicherweise ist fast das gesamte Diebesgut bei Hehlern im Ausland sichergestellt worden.

2012 Herr DDr. Floridus Röhrig legt am 7. September das Amt des Bibliothekars und Archivars aus Alters- und Gesundheitsgründen zurück. Damit endet eine Ära, denn er war über ein halbes Jahrhundert der Träger der Kunst und Kultur des Stiftes.

2012 Die Generalrenovierung ist im Plan: So kann die Renovierung des Süd- und des Nordtraktes des Barocktraktes abgeschlossen werden.

2013 Hans Adam II., Fürst von Liechtenstein und Fürstin Marie sind in Begleitung von Bundespräsident Heinz Fischer und seiner Frau Margit zu Besuch im Stift.

2013 Die neueröffnete „Galerie der Moderne" vereint zeitgenössische sakrale Kunst aus den Beständen des Stiftes, die durch Ankäufe noch ergänzt werden.

2014 Am 6. Jänner beginnt das Jubiläumsjahr mit dem Titel „900 Jahre. 1114-2014. Stift Klosterneuburg. Glaube/Begegnung/Friede". An diesem Tag wurde die vom Goldschmied Wolfgang Hufnagl geschaffene Jubiläums-Messgarnitur das erste Mal verwendet.

DIE PRÖPSTE
DES STIFTES KLOSTERNEUBURG

1. Otto I., vor 1114 bis ca. 1126. Erster Propst der Säkularkanoniker in Klosterneuburg. War wahrscheinlich Angehöriger eines Ministerialengeschlechtes der Babenberger, das von diesen Lehen auf Muckerau (ehemalige Donauinsel oberhalb Korneuburgs: Mugerowe, Mukerowe, Mokerowe) hatte. Vor der Gründung des Stiftes Pfarrer von Falkenstein. Otto legte am 12. Juni 1114, am Feste der heiligen Märtyrer Basilides, Cyrinus, Nabor und Nazarius auf Wunsch Leopolds des Frommen in dessen Gegenwart den Grundstein zur heutigen Stiftskirche von Klosterneuburg, die der Markgraf zu Ehren der seligsten Gottesmutter Maria erbauen ließ.

2. Otto II., ca. 1126-1132. Als fünfter Sohn des Markgrafen Leopold III. etwa 1112 geboren. Wurde schon als Scholare zum Propst ernannt; die eigentliche Leitung des Hauses übernahm der ihm zur Seite gestellte Vikar Opold. Zirka 1127 reiste Otto zum Studium nach Paris. Mit seinem Eintritt in das Zisterzienserkloster Morimond (Champagne, Frankreich) 1132 legte Otto auch die theoretische Ausübung seines Amtes nieder. Jänner 1138 wird Otto zum Abt von Morimond gewählt; im Juli ist er bereits Bischof von Freising. Er starb am 22. September 1158 im Kloster Morimond auf seiner Reise zum Generalkapitel der Zisterzienser nach Citeaux. Begraben in der Klosterkirche zu Morimond neben dem Hochaltar. Durch die Zerstörung des Klosters 1807 ist der Verbleib der Gebeine ungewiss. Im Zisterzienserkloster Heiligenkreuz werden heute Gebeine aufbewahrt, die in Frankreich geborgen wurden, deren Echtheit aber nicht nachweisbar ist. Berühmt sind Ottos historisch-philosophische Schriften „Historia de duabus civitatibus“ (= „Chronicon“), innerhalb der Jahre 1143-1146 verfasst, in den folgenden Jahren ergänzt, und „Gesta Friderici I. Imperatoris“, erstes und zweites Buch zwischen 1157-1158 ausgearbeitet, drittes und viertes Buch (mit Fortsetzungen bis zum Jahre 1160) von seinem Kaplan und Notar Rahewin hinzugefügt.

3. Opold, 1132-1133. Entstammte wahrscheinlich einer angesehenen Familie in Klosterneuburg oder Umgebung, die in markgräflichem Dienste stand. Dem Propst Otto II. durch Leopold III. als Vikar zur Seite gestellt. Mit der Einführung der Augustiner Chorherren verschwindet Opold aus der Geschichte; er starb am 9. August eines unbekannten Jahres.

4. Hartmann, 1133-1140. Erster Propst der regulierten Chorherren des Stiftes Klosterneuburg. Um 1090 in Polling bei Passau geboren, Sohn des Poppo und der Azewib. Hartmann kam auf Wunsch seiner Eltern bereits im Jünglingsalter zur Erziehung und Ausbildung in das regulierte Chorherrenstift St. Nikola bei Passau und wurde dort dann auch Ordensmann. Mitte 1122 wurde er vom Salzburger Erzbischof Konrad I. zum Dekan des Salzburger Domstiftes ernannt. Um 1129 wird Hartmann Propst des von Konrad gegründeten Augustiner-Chorherrenstiftes Chiemsee. 1133 wird er vom Markgrafen Leopold III. an die Spitze des Stiftes Klosterneuburg, das in eine Regularkanonie umgewandelt wird, berufen. Hier verfasste er die verlorengegangenen Statuten: „Sub testimonio Christi et ecclesiae..." Ende 1140 wurde Hartmann zum Bischof von Brixen gewählt. 1142 gründet er mit Reginbert von Säben das Augustiner-Chorherrenstift Neustift bei Brixen. Hartmann genoss bei seinen Zeitgenossen großes Ansehen wegen seines heiligmäßigen Lebenswandels. Kaiser Friedrich I. schätzte ihn als Reichsfürsten sehr, obwohl er im Schisma ganz energisch auf Seite Papst Alexander III. stand. Am 23. Dezember 1164 starb Hartmann infolge eines Schlaganfalles und wurde fünf Tage später im Dom zu Brixen bestattet. Bald nachher wird Hartmann, besonders in der Diözese Brixen, als Seliger verehrt. Papst Pius VI. erlaubte am 11. Februar 1784 der Diözese Brixen, Hartmann mit einer eigenen Messe und Offizium zu feiern. Dem Stifte Klosterneuburg gab Papst Pius VII. am 21. April 1819 die Erlaubnis zur liturgischen Verehrung, während Papst Pius XII. diese mit Erlass der Ritenkongregation vom 26. Juli 1943 auch auf die übrigen Häuser der österreichischen Kongregation der Lateranensischen Chorherren ausdehnte.

5. Marquard I., 1140-1167. Marquard wurde vor 1100 in Polling an der Ammer bei Weilheim in Oberbayern geboren; er war ein Bruder des gelehrten Propstes Gerhoch von Reichersberg und trat 1123, wahrscheinlich zugleich mit seiner Mutter, seinem Stiefvater und Gerhoch, in das Stift Rottenbuch ein. Er wurde vermutlich 1133, zugleich mit Propst Hartmann, als Dekan nach Klosterneuburg gerufen; seit 1140 ist er Propst. Marquard erhielt als besondere Auszeichnung um die Zeit 1147-1152, die Erlaubnis zum Tragen des Krummstabes, allerdings auf seine Person beschränkt. Im Oktober 1150 erscheint er bei der Provinzialsynode in Salzburg anwesend. Er starb am 11. Jänner 1167.

6. **Rudiger I.**, 1167-1168. Magister; Stiefbruder des Propstes Gerhoch von Reichersberg und des Propstes Marquard. Entstammte wahrscheinlich dem Geschlecht der Edelfreien von Weilheim, einer Nebenlinie der Aribonen. Etwa 1100 geboren, trat Rudiger zuerst mit seinem Bruder Friedrich nach 1124 in das Augsburger Domkapitel ein. Seit 1128 bischöflicher Notar, besonders ausgezeichnet durch gewandten Stil und Sprache, 1149 auch Archidiakon des bayrischen Sprengels, schließlich Dekan (um 1156). Da Rudiger ganz energisch im Sinn der Reform arbeitete, erhob sich bald Streit und er wurde mit seinem Bruder Friedrich aus Augsburg vertrieben. Er geht zunächst nach Reichersberg. Zwischen Herbst 1161 und Herbst 1163 folgte er der Berufung durch seinen Stiefbruder Marquard als Dekan nach Klosterneuburg. 1164 wurde Rudiger vom Bischof Hartmann von Brixen zum Propst von Neustift ausersehen; er verzichtete jedoch nach dem bald erfolgten Tode Hartmanns auf die Propstei. Dafür folgte er seinem Stiefbruder Marquard in Klosterneuburg als Propst 1167, starb jedoch schon am 29. August 1168. Rudiger betätigte sich auch literarisch (Nikolaus- und zwei Afrasequenzen). Weiters griff er schriftstellerisch in den christolo-

gischen Streit um Gerhoch von Reichersberg ein.

7. Wernher, 1168-1185. Wernher entstammte wahrscheinlich einem babenbergischen Ministerialengeschlecht und war ein Verwandter des späteren Bischofs Otto von Gurk. Schon unter Propst Marquard 1. als Stiftskämmerer tätig, vor 1167 zum Dekan gewählt. Zum Priester geweiht im März 1167 in Friesach vom Erzbischof Konrad II., einem Sohn des hl. Leopold. 1168 wird Wernher Nachfolger des Propstes Rudiger I. Er ist einer der energischsten und bedeutendsten Pröpste des Stiftes Klosterneuburg. Er verschaffte dem Hause eine glänzende wirtschaftliche Stellung. Daneben veranlasste er die schriftliche Niederlegung mehrerer Werke, die unschätzbaren Wert besitzen: auf seine Zeit gehen zurück die Collectio Claustroneoburgensis, die Anlegung des ersten Nekrologs und die Klosterneuburger Annalen nach 1177. Über Wernhers Auftrag erfolgte auch die Herstellung des berühmten Verduner Altares. Vor dem 25. November 1185 entsagte Wernher seiner Würde. Warum er das Stift verließ und wo er hinging, wird nirgends erwähnt. (In der Stiftschronik heißt es nur: Wernherus praepositus locum regiminis sui descrens alio conversari coepit. Manche Forscher vermuten, er sei an die Salzburger Domkirche gegangen.)

8. Gottschalk, 1185-1192. Seine Herkunft ist unbekannt; seit etwa November 1185 Nachfolger des Propstes Wernher. Gottschalk erhält am 26. Mai 1187 vom Papste Urban III. die Privilegien des Stiftes bestätigt, ja sie wurden noch um einige vermehrt. Man kann diese Bulle als Dank des Papstes an die Kanonie Neuburg bezeichnen für ihre unerschütterliche Treue während der vergangenen schwierigen Zeiten. Gottschalk starb am 30. August 1192.

8a. Wernher, zum zweiten Mal, 1192-1194. Nach dem Tode Gottschalks, 30. August 1192, wurde Wernher zurückgerufen. Juli-August 1194 wurde er zum Bischof von Gurk und damit zum Vikar von Steiermark und Kärnten ernannt. Er starb am 22. Dezember 1195 und ist im Dom zu Gurk bestattet.

9. Otto III., 1194. Blutsverwandt mit Wolfger, Bischof von Passau (1195-1204, dann Patriarch von Aquileia). Vor 1194 Chorherr von Klosterneuburg, wurde am 23. April 1194 vom Kapitel des Stiftes Reichersberg einstimmig als Propst postuliert (zwei Tage vorher hatte dort Propst Gerhoch resigniert). Nach wenigen Monaten wurde er zum Propst von Klosterneuburg gewählt, er resignierte in Reichersberg am 3. August 1194 und trat zehn Tage später sein Amt als Nachfolger Wernhers in Klosterneuburg an. Er ertrank unter unbekannten Umständen bereits am 9. September 1194.

10. Rudolf I., 1194-1195. Vorher Dechant des Stiftes; im September 1194 zum Propst gewählt, starb er bereits im nächsten Jahr, wahrscheinlich am 12. Februar.

11. Dietrich Purger, 1195-1216. 1195 zum Propst gewählt. Aus nicht geklärten Ursachen zog er sich die Missgunst des Bischofs und auch des Landesherrn, Leopold VI., zu und wurde schließlich auf Herzog Leopolds Betreiben seines Amtes enthoben (1216). Er starb am 14. Dezember 1218.

12. Wisinto, 1216-1219. Wisinto wird urkundlich sehr selten erwähnt. 1216 zum Propst gewählt, resignierte er 1219 aus unbekannten Gründen, blieb jedoch wahrscheinlich weiterhin im Kapitel. Sein Todesdatum ist unbekannt.

13. Walt(h)er, 1220-1224. Walther wurde 1220 aus St. Florian, wo er Dechant war, als Propst nach Klosterneuburg postuliert. Er starb am 21. Juli 1224.

14. Marquard II., 1224-1226. Vor 1224 ist Marquard als Presbyter belegt. 1224 wurde er zum Propst gewählt. Auf der Salzburger Provinzialsynode 1224 gemeinsam mit dem Salzburger Dompropst zum Visitator der Augustiner-Chorherren und der Benediktiner ernannt. Er dankte 1226 aus unbekannten Gründen ab und starb noch im selben Jahr.

15. Konrad Colstan (Golstein, Goltstein), 1226-1257. War nach 1224 Dekan und wird 1226 zum Propst gewählt. Am 11. Mai 1235 wurde Konrad gemeinsam mit den Äbten von Heiligenkreuz und Lilienfeld vom Papste Gregor IX. zum Visitator des Schottenstiftes ernannt. Er starb am 12. März 1257.

16. Nikolaus I., 1257-1279. Unbekannter Herkunft; nur sein Bruder Heinrich wird zwischen 1263 und 1276 als Weltpriester auf der Pfarre Heiligenstadt erwähnt. Nikolaus wurde 1257 zum Propst gewählt (in einer Urkunde vom 18. März 1257 erstmals Propst genannt). Er erhält 1260 vom Papst Alexander IV. für seine Person den Usus sämtlicher Pontifikalien. Nikolaus nahm an zwei großen Kirchenversammlungen teil: 1267 an der von dem Kardinalslegaten Wido von San Lorenzo nach Wien einberufenen Metropolitansynode. 1274 reiste er aufs 14. ökumenische Konzil nach Lyon und war auf der Rückreise nach Klosterneuburg bei der neuerlichen Weihe des restaurierten Domes in Salzburg, der bei einem Stadtbrand im Jahre 1270 stark beschädigt worden war, anwesend. Er starb am 4. Jänner 1279.

17. Pabo, 1279-1292. Wird zuerst 1260 als paedagogus erwähnt; 1267-1276 Pfarrverweser von St. Martin, 1277 Oberkellerer. Urkundlich als Propst erstmalig am 8. Jänner 1279 erwähnt. Das letzte Mal in einer Urkunde vom 18. Juni 1291 genannt. Er starb am 26. August wahrscheinlich 1292 (auch 1291 oder 1293 wären möglich).

18. Hadmar der Esel (Asinus), 1293-1301. Hadmar war der Sohn Ulrichs von Streitdorf, der aus dem Ministerialengeschlecht der Esel von Gaden stammte. 1279 erstmals als Chorherr von Klosterneuburg genannt. Wurde dann zum Nachfolger Pabos gewählt. Das Jahr seines Amtsantrittes ist entsprechend dem unsicheren Todesjahr Propstes Pabo nicht ganz zu klären, zwischen 1291 und 1293; im November 1293 wird er jedenfalls urkundlich erstmals als Propst erwähnt. Wegen seiner Schuld an dem geistigen und materiellen Verfall des Stiftes wurde er am 26. Mai 1301 von den Visitatoren Abt Christian I. von Engelszell, Propst Eckhart von St. Pölten, Propst Einwik von St. Florian und Pfarrer Gerlach von Traiskirchen im Namen des Passauer Bischofs Bernhard abgesetzt. Hadmar zog sich wahrscheinlich zu seinen Brüdern zurück, fand sich jedoch mit seiner Absetzung nicht ab, ja er versuchte sogar mit Gewalt zurückzukehren, der Handstreich auf das Stift jedoch misslang. Weiteres Schicksal und Todesdatum Hadmars sind unbekannt.

19. Rudiger II., 1301-1306. Zuerst 1289 als Magister refectorii genannt, wurde er nach der Absetzung Hadmars (26. Mai 1301) zum Propst gewählt. Er resignierte vor dem 25. März 1306 und starb am 20. (25.?) November eines unbekannten Jahres.

20. Berthold I., 1306-1317. Erscheint zuerst 1289 als Magister infirmariae, 1304 als Oberkellerer, 1306 zum Propst gewählt. Berthold starb am 29. Mai 1317 und ist vor dem Augustinusaltar in der Stiftskirche beerdigt.

21. Stephan von Sierndorf (Syerndorf), 1317-1335. Stephan entstammte einem in Sierndorf bei Stockerau ansässigen Rittergeschlecht. 1289 als Diakon genannt, zwischen 1289 und 1309 Verwalter des Hospitals. Am 30. Mai 1317 erfolgte seine Wahl zum Propst. Durch seine kulturfördernde Tätigkeit brachte er das Stift zu gewaltigem Ansehen. Im Innern des Hauses kam es unter seiner etwas eigenmächtigen Regierung zu Zwistigkeiten; Stephan wurde sogar bei einer bischöflichen Visitation (1323) abgesetzt, bald jedoch wurde er durch Intervention Papst Johann XXII. wieder in seine Würde restituiert. Er starb am 24. November 1335 und wurde in der Mitte der Stiftskirche bestattet.

22. Nikolaus II. Neythart (Neidhart), 1335-1336. Entstammte wahrscheinlich einem ehemals aus Schwaben eingewanderten Patriziergeschlecht. War vor seiner Wahl zum Propst am 25. November 1335 Dechant im Stift. Er starb bereits am 3. September 1336 und wurde in der St. Nikolauskapelle beerdigt.

23. Rudwein von Knappen, 1336-1349. Stammte aus dem in Haselbach ansässigen Rittergeschlecht der Knappen. Wurde am 4. September 1336 zum Propst gewählt. Er starb im Pestjahr 1349 am 12. oder 13. Oktober.

24. Ortolf von Wolkersdorf (Volchendorf, Volkestorff), 1349-1371. Wahrscheinlich Sohn des Heinrich und der Sophie von Wallsee, entstammte er dem angesehenen Ministerialengeschlecht der Wolkersdorfer. 1349 wurde er durch einen Kompromiss zum Propst gewählt. Erhält vom Papst Innozenz VI. zunächst ad personam und am 18. Jänner 1359 auch für seine Nachfolger das Recht, sich beim Gebrauch der Pontifikalien auch der Infel zu bedienen. Ortolf starb am 24. April 1371 und wurde beim Grabe des hl. Leopold bestattet.

25. Koloman von Laa, 1371-1394. Geboren in Laa (= Oberlaa) als Sohn des Koloman und der Elsbeth. Seit 1349 ist Koloman Chorherr, seit 1353 Kustos, zwischen 1366 und 1371 als Dekan genannt, am 25. April 1371 zum Propst gewählt. Kardinallegat Pileus gestattet am 20. Februar 1382 Koloman und seinen Nachfolgern den Gebrauch der Pontifikalschuhe (sandalia). Resignierte am 24. Juli 1394 aus unbekannten Gründen und starb am 19. (20.) September desselben Jahres; wurde in der Mitte der Stiftskirche bestattet.

26. Petrus I. Lenhofer, 1394-1399. 1370 als Krankenmeister, ab 1375 als Oberkellerer erwähnt; wurde am 24. Juli 1394 zum

Propst gewählt. Gehörte dem ständischen Rat der Herzöge an. Starb am 17. Juli 1399.

27. Bartholomäus von Bierbaum (Pierpawn), 1399-1409. Erscheint erstmalig 1368 als Chorherr und Küchenmeister. 1371 Pfarrer in St. Martin, seit etwa 1375 Stiftsdekan. Zum Propst gewählt am 19. Juli 1399. Resignierte am 17. Juli 1409 und starb am 9. Juni 1413.,

28. Albert (Albrecht) **Stöck** (Stekeh, Steck), 1409-1418. Höchstwahrscheinlich ein Klosterneuburger, gewählt 1409, vorher, seit 1404, Oberkellerer. Oktober 1414 bis November 1415 ist er beim Konstanzer Konzil (16. allgemeines) anwesend. 1418 wurden auf Verlangen Herzog Albrecht V. von Papst Martin V. Abt Angelus des Zisterzienserstiftes Rein und Prior Leonhard der Kartause Gaming zu Visitatoren der Benediktiner- und Augustinerklöster in Österreich bestimmt. Als diese Visitatoren nach Klosterneuburg kamen, resignierte Propst Albert am 23. Juli 1418. Er starb am 25. April 1423 und wurde beim Grabe des hl. Leopold beerdigt.

29. Georg I. Muestinger, 1418-1442. Geboren um 1387 in Petronell, erscheint seit etwa 1417 als Stiftsdekan. Am 24. Juli 1418 von den Visitatoren der Reformkommission des Konstanzer Konzils zum Propst ernannt (mit Zustimmung des Kapitels). November 1418 vom Salzburger Erzbischof Eberhard III. zum Generalvisitator der Chorherrenstifte in der Salzburger Diözese ernannt. 1434 (etwa März bis Mai) auf dem Konzil zu Basel. Unter Propst Georg I. war das Stift Klosterneuburg auch eine Stätte astronomischer und kartographischer Tätigkeit. Georg verfasste selbst verschiedene astronomische Arbeiten, es arbeiteten aber auch sein berühmter Lehrer Johannes von Gmunden und Frater Fridericus Amann aus der Benediktinerabtei St. Emmeran in Regensburg im Stift. Propst Georg I. starb am 30. September 1442 und wurde in der Nikolauskapelle bestattet.

30. Simon I. vom Thurm (im Turm), 1442-1451. Ein Klosterneuburger; um 1420 Oberkellerer, seit ca. 1437 Stiftsdechant; am 1. Oktober 1442 zum Propst gewählt. Resignierte wegen Krankheit am 28. Juli 1451; starb noch im gleichen Jahr, wahrscheinlich am 31. August.

31. Simon II. Heindl (Haundl, Hawndel), 1451-1465. Doktor des kanonischen Rechtes; 1436 zum Priester geweiht. Pfarrverweser in Heiligenstadt 1448-1451, zum Propst erwählt 28. Juli 1451. Resignierte im Jahre 1465, gestorben 16. April 1475, in der St. Nikolauskapelle bestattet.

32. Johannes Hechtel, 1465-1485. Erscheint als Oberkellerer ca. 1450, Pfarrverweser in Korneuburg 1461-1465, zum Propst gewählt 1465, am 14. September 1465 bestätigt. Starb wahrscheinlich am 27. Juni 1485, begraben in der St. Nikolauskapelle.

33. Jakob I. Paperl (Päperl), 1485-1509. Vielleicht aus Rossatz gebürtig; 1474-1482 Pfarrer in Heiligenstadt, seit 1482 Oberkellerer; zum Propst gewählt am 1. Juli 1485. Kaiser Friedrich III. ernannte Propst Jakob am 10. Dezember 1492 zu seinem Rat und Kaplan. Dieselbe Auszeichnung verlieh ihm Kaiser Maximilian I. am 1. Februar 1497. Propst Jakob starb am 12. August 1509 und wurde am folgenden Tage vor dem Translationsaltar des hl. Leopold bestattet.

34. Georg II. Hausmanstetter (Hausmansteter), 1509-1541. Kaiserlicher Rat. Stammte aus der Steiermark, Pfarrverweser in Heiligenstadt 1506-1509; zum Propst gewählt 14. August 1509. 1531 wird er vom König Ferdinand I. auf den Reichstag nach Speyer als Ratgeber gerufen. Georg starb am 3. Dezember 1541. urbar

35. Wolfgang Hayden (Heyden), 1541-1551. 1484 in Klosterneuburg geboren, wird Wolfgang 1509 als Vestiarius genannt. 1510 Kellermeister, 1528 Pfarrer in Höflein. 1535 Kantor, 1537 und 1541 wird er vom Kapitel zum Koadjutor des Propstes bestimmt, nach 1539 auch Dechant. Seine Wahl zum Propst erfolgte am 30. Dezember 1541. Bereits zu Beginn seiner Regierung war die Stadt Klosterneuburg vom Protestantismus ergriffen, gegen Ende seiner Prälatur aber wurden auch die Pfarren immer mehr lutherisch und die Klosterzucht verfiel zusehends. All das und die Lasten, welche die Kriegsrüstungen dem Stifte auferlegten, veranlassten den leidenden Propst seine Würde im Jahre 1551 niederzulegen. Er starb am 7. Dezember 1552 im Alter von 68 Jahren.

36. Christoph I. Stärl, 1551-1558. Geboren in Klosterneuburg ca. 1528, 1545 Stiftspfarrer, seit 20. Dezember 1548 Stiftsdechant und Kaplan des Propstes, zum Propst gewählt am 7. Juli 1551. Der Konvent war lutherisch, die Disziplin verfallen, der Propst sehr angefeindet. Mit seinem frühen Tode am 17. April 1558 verschwand der letzte Widerstand gegen den Protestantismus, der sich nun ungehemmt im Stift entfaltete.

37. Petrus II. Hübner, 1558-1563. Nach dem Tode Christoph I. erlaubten die kaiserlichen Kommissäre, Bischof Urban von Gurk und Ritter Georg von Mäming eine Neuwahl zunächst nicht. Sie schlugen vielmehr Bartholomäus a Cataneis, Propst von Herzogenburg, zum neuen Propst vor. Erst nach dessen Ablehnung wurde eine Wahl gestattet und aus ihr ging am 28. Juni 1558 Petrus Hübner als Propst hervor. Er wird vorher 1533 und 1548 als Chorherr erwähnt. Am 14. November 1554 vom Propst Christoph strafversetzt nach Wittingau (wegen ständiger Trunkenheit), im August 1555 gestattete ihm der Passauer Offizial Dr. Hillinger die Rückkehr. Die Zustände während seiner Propstei werden in einem summarischen Bericht der Visitation von 1561 geschildert: 13 Konventualen, 6 Konkubinen oder Weiber, 8 Kinder. Weinverbrauch: 100 Dreiling (1 Dreiling = 24 Eimer

= 13,58 Hektoliter) im letzten Jahr. Alle Ermahnungen an den Propst waren nutzlos, ja 1562 schloss er sogar in der Stiftskirche öffentlich einen Ehebund. Daraufhin wurde er am 3. September suspendiert (schon am 3. Dezember 1560 war er auf eine uns unbekannte Zeit suspendiert gewesen). Am 8. Jänner 1563 erfolgte das endgültige Urteil: Hühner wird exkommuniziert, von der Prälatur und Priesterwürde suspendiert. Im Juli musste er das Stift verlassen, sein weiteres Schicksal ist unbekannt. Zwischen 1593 und 1595 dürfte Petrus Hübner im Stiftshof zu Wien nach längerer Krankheit gestorben sein.

38. Leopold Hintermayr, 1563-1577. Nach Hübners Absetzung erfolgte am 6. Februar die Propstwahl, die auf Chorherrn Christoph Reym entfiel. Sie wurde jedoch wegen der Unwürdigkeit des Gewählten durch die kaiserlichen Kommissäre annulliert. Erst am 20. Oktober 1563 wurde durch Kompromiss Leopold Hintermayr, gewählt. Leopold wurde zu Hochwang in Bayern 1521 geboren; um 1541 eingekleidet, Pfarrer in Korneuburg 1550, seit 23. November 1559 Stiftsdechant, zugleich von 1560 bis 1562 Kellermeister. über den Zustand des Hauses bei seinem Amtsantritt entnehmen wir dem Visitationsprotokoll von 1563 folgendes: 7 Konventualen, 7 Konkubinen, 3 Eheweiber, 14 Kinder, Weinverbrauch 108 Dreiling. Propst Leopold brachte wohl die zerrütteten Finanzen des Stiftes in Ordnung, kümmerte sich aber um die Disziplin sehr wenig; der Konvent blieb durchwegs lutherisch. Hintermayr starb am 10. April 1577 bei einem Besuch im Chorherrenstift St. Dorothea in Wien. Am 14. April wurde er in Klosterneuburg beigesetzt.

39. Kaspar Christiani 1578-1584. Bakkalaureus der Theologie. Er war ein Niedersachse, um 1541 zu Arendsee in der Altmark geboren; studierte bei den Jesuiten an der Universität in Dillingen. Ca. 1565 lässt er sich in Wien nieder. Seit 1573 Domdechant von St. Stephan; er wurde 1578 dem Stifte Klosterneuburg zur Postulation aufgezwungen. Am 30. Jänner 1578 wurde er eingekleidet und legte zugleich die feierliche Profess ab. Am 28. Februar 1578 wurde er durch Papst Gregor XIII. über Bitten Rudolfs II. vom Noviziat dispensiert und als Propst von Klosterneuburg bestätigt. Kaspar Christiani hat knapp sechs Jahre das Stift Klosterneuburg geleitet; doch diese Jahre waren für das Stift entscheidend. Als ein einziger gewann er das Stift der katholischen Religion zurück. Wenn ihm auch die Rekatholisierung der Pfarren nicht ganz gelang, so legte er doch den Grundstein, auf dem seine Nachfolger weiterbauen konnten. Er starb am 15. Jänner 1584, erst 43 Jahre alt, und wurde in der Stiftskirche vor dem Hochaltar bestattet.

40. Balthasar Polzman, 1584-1596. Aus Wien gebürtig; vor 1578 Domherr in Gran und Prediger der Diözese Tyrnau. 1578 im Stifte Klosterneuburg eingetreten. Mit Erlaubnis des Nuntius Graf Bartholomäus von Portia (vom 30. Juni 1578) wurde er im Noviziat bereits Stiftsdechant. Am 15. Juli durch ein Breve Papst Gregors XIII. von den Pflichten des Noviziats dispensiert, legte er am 15. August 1578 die feierlichen Gelübde ab. 1580 wurde er zum Administrator der Abtei Geras berufen. Am 5. März 1584 wurde er zum Propst des Stiftes Klosterneuburg gewählt; am 9. Juni 1585 benediziert und infuliert. Seine gegenreformatorische Tätigkeit war vor allem auf die Pfarren gerichtet. Er starb am 6. Juni 1596 und wurde vier Tage später in einem prunkvollen Grabmal in der Afrakapelle der Stiftskirche beigesetzt.

41. Thomas von Ruef (Rueff), 1600-1612. Nach vierjährigem Interregnum - die Wahl des Dechant Andreas Weissenstein am 18. Dezember 1596 wurde vom Landesfürsten nicht anerkannt - wurde am 29. Juni 1600 der Wiener Domherr Dr. Thomas Ruef zum Propst postuliert. Er war Doktor der Philosophie und der Rechte, kaiserlicher Rat. Geboren in Wien, öffentlicher Professor an der philosophischen Fakultät der Universität in Wien, Weltpriester (Primiz 13. August 1594), Professor an der juridischen Fakultät der Wiener Universität, Domherr zu St. Stephan in Wien und Dechant von Lorch. April 1600 von Erzherzog Matthias als Missionär nach Steyr gesandt, von dort am 29. Juni als Propst des Stiftes Klosterneuburg postuliert. Am 28. Juli 1600 eingekleidet und als Propst installiert, am 7. Oktober 1600 in St. Stephan benediziert und infuliert. 1602 Dekan der juridischen Fakultät; 1602 von Rudolf II. geadelt (1. Februar); 1608 Rektor der Wiener Universität. Er starb am 10. November 1612 und wurde am 18. November im Chor der Stiftskirche beigesetzt.

42. Andreas Mosmiller, 1616-1629. Kaiserlicher Rat und Kaplan. Abermals dauerte es vier Jahre, bis es zum Regierungsantritt des neuen Propstes nach Thomas von Ruef kam. Im Jahre 1613 wurden Joachim Eichler und Balthasar Praetorius zu Pröpsten gewählt, beide starben jedoch noch vor ihrer Bestätigung. Der 1614 gewählte Johannes Chrysostomus Sarioth erhielt vom Kaiser keine Bestätigung. Am 29. April 1616 wurde schließlich Andreas Mosmiller als Propst nach Klosterneuburg postuliert. Mosmiller wurde am 1. Dezember 1575 zu Landsberg in Bayern geboren. Im Stifte Klosterneuburg eingekleidet 25. Mai 1597, Profess 11. Mai 1598, 1599 Oberkellerer, 1606 Kustos, 1609 Dechant, 1610 zum Propst des Augustiner-Chorherrenstiftes St. Dorothea in Wien postuliert. Am 29. April 1616 durch Postulation als Propst in das Stift Klosterneuburg zurückgerufen, bleibt bis Oktober 1618 auch Vorsteher des Stiftes St. Dorothea. Er starb am 1. Dezember 1629, beerdigt am nächsten Tage in der Kapelle des hl. Leopold.

43. Bernhard I. Enoch von Waitz, 1630-1643. Geboren in Salzungen (Thüringen) 1590, im Stift Klosterneuburg eingekleidet 1621, Profess 28. August 1622, Pfarrverweser zu St. Martin in Klosterneuburg 1622-1630, zum Propst gewählt 16. Jänner 1630, infuliert 27. Jänner 1630. Gestorben 7. April 1643, bestattet in der Stiftskirche vor dem St. Leopoldsaltar 11. April 1643.

44. Rudolf II. Tobias von Millner (Müller), 1643-1648. Geboren in Kestenholz (Elsass) 1598, im Stifte Klosterneuburg eingekleidet März 1624, Profess 31. März 1625, Verweser der Stiftspfarre 1630-1643, zum Propste gewählt 9. Juni 1643, benediziert 15. Februar 1644, gestorben 13. September 1648 im Stiftshof zu Wien, begraben in der Afrakapelle der Stiftskirche zu Klosterneuburg.

45. Bernhard II. Schmeddingh, 1648-1675. Geboren am 19. September 1613 zu Münster in Westfalen, Einkleidung im Stift Klosterneuburg 16. Jänner 1639, Profess 28. Februar 1640, zum Priester geweiht 1. November 1640, Pfarrer in Kierling 1642, Pfarrer in Korneuburg 1644, Oberkellerer 1646, als solcher zum Propst gewählt 14. Dezember 1648, installiert und infuliert 28. Februar 1649. 1651 erhält Propst Bernhard II. von Kaiser Ferdinand III. für sich und seine Nachfolger den Titel „Kaiserlicher Rat". Gestorben 9. November 1675, bestattet 13. November in der Mitte der Stiftskirche vor dem Altar des hl. Leopold.

46. Adam I. Scharrer, 1675-1681. Doktor der Philosophie; geboren 1. August 1631 in Krems, eingekleidet 11. April 1649, Profess 24. April 1650, Primiz 3. Oktober 1655, Kantor 1659, Pfarrverweser der Stiftspfarre 1661, Stiftsdechant 1667-1675, zum Propst gewählt 19. Dezember 1675, benediziert und infuliert 19. Jänner 1676. Gestorben 13. Februar 1681, bestattet am 20. Februar in der Afrakapelle der Stiftskirche.

47. Sebastian Mayr, 1681-1686. Doktor der Philosophie; geboren 17. Oktober 1629 in der Pfarre Eberswang (Bayern), eingekleidet 28. Mai 1651, Profess 2. Juni 1652, Primiz 4. April 1655, 1660-1671 Novizenmeister, 1661 bis 1671 zugleich Vizedekan, 1671-1676 Beichtvater in Hietzing, 1676 Dechant, als Propst gewählt 4. Mai 1681, benediziert 15. Juni 1681. Gestorben 21. Juni 1686 im Stiftshofe zu Wien, beerdigt in der Afrakapelle der Stiftskirche 24. Juni 1686.

48. Christoph II. Mathaei, 1686-1706. Geboren 8. April 1638 in Neustadt a. d. Saale (Unterfranken), Einkleidung 25. November 1657, Profess 8. Dezember 1658, Priesterweihe 30. Mai 1660, 1664 Pfarrverweser in Kahlenbergerdorf, Höflein und Kierling. 1665-1676 Provisor in Leopoldau und Langenzersdorf, seit 1676 in Heiligenstadt, Juni 1681 Stiftsdechant und seit März 1686 zugleich Verweser der Pfarre Korneuburg, zum Propst gewählt 16. Oktober 1686, benediziert und infuliert 27. Jänner 1687, dankt am 26. Jänner 1706 wegen Krankheit ab, gestorben 17. Dezember 1706, begraben in der Stiftskirche vor dem Kreuzaltar.

49. Jakob II. Johannes Cini, 1706. Magister der freien Künste und der Philosophie, Doktor der Theologie, Apostolischer Protonotar; geboren 28. April 1668 in Bruck a. d. Leitha, eingekleidet 1. November 1685, Profess 6. Jänner 1687, Primiz 5. Oktober 1692, Stiftskämmerer 1702 bis 1706, zum Propst gewählt 28. Februar 1706, benediziert und infuliert 24. Juni 1706. Starb bereits am 6. Dezember 1706 in Wien, bestattet in der Stiftskirche vor dem Altar des hl. Sebastian.

50. Ernest Johannes Perger, 1707-1748. Magister der freien Künste und der Philosophie, Doktor der Theologie; geboren am 6. Dezember 1667 in Horn, Einkleidung 15. August 1685, Profess 6. Jänner 1687, Primiz 5. Oktober 1692, Administrator in Hietzing 1696, Stiftsdechant 1699-1707, als Propst gewählt 30. Jänner 1707, benediziert 8. Mai 1707. 1709 Dekan der theologischen Fakultät, Raitherr der Landstände, 1710 Verordneter des Prälatenstandes, Rektor magnificus der Universität in Wien 30. November 1710. Seit 28. April 1739 führt er als erster unter den Pröpsten des Stiftes Klosterneuburg den Titel lateranensischer Abt. Gestorben 24. Dezember 1748, bestattet 27. Dezember in der Afrakapelle der Stiftskirche.

51. Berthold II., Johannes Paulus Staudinger, 1749-1766.

Magister der freien Künste und der Philosophie, Doktor der Theologie; geboren 4. Juni 1703 zu Waidhofen a. d. Ybbs, eingekleidet 12. September 1723, Profess 24. September 1724, Priesterweihe 2. Oktober 1729, Kooperator in Hietzing 1733, Oberkellerer 1737-1749, zum Propst gewählt 12. Februar 1749, benediziert 1. Mai 1749. 1750 Verordneter der niederösterreichischen Landstände und Raitherr. 1753 zum Administrator des Stiftes St. Pölten bestellt und zum provisorischen Erbhofkaplan ernannt. Gestorben 16. März 1766 in Wien, begraben in der Stiftskirche (Kapelle der hl. Afra).

52. Gottfried Johannes von Roleman, 1766-1772. Magister der freien Künste und der Philosophie, Doktor der Theologie; geboren 1. Oktober 1729 in Wien, eingekleidet 17. Dezember 1747, Profess 21. Dezember 1748, zum Priester geweiht 22. September 1753, Primiz 30. September 1753, Kooperator in Heiligenstadt 1757, Kustos 1759, Oberkellerer 1762-1766, zum Propst gewählt 15. Mai 1766, benediziert 25. Mai 1766. Errichtete 1768 die erste Hauslehranstalt, die durch Kaiser Joseph II. wieder aufgehoben wurde. Gestorben 8. März 1772, beerdigt 11. März 1772 in der Afrakapelle der Stiftskirche.

53. Ambros Ignaz Lorenz, 1772-1781. Magister der freien Künste und der Philosophie; geboren 29. Juli 1721 in Wien, eingekleidet 8. Dezember 1739, Profess 8. Dezember 1740, Priesterweihe 18. September 1745, Primiz 3. Oktober 1745, Kooperator in Heiligenstadt 1747, Pfarrverweser in Kierling 1751, Pfarrverweser in Leopoldau 1756, in Korneuburg 1772, zum Propst gewählt 30. Mai 1772, benediziert 31. Mai 1772. Wirklicher Verordneter im Landhaus 1777. Am 26. Juni 1779 entging Propst Ambros ganz knapp dem Tode. Als er nämlich beim Pulverturm nächst der Nußdorfer Linie mit seinem Wagen vorbeifuhr, explodierte der Turm. Eines der vorgespannten Pferde wurde dabei durch eine Kugel erschlagen. Bald nach dieser Schreckeinwirkung begann Propst Ambros zu kränkeln und starb am 9. November 1781. Beigesetzt 12. November in der 1775 als Chorherrengruft adaptierten Krypta der Kapelle des hl. Sebastian.

54. Floridus Johannes von Nepomuk Leeb, 1782-1799. Magister der freien Künste und der Philosophie, Doktor der Theologie; geboren 8. Mai 1731 in Nikolsburg (Mähren), eingekleidet 27. Mai 1749, Profess 4. Juni 1750, Priesterweihe 20. September 1755, Primiz 5. Oktober 1755, Bibliothekar 1766, Novizenmeister 1766-1773, Stiftsdechant 1770-1782, als Propst gewählt 16. Februar 1782, benediziert 17. Februar 1782, 1782-1786 Administrator des Augustiner-Chorherrenstiftes St. Dorothea in Wien (1786 aufgehoben). Zum Rektor der Universität in Wien gewählt 13. November 1786; 1786 Verordneter der Landstände, 1790 in den Ausschuss des Prälatenstandes gewählt. Vom Kaiser Leopold II. zum Oberst-Erblandhofkaplan von Osterreich unter der Enns ernannt 3. Juli 1791. Propst Floridus errichtete 1796/97 endgültig die theologische Lehranstalt im Stift zu Klosterneuburg, vorerst für die ersten zwei Jahrgänge. Gestorben 13. August 1799, beigesetzt 16. August 1799 in der Gruft der Kapelle des hl. Sebastian.

55. Gaudenz Andreas Dun(c)kler, 1800-1829. Doktor der Theologie; geboren zu Piesling in Mähren 21. November 1746, eingekleidet 17. September 1767, Profess 18. September 1768, Priesterweihe 21. September 1771, Primiz 6. Oktober 1771, 1778 Beichtvater in Hietzing, Novizenmeister 1790-1800, gleichzeitig seit 1795 Bibliothekar und seit 1799 Provisor des Stiftsdekanates, 1795 Dekan der theologischen Fakultät der Universität Wien.; zum Propst gewählt 18. März 1800, benediziert und infuliert 25. März 1800. Propst Gaudenz baute 1801 die theologische Lehranstalt im Stifte auf vier Jahre vollständig aus. Zum Rektor magnificus der Wiener Universität gewählt 30. November 1802. Gestorben 23. November 1829 im Stiftshofe zu Wien, beigesetzt in der Chorherrengruft unter der Kapelle des hl. Sebastian in Klosterneuburg 26. November 1829.

56. Jakob III. Ruttenstock, 1830-1844. Doktor der Theologie h.c.; geboren 10. Februar 1776 in Wien, eingekleidet 6. Oktober 1795, Profess 30. März 1800; Primiz 8. September 1800; Beichtvater in Hietzing 1801, 1802 Kooperator und Katechet der Stiftspfarre, Professor der Kirchengeschichte und des Kirchenrechtes an der theologischen Lehranstalt des Stiftes 1804-1811, 1806-1811 Novizenmeister, Supplent für Kirchengeschichte an der theologischen Fakultät der Universität Wien 1809-1810 und 1811, Verweser der Stiftspfarre und Direktor der stiftlichen Schulen 1811-1813, ordentlicher Professor der Kirchengeschichte an der theologischen Fakultät in Wien 1813-1830, Zensor für die theologischen Bücher seit 1817, Direktor der orientalischen Akademie 1833, zum Propst gewählt 8. Juni 1830, benediziert 9. Juni 1830, 1832-1842 Referent der Gymnasialstudien bei der k. k. Studien-Holkommission und Direktor dieser Studien in Osterreich unter der Enns mit dem Range eines k. k. Regierungsrates. Zum Rektor magnificus der Wiener Universität proklamiert 30. November 1838. Gestorben 22. Juni 1844, begraben 25. Juni 1844 auf dem Friedhof der Oberen Stadt in Klosterneuburg, der im selben Jahr errichtet worden war. Beigesetzt in der Chorherrengruft unter der vom Stifte erbauten Friedhofskapelle am 25. Juni 1846.

57. Wilhelm Ludwig Sedlaczek, 1844-1853. Geboren 6. Juli 1793 in Großseelowitz (Mähren), eingekleidet 1. November 1810, Profess 10. Juli 1814, Priesterweihe 1. September 1816, Primiz 8. September 1816, Professor der Moraltheologie an der theologischen Lehranstalt des Stiftes 1817-1832, Novizenmeister 1819-1822, k. k. Hofprediger in Wien August 1820 bis Oktober 1844, Religionslehrer der Kinder des Erzherzogs Karl 1832 bis 1844. Zum Propst gewählt 16. Oktober 1844, benediziert 17. Oktober 1844. 17. Februar 1845 verlieh ihm Kaiser Ferdinand das Ritterkreuz des Leopoldordens. Gestorben 30. Juni 1853, beigesetzt in der Chorherrengruft auf dem Friedhofe der Oberen Stadt in Klosterneuburg 4. Juli 1853.

58. Adam II. Schreck, 1853-1871. Doktor der Theologie h. c.; geboren in Wien (Margareten) 17. Dezember 1796, eingekleidet 23. Oktober 1816, Profess 24. Oktober 1819, Priesterweihe 26. August 1821, Primiz 2. September 1821, Präfekt der stiftlichen Sängerknaben 1821, Professor der Kirchengeschichte und des Kirchenrechtes an der theologischen Lehranstalt des Stiftes 1825-1837, seit 1829 gleichzeitig Novizenmeister, Kanzleidirektor 1837-1853, seit 1852 zugleich Archivar, zum Propst gewählt 12. Oktober 1853, benediziert 13. Oktober 1853. 1860 verlieh ihm Kaiser Franz Joseph das Ritterkreuz des Leopoldordens. Gestorben 29. März 1871 in Wien (Stiftshof), beigesetzt in der Chorherrengruft auf dem Friedhof der Oberen Stadt in Klosterneuburg 1. April 1871.

59. Berthold III. Ignaz Fröschl, 1871-1882. Geboren in Weinsteig (N.Ö.) 7. Juni 1813, eingekleidet 22. September 1833, Profess 25. September 1836, Priesterweihe 25. Juli 1838, Primiz 29. Juli 1838, 1839 Hilfspriester in Stoitzendorf, dann in Heiligenstadt bis 1846, Hofkaplan und Beichtvater beim Herzog Karl Ludwig II. in Parma 1846-1847, 1847 Professor für Dogmatik an der theologischen Lehranstalt des Stiftes, 1855 Pfarrverweser in Sievering, Pfarrverweser in Korneuburg und zugleich Dechant des Dekanates Stockerau 1869-1871, zum Propst gewählt 4. August 1871, benediziert 5. August 1871. Erhält 1878 von Kaiser Franz Joseph das Komturkreuz des Franz-Joseph-Ordens. Außerdem war er Kaplan Konstantinischen Ordens vom Hl. Georg des Herzogtums Parma. Gestorben 17. August 1882, beigesetzt in der Chorherrengruft auf dem Friedhof der Oberen Stadt in Klosterneuburg 20. August 1882.

60. Ubald Ewald Kostersitz, 1882-1902. Geboren in Littau (Mähren) 12. Dezember 1828, eingekleidet 26. September 1847,

Profess 29. September 1850, Priesterweihe 24. Juli 1852, Primiz 25. Juli 1852, 1853 Regenschori und Präfekt der Sängerknaben, 1855 Kooperator in Nußdorf, 1861-1864 Novizenmeister und Professor für Pastoraltheologie an der Hauslehranstalt des Stiftes, 1864-1882 Kanzleidirektor, Archivar und Haushistoriograph, zum Propst gewählt 22. November 1882, benediziert 23. November 1882. 1882 fürsterzbischöflicher Rat, 1886 erhielt er das Komturkreuz des Franz-Josephs-Ordens, 1887 Mitglied des Herrenhauses, 1896 erhielt er den Stern zum Komturkreuz. Gestorben 3. Oktober 1902, beigesetzt in der Chorherrengruft auf dem Friedhof der Oberen Stadt zu Klosterneuburg 6. Oktober 1902.

61. Bernhard III. Johannes Peitl, 1903-1906. Geboren in Wollmannsberg 24. Juli 1847, eingekleidet 1. September 1867, Profess 8. Oktober 1871, Priesterweihe 21. Juli 1872, Primiz 28. Juli 1872, 1874 Kooperator in Floridsdorf, 1880 Kooperator in Meidling, 1883 Kooperator in Hietzing, Pfarrverweser in Höflein 1886, Pfarrverweser in Langenzersdorf 1899, Stiftsdechant 1900, zum Propst gewählt 8. Jänner 1903, benediziert 9. Jänner 1903, gestorben 6. Oktober 1906, beigesetzt in der Chorherrengruft auf dem Friedhofe der Oberen Stadt in Klosterneuburg 10. Oktober 1906.

62. Friedrich Gustav Piffl, 1907-1913. Doktor der Theologie h.c.; geboren in Landskron (Böhmen) 15. Oktober 1864, eingekleidet 7. Oktober 1883, Profess 9. Oktober 1887, Priesterweihe 8. Jänner 1888, Primiz 15. Jänner 1888, Kooperator in Floridsdorf 1889-1892, Kooperator in Heiligenstadt 1892, Professor der Moraltheologie an der theologischen Hauslehranstalt 1892-1901, Inspektor der stiftlichen Güter in Ungarn (Amtssitz Sûr im Komitat Veszprém) 1901-1913, zugleich Kanzleidirektor 1906-1907, zum Propst gewählt 9. Jänner 1907, benediziert 10. Jänner 1907, Konvisitator der österreichischen Chorherrenkongregation 1912. Zum Fürsterzbischof von Wien ernannt 1. April

1913, von Papst Pius X. bestätigt 2. Mai 1913, zum Bischof geweiht durch den Apostolischen Nuntius Raphael Scapinelli de Léguigno in der Stiftskirche zu Klosterneuburg 1. Juni 1913, zum Kardinalpriester von Papst Pius X. kreiert 25. Mai 1914, mit dem Pallium bekleidet 16. Juni 1914, ausgezeichnet mit dem Großkreuz des Leopoldordens, gestorben 21. April 1932 in Wien, beigesetzt auf dem Friedhofe in Kranichberg am 27. April 1932. Von dort wurden die Gebeine am 18. Oktober 1954 in die Bischofsgruft des Stephansdoms übertragen.

63. Josef Eduard Kluger, 1913-1937. Doktor der Theologie; geboren in Reitendorf (Mähren) 24. März 1865, eingekleidet 27. September 1885, Profess 6. Oktober 1889, Priesterweihe 25. Juli 1890, Primiz 27. Juli 1890, Professor der orientalischen Sprachen an der theologischen Lehranstalt des Stiftes 1891-1903, gleichzeitig Professor der Dogmatik 1894-1903 und Novizenmeister 1895 bis 1900. Pfarrverweser in Reinprechtspölla 1903-1913, zum Propst gewählt 18. Juni 1913, benediziert 19. Juni 1913, Konvisitator der österreichischen Kongregation der regulierten lateranensischen Chorherren vom Orden des hl. Augustinus 1913-1919, zum Generalabt derselben gewählt 17. Oktober 1919, das zweite Mal 30. September 1925, das dritte Mal 14. Oktober 1931. Gestorben 9. November 1937, beigesetzt in der Stiftsgruft auf dem Friedhofe der Oberen Stadt in Klosterneuburg 12. November 1937.

64. Alipius Josef Linda, 1937-1953. Geboren in Wien 8. März 1891, eingekleidet 28. August 1911, Profess 26. September 1915, Priesterweihe 29. Juni 1916, Primiz 2. Juli 1916, Hilfspriester in Leopoldau 1916, Kooperator in Heiligenstadt 1916-1930, Pfarrverweser in Tattendorf 1930-1932, Pfarrverweser in Leopoldau 1932 bis 1934, Pfarrverweser in Floridsdorf 1934-1937, zum Propst gewählt 25. November 1937, benediziert 28. November 1937, Wirklicher Erzbischöflicher Konsistorialrat 28. November 1937, zum Konvisitator der österreichischen Chorherrenkongregation gewählt 12. Mai 1938. Residierte nach der Ausweisung der Chorherren aus dem Stifte am 30. April 1941 zunächst im Kollegium der Piaristen zu „Maria Treu“ in Wien VIII, seit Juni 1941 im Pfarrhof zu Hietzing. Seit 30. April 1945 wieder im Stifte; zum Generalabt der österreichischen Chorherrenkongregation ernannt 20. September 1946, gewählt 6. Oktober 1947. Gestorben 29. April 1953, bestattet in der Stiftsgruft auf dem Friedhof der Oberen Stadt in Klosterneuburg 6. Mai 1953. Überführung in die Sebastianigruft am 29.4.1961.

65. Gebhard Ferdinand Koberger, 1953-1996. Geboren in Wien (Döbling) 24. Dezember 1909, eingekleidet 27. August 1929, Profeß 28. August 1933, Priesterweihe 30. Juni 1935, Primiz 7. Juli 1935, Kooperator in Floridsdorf 1935-1937, Sozius des Novizenmeisters 1937-1938, Novizenmeister und Klerikerdirektor 1938, Seelsorger bei der Caritas socialis in Klosterneuburg 1938-1953, Kanzleidirektor 1939-1941 und 1945, Sekretär des Propstes und des Kapitels 1945-1953, Kapitelrat seit 1948, Novizenmeister und Klerikerdirektor 1951-1953, zum Propst gewählt 20. Oktober 1953, benediziert 8. November 1953, Wirklicher Erzbischöflicher Konsistorialrat 17. Dezember 1953, zum Generalabt der österreichischen Chorherrenkongregation gewählt 20. April 1954. Er war Konzilsvater und wurde mit dem Großen Silbernen Ehrenkreuz mit dem Stern für Verdienste um die Republik Österreich ausgezeichnet. Resigniert am 18.11.1995, gestorben am 16.8.1997.

66. Bernhard IV. Backovsky seit 1995, geboren am 2. Jänner 1943 in Wien, wuchs in Kierling auf. Besuch der Volksschule in Kierling, anschließend Klosterneuburger Gymnasium, Matura 1961. 1961 Eintritt ins Stift, 1965 feierliche Profess. 27. März 1967 Priesterweihe; 1967-1980 als Kaplan in Korneuburg, 1980-1982 in der Pfarre Floridsdorf; Novizenmeister und Klerikerdirektor ab 1983. 1987 Erzbischöflicher Geistlicher Rat; 1995 Stiftsdechant. Am 14. Dezember 1995 zum Propst des Stiftes gewählt. Abtbenediktion am 14. Jänner 1996. 18. Oktober 2002 Wahl zum Generalabt der Österreichischen Chorherrenkongregation. Seit 19. Oktober 2010 Abtprimas der internationalen Konföderation der Augustiner Chorherren. Ausgezeichnet mit dem Großen Silbernen Ehrenkreuz für Verdienste um die Republik Österreich

DIE DEM STIFT KLOSTERNEUBURG INKORPORIERTEN UND ÜBERGEBENEN PFARREN UND REALPATRONATE

1. Klosterneuburg, Obere Stadt, mit der Pfarrkirche zu Maria Geburt (Stifts- und Propsteikirche; seit 1936 Basilica minor). Der Zeitpunkt ihrer Abtrennung von der Mutterpfarre St. Martin lässt sich nicht feststellen. Eine Urkunde vom 13. Juli 1297 setzt bereits ihre Existenz voraus.

2. Donaufeld (Wien XXI.) mit Pfarrkirche zum hl. Leopold (Grundsteinlegung am 6. Juni 1905 durch Kaiser Franz Joseph. Am 8. Juni 1914 Konsekration durch Kardinal-Fürsterzbischof Dr. Piffl). über Ansuchen des Stiftes Klosterneuburg wurde Donaufeld am 1. Juli 1914 durch den Kardinal-Fürsterzbischof von Wien, Dr. Friedrich Piffl, von der Pfarre Floridsdorf abgetrennt, zur eigenen Pfarre erhoben und dem Stifte Klosterneuburg pleno jure inkorporiert. In dieser Pfarre befindet sich auch eine Siedlerkirche zur hl. Elisabeth (auf dem Bruckhaufen), deren Kirchendirektor ein Weltpriester ist. (Vom Stifte Klosterneuburg erbaut 1937.)

3. Floridsdorf (Wien XXI.) mit der Pfarrkirche zum hl. Josef (früher zum hl. Apostel Jakobus d. Älteren). Auf Wunsch des Stiftes Klosterneuburg und der Gemeinde Floridsdorf mit Bewilligung der k. k. Hofkanzlei vom 20. Mai 1835 und der Zustimmung des Wiener Konsistoriums vom 3. Februar 1836 am 10. April 1836 als Lokalkaplanei von der Pfarre Leopoldau abgetrennt. Seither wird sie vom Stifte Klosterneuburg verwaltet und 1845 (kaiserliche Entschließung vom 3. Juni und Konsistorialdekret vom 30. Juni) mit dem Titel Pfarre ausgestattet. Am 20. September 1936 erfolgte die Grundsteinlegung zur neuen Pfarrkirche durch Generalabt Dr. Kluger; die Benediktion nahm Propst Alipius Linda am 19. Dezember 1937, die Konsekration Weihbischof Dr. Streidt am 11. und 12. April 1958 vor.

4. Grinzing (Wien XIX.) mit der Pfarrkirche zum hl. Kreuz (erbaut um 1426). Auf Grund des kaiserlichen Dekretes vom 20. Juli 1783 durch das erzbischöfliche Konsistorium vom 24. November 1783 aus der Mutterpfarre Heiligenstadt ausgeschieden, zur Pfarre erhoben und dem Stifte Klosterneuburg übergeben. 1939 wurde durch Kardinal Erzbischof Dr. Theodor Innitzer die Pfarre Kaasgraben mit der Kirche Maria Schmerzen von der Pfarre Grinzing abgetrennt und der Kongregation der Oblaten des hl. Franz von Sales anvertraut.

5. Haselbach mit Pfarrkirche zum hl. Michael. Auf Ansuchen der Gemeinde, die vom Propste des Stiftes Klosterneuburg Dr. Floridus Leeb die Zusicherung erhalten hatte, das Stift werde in der künftigen Pfarre die Seelsorge ausüben und auch zum Bau der neuen Kirche, des Pfarrhofes und der Schule nach Kräften beitragen (das Baumaterial und die Innenausstattung für die Kirche sollte hauptsächlich von der auf dem Michelsberg thronenden, in den Jahren 1745-1749 prächtig erweiterten und ausgestalteten Filialkirche zum hl. Michael, die zur Pfarre Niederhollabrunn gehörte, genommen werden), durch Hofbescheid vom 16. September 1785 von der Mutterpfarre Niederhollabrunn getrennt und seit der Weihe der neuen Pfarrkirche durch den genannten Propst am 10. August 1788 tatsächlich eigene Pfarre.

6. Heiligenstadt (Wien XIX.) mit der Pfarrkirche zum hl. Michael und einer Kapelle zum hl. Jakob. 1243 noch Filiale der Pfarre St. Martin in Klosterneuburg, 1256 bereits selbständige Pfarre des Stiftes Klosterneuburg. Nach langwierigen Rechtsstreitigkeiten wurde Heiligenstadt schließlich 1307 durch Bischof Bernhard von Passau endgültig dem Stifte inkorporiert. Die Kirche wurde während beider Türkenbelagerungen 1529 und 1683 zerstört. 1897 wurde die Kirche völlig renoviert und regotisiert, ein neuer Hochaltar zwei Seitenaltäre, die Kanzel und eine neue Orgel wurden angeschafft.

7. Hietzing (Wien XIII.) mit der Pfarrkirche zu Maria Geburt (seit 1529 Wallfahrtskirche). Wurde bereits 1253 dem Stifte im

Tauschweg von Ortolf von Traiskirchen übergeben. 1534 wurde die Kirche über Auftrag des apostolischen Nuntius Pier Paolo Vergerio entgegen dem Willen des Wiener Bischofs dem Stifte inkorporiert; das gab dann auch Anlass zu ständigem Konflikt. Durch kaiserliches Dekret vom 4. April 1786 und Anordnung des erzbischöflichen Konsistoriums vom 26. April 1786 wurde schließlich Hietzing aus dem Bereich der Pfarre Penzing ausgeschieden, zur eigenen Pfarre erhoben und endgültig dem Stifte Klosterneuburg inkorporiert. 1858 werden die Fresken des Presbyteriums und des Kirchenschiffes unter Pfarrer Ambros Roesner einer gründlichen Renovierung unterzogen, gleichzeitig wird auch die Kircheneinrichtung erneuert. Die Kirche wird für die Gläubigen zu klein und deshalb nach Plänen von Carl Rösner 1865/66 nach Westen zu erweitert, die Westfassade und Glockenturm im neugotischen Stil erneuert bzw. errichtet. Zwei schwere Fliegerangriffe zerstören 1945 große Teile der Kirche, darunter das Dach und die Fenster; auch der Pfarrhof wird schwer beschädigt.

8. Höflein a. d. Donau mit der Pfarrkirche zur hl. Margareta. Am 5. Juli 1248 übergab Graf Liutold von Hardegg gegen 115 Pfund Wiener Pfennige dem Stifte den Ort Hovelin samt dem Patronat über die Kirche. Im Jahre 1399 inkorporierte Papst Bonifaz IX. die St. Margareta-Kirche dem Stifte. (Das Gotteshaus selbst wird schon in der Mitte des 12. Jahrhunderts bei Rechtsgeschäften erwähnt: Graf Gebehard von Burghausen und der bei der Kapelle in Höflein angestellte Priester, Ascuin, übergeben um 1150 durch den edlen Reginger von Ried ein Gut zwischen der Als [Dombach] und Pötzleinsdorf, das der Kapelle in Höflein [„Cellula Hovilini"] gehörte und von den Mönchen in St. Peter in Salzburg angekauft wurde, dem Abte Heinrich I.) Schäden während der Türkenkriege, im 18. Jahrhundert Barockisierung, 1947/48 wiederaufbau des Turmobergeschoßes, 1960/63 Restaurierung und Umbauten, 1967 Außenrestaurierung.

9. Kahlenbergerdorf (Wien XIX.) mit der Pfarrkirche zum hl. Georg (früher zum hl. Johannes dem Evangelisten). Vor 1246 bereits unter dem Patronate des Stiftes Klosterneuburg und diesem von Papst Sixtus IV. am 25. Juni 1482 inkorporiert, Hatte die Kirche das Patrozinium des hl. Johannes des Täufers. 1529 und 1683 zerstört, dansch diversu Umbauten. 1781 als Pfarre neu errichtet.
Seit 1798 ist das Stift auch Patron der in der Pfarre Kahlenbergerdorf befindlichen Kirche zum hl. Leopold auf dem Leopoldsberg, der ehemalige Kamaldulenserkirche, die 1782 aufgehoben und 1785 erneut geweiht wurde. 1809 Verwüstung durch die Franzosen, Wiederherstellung und Weihe 1852.

10. Kierling mit der Pfarrkirche zu den hl. Aposteln Petrus und Paulus 1233 zur Pfarre erhoben. Seit dem Aussterben der männlichen Nachkommen des Geschlechtes der Herren von Kierling um 1382, unter deren Patronat die Pfarre stand, ist sie beim Stift. Die neue Pfarrkirche wurde vom Stift in den Jahren 1912-1914 gebaut. Zur Pfarre Kierling gehörte auch die Ortschaft Gugging, deren neue Kirche am 7. September 1913 geweiht wurde. Durch Kardinal Erzbischof Dr. Innitzer wurde Gugging mit der Lourdesgrotte, die am 10. Mai 1925 durch Bundeskanzler Dr. Ignaz Seipel geweiht worden war, von der Pfarre Kierling abgetrennt und der Missionsgesellschaft „Königin der Engel" übergeben (l. November 1939).

11. Klosterneuburg - St. Leopold. Grundsteinlegung am 29. September 1936 durch Generalabt Propst Dr. Josef Kluger. Benediktion der Kirche durch Propst Alipius Linda am 6. November 1938. Am 15. März 1940 wurde sie durch Kardinal Erzbischof Dr. Theodor Innitzer von der Pfarre Klosterneuburg, Obere Stadt, abgetrennt, zur selbständigen Pfarre erhoben und dem Stifte Klosterneuburg anvertraut.

12. Klosterneuburg, Untere Stadt, mit der Pfarrkirche zum hl.

Martin, wahrscheinlich während der Awarenzüge im 8. Jh. entstanden, dann Eigenpfarre der Babenberger, zwischen 1133 und 1136 auf Wunsch des Markgrafen Leopold III. vom Stifte übernommen. Diese Pfarre umfasste früher lange Zeit nicht nur das Gebiet von Klosterneuburg (Niwenburg) samt jenem Teil, aus dem später Korneuburg entstand, sondern auch die Territorien der heutigen Pfarren Höflein a. d. Donau, Kritzendorf, Kierling, Weidling, Kahlenbergerdorf, Nußdorf, Heiligenstadt, Grinzing, Sievering, Neustift a. W., Döbling. Ursprünglich eine Holzkirche, lassen sich noch viele romanische, gotische und barocke Bauphasen nachweisen, sie letzte nach der Zerstörung 1683 im Zuge der Türkenbelagerung.

13. Korneuburg mit der Pfarrkirche zum hl. Ägyd (St. Gilg) ist bereits um 1170 eine dem Stifte zugehörige Pfarre. (Herzog Heinrich Jasomirgott übergab um diese Zeit eine ihm gehörige Hofstatt mit angrenzendem Acker, die dem vom Stifte Klosterneuburg bestellten Pfarrer als Wohnhaus diente, gegen fünf Hofstätten des Stiftes in Korneuburg.) Bischof Albert von Passau inkorporierte auf Wunsch des Propstes Stephan von Sierndorf Korneuburg dem Stift Klosterneuburg (20. Februar 1329), was der Kardinalslegat Guido bei seinem Besuch in Klosterneuburg am 28. Juli 1349 feierlich bestätigte. Urspünlich Romanischer Bau, im Mittelalter erweitert, nach Beschädigung wird der nördliche Turm 1651 abgebrochen, der südliche im 18. Jahrhundert erneuert, im 19. Jahrhundert tiefgreifende Renovierung.

14. Kritzendorf mit der spätgotischen Pfarrkirche zum hl. Veit (erbaut in den Jahren 1460-1489). Auf Wunsch der Gemeinde Kritzendorf und mit Zustimmung des Stiftspropstes von Klosterneuburg, Dr. Floridus Leeb, durch Dekret des erzbischöflichen Konsistoriums in Wien vom 2-4. November 1783 von der Mutterpfarre St. Martin in Klosterneuburg getrennt und zur Pfarre erhoben. 1896 wurde ein Anbau fertiggestellt, 1962 und 1994 erfolgten Innenrenovierungen

15. Langenzersdorf mit der frühgotischen Pfarrkirche zur hl. Katharina v. Alexandrien wurde am 1. Mai 1326 vom Propste des. Stiftes Klosterneuburg, Stephan von Sierndorf, mit Zustimmung des Ordinarius, Bischofs Albert von Passau, aus dem Verband der Pfarre Korneuburg gelöst und zur selbständigen Pfarre erhoben. Papst Bonifaz IX. erkannte sie am 22. Dezember 1403 als dem Stifte inkorporiert an. Die Kirche wurde 1683 während der Türkenbelagerung, durch eine Überschwemmung 1709 und ein Erdbeben 1749 in Mitleidenschaft gezogen. Nach 1683 innen Barockisiert, wurde zwischen 1900 und 1902 renoviert, 1926 und 1960 erfolgten Restaurierungen.

16. Maria Lourdes (Wien XII). 1935 von der Pfarre des hl. Johann v. Nepomuk, Meidling, abgetrennt und am 1. Februar 1949 dem Stifte Klosterneuburg anvertraut. Die Grundsteinlegung zur definitiven Pfarrkirche vollzog am 11. Februar 1956 Generalabt Propst Gebhard Koberger. Die Konsekration der neuen Kirche erfolgte am 3. und 4. Mai 1958 durch Erzbischof Dr. Franz König. 1981 wurde die Pfarrkirche renoviert.

17. Meidling (Wien XII) mit der Pfarrkirche zum hl. Johann von Nepomuk (vom Stifte in den Jahren 1842 bis 1845 errichtet; seit 1732 stand dort eine Kapelle zu Ehren des hl. Nepomuk). Durch ein kaiserliches Dekret vom 20. Juli 1783 von der Pfarre Penzing unabhängig gemacht und als Lokalkaplanei dem Stifte Klosterneuburg zugeteilt. Seit 1784 (durch Regierungsdekret vom 5. August und Beschluss des erzbischöflichen Konsistoriums in Wien vom 16. November) selbständige Pfarre. Ende 1905 hat das erzbischöfliche Ordinariat in Wien einen Teil der Pfarre Meidling zu der neu errichteten Pfarre Neumargareten geschlagen und Anfang 1935 auf dem Gebiete der Pfarre Meidling die Pfarre Maria Lourdes, die heute auch dem Stifte Klosterneuburg anvertraut ist, und die der Wiener Kapuzinerprovinz inkorporierte Pfarre Gatterhölzl (St.Clemens Maria Hofbauer) errichtet.

18. Neustift a. Walde (Wien XIX.) mit der Pfarrkirche zum hl. Rochus (erbaut im Jahre 1713) und Kapelle zur heiligen Gottesmutter in Salmannsdorf. Der kaiserlichen Anordnung vom 20. Juli 1783 gemäß durch ein Dekret des erzbischöflichen Konsistoriums in Wien vom 26. März 1784 von der Pfarre Sievering unabhängig gemacht und als selbständige Pfarre dem Augustiner Chorherrenstift St. Dorothea in Wien, das aber schon am 11. November 1782 von Kaiser Josef II. mit dem Stifte Klosterneuburg vereinigt worden war und vom Klosterneuburger Propst administriert wurde, übergeben. Bei der Aufhebung der Kanonie St. Dorothea (20. Februar 1786) ging sie vollends in die Verwaltung des Stiftes Klosterneuburg über. 1851 wurde die Kirche auf den heutigen Bestand vergrößert, 1955-1962 innen und außen renoviert.

19. Nußdorf (Wien XIX.) mit der Pfarrkirche zum hl. Apostel Thomas (erbaut vom Stifte in den Jahren 1784 bis 1789, Weihe 1786; bereits 1411 wird urkundlich eine Thomaskapelle erwähnt). Dem Hofdekrete vom 20. Juli 1783 entsprechend durch Konsistorialbeschluss vom 24. November 1783 von der Pfarre Heiligenstadt abgetrennt und dem Stifte Klosterneuburg als selbständige Pfarre zugeteilt. 1706 und 1735-37 barocker Ausbau, 1910 Erhöhung und Einwölbung des Langhauses, 1937 Errichtung der Taufkapelle.

20. Reinprechtspölla (Diözese St. Pölten) mit der Pfarrkirche zum hl. Pankratius. Wurde um 1200, bald nachdem Irmgard von Polan, die Witwe des Albert von Patzenthal, allen ihren Besitz zu Reinprechtspölla und alle ihre Gerechtsamen in dem erwähnten Orte (damit auch die auf diesen Liegenschaften stehende Kapelle) dem Stifte Klosterneuburg unter Propst Dietrich Purger als Seelgerät für sich und ihren Gemahl überlassen hatte, von der Jurisdiktion des Pfarrers zu Gars befreit. Am 24. Juni 1213 vom Bischof Manegold in Passau neuerdings als selbständige

Pfarre anerkannt, ist sie seither in ungestörtem Besitz des Stiftes Klosterneuburg. Zur Pfarre Reinprechtspölla gehören auch die Gemeinden Harmannsdorf, Sachsendorf und Buttendorf.

21. Sievering (Wien XIX.) mit der Pfarrkirche zum hl. Severin (noch im 16. Jahrhundert war der Apostel Andreas Schutzherr dieser Kirche). Seit 1348 von der Pfarre Heiligenstadt abgetrennt und selbständige Pfarre, deren Patron das Stift Klosterneuburg wurde. Am 27. November 1500 wurde sie vom Papste Alexander VI. dem Stifte Klosterneuburg inkorporiert. Am 1. Jänner 1935 wurde mehr als die Hälfte der Pfarre Sievering als neue Pfarre Krim (St. Judas Thaddäus) errichtet und der Kongregation der Oblaten des hl. Franz v. Sales übergeben. 1896 erfolgte eine Restaurierung und gleichzeitige Regotisierung, der die Kirche ihre heutige Westfassade und die Glasfenster verdankt.

22. Stoitzendorf mit der Pfarrkirche zum hl. Leopold (am 8. Dezember 1613 durch Bischof Alphons Requesens geweiht). Der ursprüngliche gotische Bau wurde schon 1467 als Jakobskapelle geweiht. 1620 wurde die Kirche nach Zerstörungen erneuert, der Turm 1740 erbaut. In Voraussetzung der kaiserlichen Approbation, die Ende 1784 erfolgte, durch das Passauer Konsistorium am 27. Oktober 1784 von der Pfarre Eggenburg getrennt und zur eigenen Pfarre unter der Verwaltung des Stiftes Klosterneuburg erhoben. Im 19. Jh. erfolgte eine teilweise Umgestaltung im Inneren in neugotischem Stil.

23. Tattendorf mit der Pfarrkirche zur hl. Maria im Elend (St. Maria in exilio). Im 14. Jahrhundert bereits von der Mutterpfarre Traiskirchen getrennt und selbständige Pfarre des Benediktinerstiftes Melk. Durch Ankauf kam Tattendorf am 19. Jänner 1585 an das Stift Klosterneuburg. Ursprünglicher Bau 1683 zerstört, Neubau 1693-95. Barocke Saalkirche mit gotischem Chor, Anbau des Turmes 1870, Innenausbau 1873.

24. Weidling mit der Pfarrkirche zu den hl. Aposteln Petrus und Paulus (erbaut 1403-1407). Zerstörungen 1683, 1686 barocker Ausbau, 1717 Turmbau, der 1783 mit dem heute noch vorhandenen Zwiebelhelm versehen wurde. Gemäß der kaiserlichen Entschließung vom 20. Juli 1783 durch Konsistorialbescheid vom 24. November 1783 von der Stiftspfarre in Klosterneuburg getrennt, zur selbständigen Pfarre erhoben und dem Stifte Klosterneuburg übergeben. 1889 Innenrenovierung.
Eine Filialkirche zu Maria Namen in Weidlingbach wurde am 11. September 1932 geweiht.

25. St. Paul (Oslo, Norwegen) 1843 gestattet der König von Norwegen und Schweden den Katholiken die Errichtung einer Pfarre in Oslo, der ersten seit der Reformation. Nach elfjähriger Bauzeit wurde die Kirche 1876 geweiht. 2003 bittet der Bischof von Oslo das Stift, die Pfarre St. Paul in Bergen zu übernehmen.

26. und 27. St. Patrick und St. Rocco, Glen Cove, (New York, USA) 2010 wird der Beschluss gefasst, in den USA eine neue Niederlassung zu gründen. Drei Chorherren des Stifts Klosterneuburg werden ab Sommer 2011 in der Diözese Rockville Centre in dieser Niederlassung leben und zwei Pfarren betreuen. Die neue kleine US-Kommunität wird im Pfarrhof von St. Patrick's ein gemeinsames Leben nach den Regeln des Heiligen Augustinus führen und damit das Institut der Regularkanoniker in den Norden der USA einführen. Diese Neugründung erfolgt auf Einladung und Wunsch von Bischof William Murphy von Rockville Centre.

Realpatronate des Stiftes Klosterneuburg

1. Realpatronat über die Filialkirche zu **Maria Bründl in Wilhelmsdorf** (Pfarre Poysdorf), die in ihrer jetzigen Gestalt 1740-1751 nach den Plänen und Angaben des Architekten Donato Felice d'Allio vom Maurermeister Andreas Hammer aus Poysdorf erbaut wurde.

2. Realpatronat über die Pfarre **Hauskirchen** (Dekanat Wilfersdorf) mit Pfarrkirche zum hl. Laurenz und Filialkirche zum hl. Ulrich in St. Ulrich, durch Ankauf der Herrschaft Prinzendorf am 11. August 1751 übernommen (vorher Besitz des Konventes der Kamaldulenser-Eremiten auf dem, Josephsberg, jetzt Kahlenberg genannt).

3. Realpatronat über die Pfarrkirche zum hl. Karl Borromäus in **Groß-Jedlersdorf** (Wien XXI.), seit Kauf der Herrschaft Jedlersdorf vom früheren Besitzer Josef Springer, am 8. Oktober 1832, beim Stifte Klosterneuburg.

4. Realpatronat über die Pfarrkirche zu Maria Himmelfahrt in **St. Bernhard** (Diözese St. Pölten, Dekanat Horn; 1280-1586 Kirche des Zisterzienserinnenkonvents St. Bernhard, 1586 Umbau durch die Wiener Jesuiten, in deren Besitz bis 1773).

5. Realpatronat über die Pfarrkirche zum hl. Martin in **Neukirchen a. d. Wild** bei Horn mit ihrer Filiale, der Kapelle zur hl. Margareta in Grünberg, durch Ankauf des Gutes St. Bernhard am 19. Juni 1852 erworben (vorher Besitz der Intestaterben nach Baron Karl von Ehrenfels, nämlich seiner Gemahlin Maria, geborene Gräfin Clary-Aldringen, und seiner drei großjährigen Söhne Eugen, Ferdinand und Leopold).

6. Realpatronat über **Jedlesee** (Wien XXI.) mit der Pfarrkirche Maria Loretto. 1712 ließ die verwitwete Gräfin Antonia Renata

von Bouquoy eine Kapelle erbauen, welche 1773 vergrößert, 1783 durch die josefinische Kirchenreform von Kagran getrennt und zu einer eigenen Pfarre erhoben wurde. Durch Ankauf der Herrschaften Strebersdorf und Jedlesee am 24. Dezember 1840 (vorhergehender Besitzer Heinrich Christian Gottfried Plattensteiner) kam die Kirche Maria Loretto unter das Patronat des Stiftes. Mit 1. Jänner 1947 wurde die Pfarre dem Stifte anvertraut, wird aber heute von der Erzdiözese betreut.

REGISTER